# 排外主義を問いなおす

フランスにおける排除・差別・参加

[編著]
中野裕二
森千香子
エレン・ルバイ
浪岡新太郎
園山大祐

勁草書房

# はしがき

　本書は，編者らが中心となって行った共同研究「地域における外国人支援と排除に関する日仏比較研究」(2011～2013年度，日本学術振興会・フランス国立研究機構) の成果である。

　日仏両国の移民・外国人をめぐる施策において，地域はきわめて重要な役割を担ってきた。入国した外国人に対する多文化共生施策が事実上，地方自治体任せである日本はもちろんのこと，1980年代以降，政府主導で移民・外国人の統合政策が進められてきたフランスでも，地方自治体や地域の市民活動に期待される役割は大きい。また，そもそも「移民」とは誰を指すのかも自明ではない。フランスでは公式には，「移民」は「外国で外国人として生まれ，その後フランスに移住した者」と定義されるが，この定義に収まらない，フランス生まれでありながら外見，名前，住所などのさまざまな理由で「移民扱い」される人々もあり，公式上の「移民」に限定してしまうと見逃される問題も多々ある。日本にあっては，政策上「移民」という語は用いられず，また，多文化共生施策の対象に誰を含めるかは各自治体でまちまちなのが実態である。

　「移民」を広い意味で捉えたとき，移民・外国人の実態，彼・彼女らが抱える困難とそれに対する種々の政策や支援活動，また市民活動やその他の住民との関係などについて，日仏両国で実に多くの研究が蓄積されてきた。本書で取り上げるフランスの事例に関して言えば，1970年代初頭にサヤード (Sayad, A.) が移民をテーマとした研究領域を切り開き，1980年代後半から1990年代にかけて社会学，政治学，教育学，歴史学を中心に研究の蓄積が進み，さらにその後，ジェンダー研究，ポストコロニアル研究の見地から従来の研究を批判的に検討し，新たな視点を提示する研究が行われてきた。限られた紙幅のなかでその全容を明らかにすることは不可能であるため，具体名は各章で必要に応じてあげるにとどめるが，ブアママ (Bouamama, S.)，ブベケール (Boubeker,

A.),ゲニフ（Guénif-Souilamas, N.),ハジャット（Hajjat, A.) といったフランス生まれの移民二世・三世の研究者が活躍している点は注目に値する。

　研究が進むなかで，移民・外国人に対する支援が一定の成果をあげているにもかかわらず，彼・彼女らに対する排除が依然として存在するとともに，新たな形の排除も生まれていることが明らかとなってきた。それは，移民・外国人の定住化が進み，新しい世代が誕生し成長し，出身国・職業・学歴・滞在資格などもきわめて多様化するなかで，彼・彼女らの抱える課題も多様化し，変化し，「移民」や「外国人」を一括りにした従来の施策ではカバーしきれない問題が生じているからである。また，マクロな社会構造変化に伴う地域の社会的紐帯の変化によって生じる諸問題を外国人の責に帰し，その反動として移民・外国人を排除する側面もある。「日本人 対 外国人」や「フランス人 対 移民」の対立や，「ムスリム移民」といった特定のエスニック・コミュニティの問題などのように，これまで「移民・外国人の増加」によって説明されてきた問題も，地域の「つながり」の変化の視点から再検討する必要があるのではないか。地域の社会的紐帯の変化と移民・外国人の多様化を前提として，排除を生まない支援と地域のあり方を模索することが求められている。

　他方，こうした問題の解決の手がかりとして，日本では「多文化共生」，フランスでは「統合（intégration）」という概念を用いて議論されることが多かった。編者らも同様である。しかしこれらの概念を用いた議論は，問題の所在を結果的に移民・外国人の側に求める傾向をもち，また誰が「統合」や「共生」の対象となるのかという問題もあり，そこから必然的に排除されるカテゴリーが生まれることも事実である。そして，このような排除が暴力を生み出し，その社会をより不安定にしかねないことは，ベック（Beck, U.),ヴィヴィオルカ（Wieviorka, M.),ヴァカン（Wacquant, L.),ハジャットら多くの研究者が指摘するところである。移民・外国人の排除の問題を解決しようとするための議論が新たな排除を生むというジレンマをも乗り越えなければならない。

　以上のような理論的かつ実践的な問題関心のもとで日仏共同研究は進められた。研究の成果は参加者各人が発表するとともに，日本については，フランスの雑誌『Hommes & Migrations』（1302号，2013年）の日本特集に研究成果の一部を発表した。フランスについてはシンポジウム「いま，どのように「排外

主義」とたたかうか——現代フランスにおける排除，差別，参加」（日仏会館，2014年3月1日）において発表した。本書は，このシンポジウムでの発表と討論に基づいている。

　本書は『排外主義を問いなおす』をタイトルに掲げた。上記の通り，共同研究が問題としたのは「排除」「差別」であった。しかし，共同研究の日仏メンバーが研究を進め，討議を進めることで明らかになったのは，「排除」「差別」などの個別現象に共通するのは，人と人，集団と集団，または人と集団の間の紐帯・連帯・共同性の断絶もしくは喪失として捉えることができるという点である。
　他方，「排外主義」といった場合，極右政党・団体による移民・外国人排斥を目的とした運動や暴力的な言動に目が向きがちである。しかし，こうした排外主義運動等が社会のなかで受け入れられ，暗に支持され，助長される構造を明らかにしなければ，排外主義とたたかうことはできないだろう。そこで本書では，紐帯・連帯・共同性を断ち切り，喪失させようとするあらゆる試みを「排外主義」と捉える。そして，現代のフランスを対象として，一見すると排外主義と無関係な領域や，表面上，排除や差別に反対する制度・政策・言説等のなかで，どのように排外主義が進みつつあるのかを明らかにしようとしている。さらに，移民・外国人の参加を保障すること，または彼・彼女らを支援することは，断絶され喪失した共同性を回復する試みであり，排外主義とのたたかいであることを明らかにしようとしている。
　このように排外主義を問いなおそうとする本書の構成は次のようになる。第Ⅰ部では現代の排外主義の根源を探り，それが，移民・外国人に対してどのような形で表出しているのかを明らかにする。第1章では，今日の新自由主義的潮流のなかで「業績」向上を絶対視する傾向が国や公共政策の場面でもみられるようになり，それが共同性や民主主義を破壊することへとつながっていることが述べられる。第2章では，フランスの移民統合政策を提案する審議会の言説変化に着目し，多様な文化を有する人々の共生の理念であった「フランス共和国」が，特定の人々を排除する道具として使われる傾向があることが明らかにされる。第3章では，福祉レジームの変容の文脈から，フランスでの排外主

義の高まりを考察する。第4章では，フランスの事実上の移民政策として行われてきた「都市政策」が新自由主義的潮流のなかでどう変化してきたのかを考察する。第5章では，デモクラシーにおいて市民参加の重要性が自明のものとされつつあるなかで，ムスリムのNPOが行う住民運動がフランス共和国の原理に反するとみなされ，市民参加や住民自治といった「公共圏」から排除されるさまが，しかし同時に，こうした市民団体が「公共圏」と関係を築いていこうとするプロセスが考察される。そして，第6章では，「早期学校離れ」現象が対象とされ，早期離学はすべての生徒について起こりうるが，学校システムにおけるメカニズムが社会階層の低い層，移民・外国人に強く働くさまが考察される。

続いて第Ⅱ部では，フランスで排外主義と闘う地域の試みを紹介している。まず第7章と第8章では，移民・外国人の参加を促し，その他の住民と議論する制度的な措置が扱われる。フランスにおいて基礎自治体（コミューン）レベルでもこうした制度を設けるところは少なく，日本でも活動内容を詳しく紹介したものは多くない。さらに県レベルの制度の紹介は初めてであるといってよい。具体的には第7章では，フランス西部のイル・エ・ヴィレンヌ県議会の「外国籍市民に関する諮問委員会」が取り上げられる。そこでは，委員会の名称など「言葉」のもつ力や，介護政策を例として，他人を気づかい，他者に好意と関心を向けるヒントについて考察される。第8章では，フランス北部ノール県にあるルーベ市の「異文化間共生および市民権に関する委員会」が取り上げられる。そして，この委員会がフランスでの異文化間共生の重要性の認識と，参加型民主主義の進展の交点として設置され，現在も運営されていることが述べられる。この2つの章が県と市の参加制度を取り上げるのに対して，次の2つの章は市民活動団体を取り上げて，排外主義に抗し，それを乗り越えるための試みが論じられる。第9章では，サン・パピエと呼ばれる非正規滞在者の未成年就学者の支援を行っている「国境なき教育ネットワーク（RESF）」のノルマンディー地方ルーアン市での活動を取り上げる。この団体の活動が，ローカルな市民権の形成にどのように寄与しているのかが考察される。第10章では，パリの中国人セックスワーカー支援を行っている「世界の医療団（MdM）」の活動内容の変化が取り上げられ，彼女らが自ら発言し，参加していくようにな

るプロセスが考察される。

　以上10篇の論考とは別に，第Ⅰ部と第Ⅱ部をつなぐ論考として，産業主義的な生産性を批判する概念として「コンヴィヴィアリズム（convivialisme）」に関する補論を設けている。排外主義の高まりに抗する思想的な投げかけである。また，各章で十分に取り上げることのできなかった極右政党の急激な伸張，移民の受け入れ国の歴史のなかでの位置づけ，移民の家族については別にコラムを設けた。このコラムもフランスにおける排外主義の問題を考える一助となろう。

　今日，日本においても在日外国人に反対するデモやヘイト・スピーチ，ネット右翼の影響などが社会問題化している。こうした運動や言動はその過激性に目が向きがちであり，特別なことと思われがちである。しかしすでに述べたとおり，排外主義はあらゆる場面で確認することができる。移民・外国人排斥運動やその言説のみならず，外国人を単なる労働力としてみなす入国管理政策，ナショナル・アイデンティティの強調などである。さらに，新自由主義経済の弊害としての格差や貧困も排外主義の視点で捉えることができよう。また，移民・外国人に対する支援活動，参加制度が直接の対象となる移民・外国人のみで完結してしまうならば，それは紐帯・連帯・共同性の断絶もしくは喪失（排外主義）の再生産の場となるおそれもある。それを乗り越えるためには，その活動が，移民・外国人にとどまらない一般市民とのつながりへと開かれていかなければならないだろう。

　こうした点は，本書において執筆者が明らかにし，述べようとしたことがである。本書はフランスを対象とするが，日本で台頭してきている排外主義の根源，構造，表出形態を理解し，排外主義と闘い，排外主義を超えた社会を形成しようとすることに関心のある多くの人々に読まれることを編者一同願っている。

　　　　　　　　　　　　　　　　　　　編者を代表して　中野　裕二

## 排外主義を問いなおす
―フランスにおける排除・差別・参加―

## 目　次

はしがき

## 第Ⅰ部　排外主義の根源とその表出

### 第1章　「業績至上主義」が社会をバラバラにする …………………… 3
フロランス・ジャニ＝カトリス（Florence Jany-Catrice）

平野　暁人 訳

1．はじめに　*3*
2．経済成長を「見果てぬ夢」に祭り上げる信仰の存在　*4*
3．サービス経済の業績をどう測定するか　*5*
4．業績至上主義と操作の余地　*8*
5．国家の本質における変容：公共サービスの業績追及と社会の分解　*10*
6．結論　*12*

### 第2章　共生の理念から排除の道具へ ……………………………… 15
──「フランス的統合」の変化の意味するもの──

中野　裕二

1．多文化共生と移民の統合をめぐる論点　*15*
2．統合高等審議会報告書にみる「フランス的統合」の変容　*22*
3．「フランス的統合」の変化が意味するもの　*33*
4．おわりに　*36*

### 第3章　フランスの福祉レジームと移民レジーム ………………… 41

田中　拓道

1．フランス移民レジームの二重の帰結　*41*
2．フランス福祉レジームの形成　*44*
3．フランス福祉レジームの変容　*47*
4．フランス移民レジームの持続性　*52*
5．結論　*55*

コラム1　国民戦線の勢力拡大と言説の変化 ……………………………… 60
　　　　　　　　　　　　　　　　　　　　　　　　　　　大嶋　えり子

第4章　「排除の空間」におけるソーシャル・ミックス政策の帰結 ……… 63
　　　―パリ郊外都市再生事業の事例から―
　　　　　　　　　　　　　　　　　　　　　　　　　　　森　千香子

　　1．はじめに　63
　　2．都市政策誕生の背景：「郊外問題」と「移民問題」　64
　　3．都市政策の新展開と「ソーシャル・ミックス」の含意　69
　　4．ローカルレベルでのインパクト：パリ郊外の事例から　74
　　5．結びに代えて　84

第5章　「フランス共和国」におけるムスリムの社会教育と市民参加 … 91
　　　―リヨン大都市圏におけるムスリム青年連合のネットワーク―
　　　　　　　　　　　　　　　　　　　　　　　　　　　浪岡　新太郎

　　1．はじめに　91
　　2．共和国における「ムスリム問題」の構築　94
　　3．ムスリム青年連合の主張する市民参加
　　　　：共和国モデルにおけるムスリムアイデンティティの承認の要求
　　　　（1987～1995年）　99
　　4．リヨン大都市圏ムスリム団体ネットワークの主張する市民参加
　　　　：イスラームの宗教儀式への限定に対する抵抗（1996～2003年）　105
　　5．リヨン大都市圏ムスリム団体ネットワークの分裂と変容
　　　　：強い公共圏による私的領域であるはずのムスリムアイデンティティ
　　　　の定義に対する服従と抵抗（2004～2010年）　110
　　6．結び　116

**コラム 2　歴史から排除される移民** ……………………………………………123
　　　　　―知をめぐる抵抗と記憶の営み―

　　　　　　　　　　　　　　　　　　　　　　　　　　　　田邊　佳美

**第 6 章　フランス教育制度における周縁化の構造** ………………………127
　　　　　―早期離学者にみるエリート主義の伝統からの離脱・抵抗―

　　　　　　　　　　　　　　　　　　　　　　　　　　　　園山　大祐

　　1．はじめに　*127*
　　2．ヨーロッパ連合の影響　*130*
　　3．フランスにおける早期離学者の特徴　*134*
　　4．早期学校離れへの対応　*136*
　　5．おわりに　*143*

**コラム 3　ムスリム移民家族と第 2 世代** …………………………………151
　　　　　　　　　　　　　　　　　　　　　　　　　　　　村上　一基

**補論　コンヴィヴィアリズム** ………………………………………………155
　　　　　―高まる排外主義を乗り越えるために―

　　　　　　　　　　　　　　　　　　　マルク・アンベール（Marc Humbert）
　　　　　　　　　　　　　　　　　　　　　　　　　　　　平野　暁人 訳

　　1．排外主義とは世界人権宣言に対する冒涜である　*155*
　　2．世界から人間性が剝奪されつつある根底にはなにがあるのか　*157*
　　3．コンヴィヴィアリズムとはどんな解決策なのか？　*160*

第Ⅱ部　排外主義との闘い ―地域レベルで民主主義を取りもどす―

第7章　参加と反排除 ………………………………………………………… 169
　　　　―ブルターニュにおける取り組み―

　　　　　　　　　　　　　　　　　ミッシェル・ルノー（Michel Renault）
　　　　　　　　　　　　　　　　　　　　　　　　　　　平野　暁人 訳

　1．はじめに　*169*
　2．イル・エ・ヴィレンヌ県に居住する外国籍市民に関する
　　諮問委員会：民主的な問いかけのための新しい場　*170*
　3．「言葉の力」　*174*
　4．「他人を気づかう＝ケア」の政治とは？　*179*
　5．結論　*182*

第8章　異文化間共生および市民権に関するルーベ市委員会 ………… 185
　　　　―進化を続ける参加型民主主義機関―

　　　　　　　　　　　　　　　　　マチルド・ドゥ・リル（Mathilde de Lisle）
　　　　　　　　　　　　　　　　フロランス・ジャニ＝カトリス（Florence Jany-Catrice）
　　　　　　　　　　　　　　　　　　　　　　　　　　　平野　暁人 訳

　1．はじめに　*185*
　2．ルーベ市の移民系住民に関する参加型委員会の成り立ち　*187*
　3．CRICの設置と地域レベルでの積極的参加要請　*189*
　4．高齢に達した移民たち：ルーベ市にとくに顕著な課題　*192*
　5．結論　*194*

第9章　サン・パピエ支援とローカルな市民権 ……………………… *197*
　　　　―フランスのローカルネットワーク組織にみる実践の研究―
　　　　　　　　　　　　アントワーヌ・ケレック（Antoine Querrec）
　　　　　　　　　　　　　　　　　　　　　　平野　暁人 訳

　　1．はじめに　*197*
　　2．国境なき教育ネットワークが組織され構造化されるまで　*199*
　　3．国境なき教育ネットワーク：社会活動の慣行と取り組みにおける
　　　　新機軸　*202*
　　4．地域の一員として運動する　*206*
　　5．結論　*209*

第10章　「公衆衛生へのアクセス」から「政治参加」へ ……………… *211*
　　　　―パリにおける中国人セックスワーカー支援の変容―
　　　　　　　　　　　　　　　エレン・ルバイ（Hélène Le Bail）
　　　　　　　　　　　　　　　　　　　　　　平野　暁人 訳

　　1．はじめに　*211*
　　2．「民主主義的な公衆衛生」：売春を行う女性たちのためのハーム・リダ
　　　　クション　*213*
　　3．グローバリゼーション，移民，売春についての法的な議論の再燃　*216*
　　4．社会の隅に追いやられた女性たちの「共鳴箱」
　　　　：発言を始めた中国人セックスワーカーたち　*219*
　　5．結論：立法にかかる時間と生きのびるために必要な時間　*224*

あとがき　*229*
巻末資料　*233*
人名索引　*243*
事項索引　*245*

# 第Ⅰ部

## 排外主義の根源とその表出

# 第1章

## 「業績至上主義」が社会をバラバラにする

フロランス・ジャニ = カトリス

平野　暁人 訳

### 1．はじめに

　近年，経済から金融，社会に至るまでさまざまな危機が資本主義史上でも類をみない勢いで続いているが，これはそれぞれの分野でそれなりに機能してきた仕組みを少なからず揺るがす警鐘にほかならないだろう．それまで労働を組織する制度および原則と考えられてきた「賃労関係（rapport salarial）」（Boyer 2001），ならびに社会保障の原則が一連の危機により瓦解したことで，福祉国家そのものが問い直されているのである．賃労関係は第2次世界大戦以降，社会がある程度安定した水準を保っていくうえでの基盤となり，それによって，社会が連帯とまとまりを重視していたことの表れともいえる諸制度が資本主義史上かつてないほど構築されてきた．

　先述のような人類の危機がいくつも起きたことを受けて福祉国家（État social）の在りかたが，ひいては，連帯，平等といった「共生」の基盤を成す価値観や，社会，文化，世代，出自などの多様性に満ちた現代において「社会をつくる（faire société）」とは何を意味するのかといった点までがいま改めて問われている．意外なことに，金融資本主義の暴走——ヴィヴレ（Viveret, P.）の言によれば「ヒュブリス（神をも畏れぬ態度，驕り）」——によりこれだけの凶兆が現れているにもかかわらず，これまで資本主義的展望の根拠とされてきた，発展の程度を表すおもな目じるし（repères）にはほとんど変化がみられな

い。しかし，社会が自らに課している制約についての反省的分析なくして，どうやったら現状を根本から打開するような社会計画が練れるというのだろうか。たとえば，限界があると気づいていながら，際限なき（経済）成長の可能性を求めてやまないような社会計画を支持できる道理があるだろうか。

## 2. 経済成長を「見果てぬ夢」に祭り上げる信仰の存在

　経済成長を果てしなく追い求める根底には三重の信仰がある。まず生産力至上主義こそ理想の生産モデルだという信仰。次に富とはいわば水の流れのごとく不可逆なものであり，社会のピラミッドの頂上を出発点として自然の法則に従いながら最貧層の人々へと降りてゆくはずだ，という信仰。そして最後に，技術，テクノロジー，イノベーションはどこまでも進歩するという信仰である。

　フォーディズムの時代（1940～1970年代）に一貫して理想とされた生産力至上主義を相変わらず将来の展望に据えている政治家や経済学者もいる。たとえばフランスのモントブール（Montebourg, A.）「経済・生産再建」大臣も，2014年2月には，生産力至上主義なくして発展なし，と明言していた。生産力至上主義のもとでは，財の生産を継続的かつ徹底的に行うことをもって成長の方程式とされる。しかしその成長追及は目的（なんのために生産するのか）を一顧だにせず，生産したものは片っ端から消費主義に吸い取らせて解決しようとする。また，資源には限りがあることや自然環境への配慮もなされない。

　「水の流れ」の理想形はこうした生産力至上主義をもたらすのである。大半の有力政治家やその指南役を務める経済学者たちに巣食う信仰の中核には，したがっていまだにこの「トリクルダウン効果」がある。しかるべき条件のもとであれば資本や富の増大は必ずめぐりめぐって最貧層の人々に恩恵をもたらす，という考えがこの理論の根幹を成している以上，とにかくまずは分け前の大本となる利益を増やすのが最優先される。すると必然的に，技術の進歩に対する果てなき信仰が円積問題[1]の様相を呈してしまう。経済成長を持続させるには「エコ」と呼べるイノベーションやテクノロジー，さらには持続可能なエネルギーなどの開発に力を注がなくてはならないからだ。

　そうした信仰（Méda 2013）はしかし，日々重要さを増しつつある数々の懸

案を置き去りにしているといわざるをえない。なかでも顕著なのが，物質的に潤った社会では，生産の量を増やすこと自体は徐々に求められなくなっていく（年平均成長率3％というペースを理想的な発展の仕方とみる向きもあり，富は約3倍になる……）という可能性だ。そしてその一方でだんだんと質がなにより重視されるようになるのではないか。たとえば財の質，耐久性，関係の質，暮らしの質といったものである（Gadrey 2010）。この質に関する懸案が，広く共有されているイメージにおける示唆的な指標にきちんと反映されていないという点を指摘すべく，次節では生産性，ひいては生産力至上主義の問題に言及する。

## 3. サービス経済の業績をどう測定するか

### (1) サービス経済

　サービス産業における生産性というテーマは経済学の分野では十分に取り上げられておらず研究も進んでいない。現在，富の生産，すなわち国民総生産は日本，フランスを問わずその70％以上がサービス産業に占められており，いわゆる物質的財や農産物はおのずと副次的な位置に留まっている。つまり経済制度が，そして工業を主体とした労働形態がサービス経済へと形を変えたわけだが，これにより統括の仕組みや仕事のモチベーション設定にも変化が生じた。その特筆すべき理由として，そもそもサービス産業の世界では「生産高」を示す手がかりがより曖昧かつ恣意的であるという点があげられる。サービス経済では，これはとりわけ人間関係を伴うサービスに顕著なのだが，経済をものづくりが支配していたころとは反対に，製品とその成果との整合性をどのように想定するのかが問題になってくる。保健衛生，教育，ケア，さらには金融やコンサルティング業務といったものの生産高を明確に示し，定義するのは一朝一夕にはいかない。それどころかサービスが提供されないうちはその大部分が曖昧とさえいえる。また提供された後もなお曖昧なままの場合もあるが，これは提供されたものの質およびそれがもたらす効果が流動的で，見直しの余地が残されるためだ。なぜそのような事態が起こるのか。それはサービスの「製品」とはなにかを——公的な統計では厳密に示していると思われがちだけれど——はっきりと測定するのは不可能だからである。概念からいけば，生産プロセス

における効率の良さを測定する際の尺度となるのが生産性であり，生産性は生産されたもの（生産高）と生産要素とを結びつけるということになるわけだが，サービス産業における生産性とみなされるものの尺度（「インプット」と呼ばれる。生産に必要な仕事の総量もその1つ）は少なくとも曖昧であるといわざるをえない。

### (2) 共同生産の重要性

　尺度の問題とは別に極めて難しいのが，そうした生産性という概念を複数の異なったサービス（介護，小売店，教育，研究，接待，文化その他）の「業界」に対して一律にあてはめようとする顕著な傾向である。当然，問題が生じないはずがない。

　まずサービス活動の生産プロセスとそのプロセスの結果とが著しく混同されている。それゆえ，たとえば患者を「治療する」際も，生産のプロセスだけが取り上げられ，そのプロセスの結果，つまりその患者がしかるべく治療を受けた，治癒した，あるいは受けていない，治癒していない，という事実関係には目が向かない。

　次に，サービス産業の特色の1つは関係を重視するところにある。サービスが適切に展開されるためにはサービス提供者と受益者がいなくてはならず，この両者は同時に事を行うのが一般的だ（教師と生徒，医者と患者，ケアを施す人とケアを受ける人など）。サービス産業の関係においては，生産がなされるまさにその局面において，サービスを提供する側とそれを受ける側とが共通の社会的関係の内にあるという意味で，両者による共同生産がなされているといえる。ところがこの，サービスに伴う関係が生産力至上主義にとっては妨げになる。関係というものは必ずそれぞれに違っていて，標準化・規格化になじまないからだ。したがって，生産性が工業システムの効率を測る装置とみなされていようとも，サービス産業はそのような金科玉条とは相容れないのである。

　そしてこの標準化と相容れないというところがさまざまな曖昧さの元になっている。サービス産業で管理統制を実施しようとしても，相手が利用者であれ生産者であれ，そう単純には運ばないのである。おまけにそうした風潮が標準化の仕組み，つまり確かさを担保するための共通の決まりや規範の成立を邪魔

しているといえる。

### (3) 業績至上主義

　質の正確な把握もままならないにもかかわらず，生産性，最近主流になってきている言い方をすると「業績（パフォーマンス）」はあらゆる場面で絶対的なものになってきている。もはや誰もが業績に優れた人材にならなければ許されないといった気配だ。ところが現代の資本主義の特徴になっているこのパフォーマンスは独特な形式をとっており，私はそれを「業績至上主義（performance totale）」と名づけた（Jany-Catrice 2012）。業績至上主義とはいくつかの劇的な変化が極まった形態といえるだろう。コンテクストとは切り離された独自のサイズ，数字，指標に基づき，あらゆる行為者を統括するシステムであり，各自がそれを強化し，順応するよう半ば強要される。完全に信じている人は誰もいないのに，誰もが（個人であれ集団であれ）応じ，屈してしまう仕組みとして立ちはだかるのが業績至上主義なのだ。そして行き着くところは力技の応酬である。まずは指標（indicateur）という物差しに適うための曲芸。例としては，「上海ランキング[2]」内で目に見えた存在感を勝ち取るべくフランスの大学が味わったドラスティックな改組があげられる。その他に計量という物差しへの適応を目標とした力技もあり，具体的には介護，支援，治療，情報転送，知識の向上（*Ibid.*）などに属するサービス活動の「総量」の集計を算出する国民経済計算がこれにあたる。サービス産業の特性を否定したり，知る努力を怠ったり無視したりしてきた結果，このようなアクロバティックな技がどんどん増えたのであり，それによって測定する側[3]は工業主義，生産力至上主義に基づいた早見表をもちだし，機械的ともいえるようなやりかたでサービスの「生産総量」という考えかたをあてはめていく。かくしてサービス産業における価格／総量の線引きは，往々にして大胆な仮説のもとに断行されているわけだが，現実にはそれぞれに違っていること，質は一定ではないこと，標準化にはほとんどなじまない生産プロセスのうえに成り立っていることこそが，「サービスで生産されるもの」の特徴なのである[4]。

　業績至上主義の指標となっているもの，数値化された装置の数々にはまた，個人と個人とを競わせるねらいもある。「他に抜きんでた」という考えかたが

ベースになっているため,装置としてもシステムとしても排除の構造を宿しているのである。業績至上主義は排除を生む。これはつまり区画された道幅を歩く者だけが勝者となっていくこと,そして勝者以外は全員排除されることを意味する。業績至上主義の現代的なフォーマットにおける形態の1つに,人々を自己責任へ駆り立てるというものがある。事を左右するのはもはやイデオロギーではなく,事象や規範の分散,「組織化された総体における実践の不連続」であり,「強要された自己責任」への従属である (Martuccelli 2010)。そのうえ,業績のこうした在りかたは,「正当な」行為者 (acteur) というカテゴリーによってもたらされる数値化されたデータに依拠して,あるいはそこに体現されてすらいるかもしれない。この正当性は,一般に「数値」というものが示すとされている価値の中立性においてたいへん有効である (Lascoume et Le Galès 2004; Supiot 2009)。そしてそれもこれもみな,専門家や科学者をもっとも正当な行為者として,また数値化されたデータを現実を認証する装置として位置づけるという,行政 (action publique) の激変がもたらしたコンテクストのなかで行使されるのである。そこからもたらされる計量化の極端な偏重はさらに「計量化の慣行が現在,権力の行使において保持している決定的な地位,また政治の記述的カテゴリーの脱倫理化と無力化を引き起こすプロセスの内部で計量化の慣行が担っている役割とも関係してくる」(Ogien 2010)。計量化に頼り切ったこの体制がながらえるには,それを正当化し,より強固なものとしてくれる制度に支えてもらう必要があるだろう。

## 4. 業績至上主義と操作の余地

### (1) 行為者にとっての余地

　それでも,この業績至上主義というシステムのすべてがダメというわけではない。というのも,主体 (sujet),行為者 (acteur),そして行動 (action) に残された余地はあるからだ。主体に余地を委ねる要素として,考察や,デモンストレーション,行動といったものを会計 (compte) や代替指標 (indicateur alternatif) で武装する,という発想を展開させることができる[5]。けれどもそれらは,対抗的な業績の指標およびその使いみちを生みだすしかるべき社会政

治的条件が整って初めて可能になる。

　また,「角を矯めて牛を殺す」ごとくに否定しようとしたり,あらゆる計量化に片っ端から抵抗したりしてはいけないという内心の葛藤もある。現行の装置にただ抵抗するという安易な立場に身を置くよりも,生産と使いみちについてのしかるべき条件が整えば,代替指標は打ち建てられるし,暫定的なものではあるにせよ効果を発揮することもできるという発想を推し進めてゆきたい。業績の代替指標を創り出すという意味では,社会的効用という好例があり,これは複数の活動を統括する1つの形式としても,動員としても,重要性をもちうる。そのことはフランスの社会的連帯経済（économie sociale et solidaire）の世界における代替指標をめぐる試みが証明している。

### (2) 社会的効用という尺度

　近年,アソシエーションの世界や広く社会的連帯経済において,ある流行が次第に輪郭をあらわし,目をひき始めている。なお,この社会的連帯経済がフランスの雇用に占める割合は10%,すなわち生産業全体とほぼ肩を並べているといっていい。

　社会的連帯経済は新たに独自の道を切り拓こうとしているが,たいていは生産力至上主義とはかけ離れた,地域に回帰したいろいろな経済制度のプロジェクトであるため,構造上も数値上もまともに評価されていない。しかしながら,しかるべき条件さえ整えば,社会的連帯経済にはより持続可能な発展が,とりわけ地域レベルで見込めると同時に,市民にとっても意義が大きいといえる。協同組合運動,市民社会の力学,大衆に開かれた教育,さらに共有の持続的な住環境や,生産者と消費者を直接結ぶ食料供給の構造,そして連帯金融など数多くの要素が,そうした構成力学や,持続性にぐんと秀でた社会経済情勢の再評価によって生まれている一方,その効果は否定されないまでも無視されたままである。

　オルタナティヴな地域経済の世界がテーマとするのは,排除したり追い詰めたりするのではなく,むしろ内側に取り込んでいくような方向性をもった指標をどうやったら設けられるか,である。したがって,社会的効用に基づいた指標の構築を中心に総力を挙げることになる。しかし同時に,それはそれでさま

ざまな形の抵抗に遭遇する。

　まず，今日フランスに限らず多くの金融資本主義国家において，経済は公共支出の削減と制御を最優先課題としている。すなわち国家と政府はなんとしても公的財源を合理的に会計し分配するための形をみつけようと躍起になっているわけだが，この会計合理性は業績に基づく指標を備えており，代替的かどうかは問題にされない。

　2つめの理由として，どんなに代替的な指標であっても，一種の計量化病（quantophrénie）を助長し，要するに数値化された指標を過剰に生み出す遠因となってしまうのである。

## 5. 国家の本質における変容：公共サービスの業績追及と社会の分解

　公共政策の評価と業績の測定とのつながりは曖昧だが，それぞれ異なった来歴をもっているにもかかわらず，お互いが占める領域の仕切りにはだんだん隙間が空いてきている。公共政策の評価がサービスの業績を追及する方向へと傾きつつあるのは，社会の構築という観点，また社会がどの程度まとまっているのか，あるいは分裂しているのかという観点からも看過すべからざる事態だろう。

　しかるに現在，公共政策の評価方法が徐々に変わってきており，これはとりもなおさず国家の本質が変わってきていることを意味する。

　公共政策の評価方法については，公共政策の評価が崩壊し，公共サービスの業績の測定とでも呼ぶべきもののなかに吸収されるという事態が起きている。その原因となったのは次の2つの強硬的な措置である。

　第1に，だんだん評価が行われなくなり，測定ばかりが熱心に行われるようになっている。ヴィヴレ（Viveret 1989）やペレ（Perret 2008）によれば，「評価」する姿勢で臨めば行為が有する価値についての判断がその都度はっきりと示され，それぞれの物事もしくは出来事に，良いものであれ悪いものであれ価値が付与された。このような判断は「民主的な論理と意志決定における効率の論理との間に緊張関係を導入するという目的」で示されたとヴィヴレは指摘している。「民主的な」とは，割り当てられた価値が集団による開かれた議論を

経て共有されることを意味し（FAIR 2009），それに対して「意思決定における効率」とは，その議論自体がなんらかの効果を生みだすものでなくてはならない，ということを意味する。となれば，そこから発生する優先順位が「測定という作業の結果は，その方法自体に大きく左右される，という事実を見失ってはならない」という，どちらかといえば構成主義的な（constructiviste）スタンスに依拠するのは言わずもがなであろう（Desrosières 1993）

　2つめは「公共政策」から「公共サービス」への考えかたの移行だろう。公共政策は評価されなくなり，代わりにサービスの業績が評価されているのである。したがって国家はもはやいくつもの権利や義務を自らおよび市民に保障する存在でもなければ，誰にでも開かれたアクセスを保障する存在でもなく，単にサービスを給付する存在となる。するとそこにはサービスを給付する賃金労働者とそれを消費する利用者しか残らない……。これにより国家は変容し，ありとあらゆる排除の下地ができてゆく。そして行政の幅は単なる個々の業績の指標の連なりへと狭められる。その具体的な例としては，分野ごとの業績が有する多様な特徴を除去しようとする指標の連なりに帰された保健衛生のケース（Pierru 2007），あるいは計量書誌学上のランキングで上位に入っているかどうかでしか教員・研究者の優秀さが判断されない高等教育や研究機関のケースがある[6]。公共政策の評価が始まった当初とは反対に，公共サービスの業績原則を指針とするようになった行政は，視点の多様さになど鑑みたりしない。あるいは，もはや鑑みていない。そしてサービス給付者としての国家はもはや効率多元主義の請負係ではなく，したがって，サービスへの公平なアクセスや，仕事から得られる充実感や，公的な諸権利の保持や，社会のまとまりといった回路を総動員して公益を最大限優先したりもしない。それどころか次の3つを取り混ぜた様式で作用するだろう。①労働の奨励およびその強度の向上を命ずること，②誰もがあくまでも個人として（そして市民としてではなく）の参画を求められる疑似評価体制確立へ尽力すること，③平等や市民権といった共和国の価値体系を承認し，保証するという在りかたを放棄すること（Jany-Catrice 2012）。

## 6. 結論

　以上のことから，次に述べる３つの強力な潮流に抵抗を試みなければならないといえる。1つめは，数字が示す空っぽの中立性。結局のところ，あらゆる指標は政策がもたらした結果に他ならないのだから。2つめは，行き過ぎた計量化。そして最後に，計量化が適さない，あるいは不可能な要素の価値を否定しようとする操作，命取りになるような，未成熟な情勢。こうした情勢は，もうけ主義ではなく内側に取り込むような性質をもつ地域発のイニシアティヴをあまりにないがしろにしてしまう。私たちの生きる社会が差し当たり抵抗しなければならない相手はこの３つである。

　ただし，同時にさまざまな共同構築の形にも積極的に取り組んでいかなければならない。なぜなら抵抗とは必要条件でこそあれ十分条件ではないからである。すなわち「もう１つの構築（alter-construction）」へと続く道を拓かなくてはならないのだ。豊かさの定義を見直すこともその道の１つだろう。それは約束事を共有できたその先にしか成立しえないものであり，ひいては市民ならびにさまざまな社会的勢力が再定義の試みに参加する方法を打ち建てることが必要となる。そうした豊かさの再定義に参加するよう地域に，それもあらゆる市民に働きかけることがそのまま，そしてまぎれもなく，包摂的なベクトルを意味しているのだ。

注
1）解決不可能なこと〔編者注〕。
2）世界大学学術ランキング（Academic Ranking of World Universities）のこと〔編者注〕。
3）国家会計士，統計学者，およびその利用者がその代表格に挙げられるが，民間組織やマネージャー，公共団体，管理者，金融資本家などにもみられる。
4）多種多様な勢力が生産プロセスとその成果の両方の規格化，標準化をゴリ押ししようともこの事実は変わらない。
5）このプロジェクトのモデル化については，Bruno, Didier et Prévieux（2013）

を参照のこと。
6) 国家をサービス給付者とみなすこのやり方は，社会的影響の範囲を，人間に恩恵をもたらす影響に限定してしまう。どの程度まで「自然は効用の内に解決できる」のか，を問うにあたっては，生物多様性がもたらす恩恵の影響をどう評価するかという論争は実におもしろい発見的解法である。

**参考文献**

Boyer, R. (2001), *Théorie de la régulation*, La Découverte.
Bruno, I., Didier, E. et Prévieux, J. (2013), *Statactivisme. Comment lutter avec des nombres*, La Découverte.
Desrosières, A. (1993), *La Politique des grands nombres. Histoire de la raison statistique*, La Découverte.
FAIR (2009), *La Richesse autrement*, Hors-Série, Alternatives Économiques.
Jany-Catrice, F. (2012), *La Performance totale. Nouvel esprit du capitalisme*, Presses Universitaires du Septentrion.
Gadrey, J. (2010), *Adieu à la croissance*, Les Petits Matins.
Lascoume, P. et Le Galès, P. (dir.) (2004), *Gouverner par les instruments*, Presses de Sciences Po.
Martuccelli, D. (2010), « Critique de la philosophie de l'évaluation », *Cahiers Internationaux de Sociologie*, vol. CXXVIII, pp.27-52.
Méda, D. (2013), *La Mystique de la croissance*, Flammarion.
Ogien, A. (2010), « La valeur sociale du chiffre. La quantification de l'action publique entre performance et démocratie », *Revue française de socio-économie*, n° 05, pp.19-40.
Perret, B. (2008), *L'Évaluation des politiques publiques*, La Découverte.
Pierru, F. (2007), *Hippocrate malade de ses réformes*, Éd. du Croquant.
Supiot, A. (2009), *L'Esprit de Philadelphie. La justice sociale face au marché total*, Seuil.
Viveret, P. (1989), *L'Évaluation des politiques et des actions publiques*, La Documentation française.

# 第2章

## 共生の理念から排除の道具へ
―「フランス的統合」の変化の意味するもの―

中野　裕二

## 1. 多文化共生と移民の統合をめぐる論点

### (1) 2つのモデルと西欧諸国の政策変化

　第2次世界大戦後に移民を受け入れた西欧諸国にとって，多様な出自・文化・宗教的な背景をもった移民をホスト社会に包摂し，多文化共生を図ることは今日共通の課題となっている。多文化共生という観点から考えたとき，先進諸国が目指してきたモデルは大きく2つあった。それは，社会内のマイノリティを集団として公的に承認し，平等な立場にある複数の文化共同体からなる1つの社会を構想する「多文化主義モデル」と，マイノリティを集団としては承認せず他の社会成員と同じ資格の個人として扱い，市民からなる国民共同体を構想する「共和主義モデル」である。

　多文化主義の理念は，19世紀から非ヨーロッパ系移民を積極的に受け入れてきたカナダとオーストラリアにおいて試行錯誤の結果，1970年代に採用されたものであるが，その後，西欧諸国でもオランダやイギリスなどが「多文化主義」政策を採用してきた。これに対し，共和主義モデルの典型はフランスである。フランス革命の精神を体現する「共和国 (République)」は，出自・人種・宗教にかかわらない個人の平等を保障し，この共和国に賛同し参加する人を市民 (citoyens) とみなし，もともとは多様な考え方や出自の人々を「共和

国の市民」としていくことで国民統合を果たした。「共和主義モデル」は、移民も同じプロセスで「共和国の市民」として国民統合を図るという考え方である。その意味でフランスにとって「共和国」は単なる政体にとどまらず、共生 (vivre-ensemble) の理念であり、共生の場としての意味をもつ（中野 1996）。

ところが 2000 年代初頭以降、西欧諸国には大きな政策変化がみられる。その1つが多文化主義の「退場」である。オランダでは多文化主義の失敗の認識とともに徐々に政策の見直しが図られ、2007 年に現行の統合法に移行した。イギリスでも 2001 年の暴動後にイギリス国民「共同体の結束 (community cohesion)」言説が、2005 年の地下鉄テロ後には「イギリス性」、「イギリス的諸価値」言説が全面に押し出されるようになり (Hachimi 2014, p.429)、2011 年、キャメロン首相は多文化主義の失敗を公式に表明する[1]。もう1つは、西欧諸国の移民統合政策の類似化である。とくに 2004 年 11 月に EU 加盟国閣僚で構成される司法内務理事会で移民統合政策の「共通基本原則」が合意されて以降、その傾向が強まる。滞在権・永住権の許可だけでなく海外からの定住目的の入国許可を得るために、外国人に対して統合のための試験・講習・契約が課されるようになるのである（佐藤 2012, p.98）。多文化主義を「放棄」したオランダ、イギリスだけでなく、フランスにおいても同様の政策が採用されている（2003 年「受入統合契約 (Contrat d'accueil et d'intégration, 略称 CAI)」）。

### (2) 移民が市民になるまでの過程

ここで移民が市民になるまでの過程をフランスを念頭におきつつ整理しておきたい。法的には、入国、永住権取得まで、国籍取得という3つの段階が想定されるが（同上, p.104）、ここでは次のように分ける。第1段階は移住 (immigration) である。外国人が定住を目的としてホスト国に入国する場合、出身国でそれぞれの目的に応じたビザを取得する必要があり、入国後には滞在許可証を取得する必要がある。こうした手続きを経ることで合法的な滞在の条件が整う[2]。こうした入国と滞在の条件を決定するのが「移民政策 (politique d'immigration)」であり、それは日本でいう「入国管理政策」に近い。

第3段階は国籍取得である。フランスの場合、外国人がフランス国籍を取得するには、帰化（民法 21 条の 15）、フランス人との結婚後一定期間を経た後で

の届け出（同21条の2）などがあるが，それに加えてフランスでの出生と居住を理由とした国籍取得がある。外国人の両親のもとフランスで生まれた外国人は，18歳の成人時点でフランスに居住し，11歳から18歳までの間に合計5年以上のフランス居住歴があれば国籍を付与される（同21条の7）。こうした国籍取得の条件を決めるのが「国籍政策」もしくは「帰化政策」である。

　そして，第1段階と第3段階の間にあるのが統合（intégration）段階と位置づけられる。「統合」とは一般的には複数の諸要素が相互に結合し，単一の全体性を獲得する過程をさすが，フランスの場合，国民統合はフランス革命に対する考え方や言語，宗教などさまざまに異なる属性をもった人々が市民として結合し，国民共同体という全体性を獲得していった過程であった。この国民統合モデルを移民にも当てはめた場合，統合とは移民という新しい社会の要素を前提として，改めて国民統合をやり直す過程であるといえる。この厳密な意味での統合の考え方を「統合Ⅰ」と呼んでおこう。

　しかし，現実的には移民の統合を語る場合，国民統合が実現し単一の全体性が存在することを前提とせざるをえない面もある。その場合，移民の統合とは，ホスト国の市民が共有する諸要素を獲得し，遅ればせながら全体性に参加するということを意味する。これを「統合Ⅱ」と呼ぶならば，統合Ⅱは具体的には次のような過程をさすだろう。文化的には，言語の習得，ホスト社会の価値観や生活習慣を身につけていくという文化変容のプロセスとして捉えられる（文化的統合）。社会経済的には，たとえば住居，雇用，教育などの状況がホスト社会の市民の平均的な状態と同じようになり，それによって全体社会との交流も進んでいくプロセスである（社会経済的統合）。そして，こうしたプロセスを促進するのが「統合政策」である。統合段階において，文化的統合と社会経済的統合は相互に密接に関連する。言語の習得が雇用獲得や学業成功を導き，逆に職場での人間関係，学校教育がホスト社会の言語，価値観，生活様式の習得に役立つことは容易に理解できよう。

　統合Ⅱの場合，移民が市民になる過程は図2-1のように表現できる。つまり，外国人が定住目的で移住し（A→B），ホスト社会での居住・労働・就学・交流のなかで社会に統合される（B→C）。そして，そのなかで希望する人が国籍を取得する（C→D），という過程である。

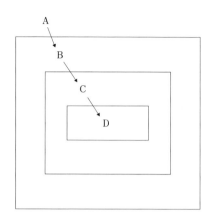

図2-1 想定される移民から市民への流れ

注：図の枠は外からそれぞれ，フランス居住者，統合が
達成された人々，国籍取得者の集合を表している。
出典：筆者作成

このA→B→C→Dの流れはいわば理念型である。それぞれの段階の境界が明確に区切れるわけでもないし，現実の移民および移民出自の人々の状態と合致するわけではない。たとえば，統合が達成された外国人（C）も外国人という法的地位からつねに移民政策の対象であり続ける。また，統合のプロセスが進まないこともありうるし，民法の国籍規定により統合過程を経ずに，もしくは十分に統合されないまま国籍を取得する場合もありうる。

移民から市民への流れの3つの段階に対応する3つの政策は，当然のことながらホスト社会の目指す社会像と密接に関連する。移民が市民になることを拒絶する「隔離主義」的な国の場合，3つの政策とも抑制的なものとなろう。これに対して，移民が市民になることを受け入れる国でも，出自文化の放棄と文化的統合を社会経済的統合と国籍取得の条件とするのが「同化主義」，移民の出自文化を公的に承認し，文化を保護しながら社会経済的統合を図り，国籍取得を認めるのが「多文化主義」と図式化することができるだろう。

(3) 1990年代初頭の「フランス的統合」の社会像

こうした「同化主義」「多文化主義」に対してフランスでは，1989年秋の

「イスラームのスカーフ」事件を契機に多文化共生を実現するための社会像が「フランス的統合」という概念で示された。この概念を提示した「統合高等審議会（Haut Conseil à l'intégration, 略称 HCI）」はその第1回報告書『統合のフランスモデルのために』のなかで「フランス的統合」を定義している。それによれば、「フランス的統合」は「同化と参入の間の中間的な道ではなく、ある1つの独特な過程」である。また、「統合」は「マイノリティの論理」ではなく「平等の論理」に立脚すると述べられている。しかし同時に統合高等審議会は、「統合」が「文化的・社会的・道徳的特殊性の存続を受け入れる」こと、社会全体が「多様性、複雑性によって社会が豊かになる」と考えるようになることを目指すとして、多様性の尊重も掲げている（HCI 1991, pp.18-19）。

　それでは個人の平等と多様性尊重はどのように両立可能なのか。そこで準拠とされるのが「フランス共和国」である。フランス革命の精神の具現である「共和国」は「公的領域−私的領域」の明確な分離を原則とする二元的社会像を基礎として成り立っている。「私的領域」とは出自・人種・宗教など多様な属性を有する人々の領域であり、「公的領域」とは共和国に参加する市民の領域である。人々は「私的領域」では多様な属性を享受し、その意味で自由であると同時に、「公的領域」ではその属性を捨象し、抽象的な個として共和国に参加することで全員が市民として平等たりうる。そのためには、人々は「公」に自らの「私」の属性を持ち込んではならず、逆に公権力は人の「私」的属性を理由に優遇も差別もしてはならない。この「公的領域−私的領域」の分離と相互の不可侵という原則により平等と多様性の尊重が両立できると考えられているのである。この「公−私」分離を宗教に当てはめたのが「ライシテ（laïcité）」であるといえる（図2-2参照）。

　それゆえ統合の実現のために、すべての社会成員に共和国の諸価値、具体的には共和国の法律の諸原則への賛同が要求されるのである（Ibid., pp.18 et 52）。このように多様性の尊重は条件つきであり、共和国の諸価値に賛同しないという多様性は認められない。その意味で「フランス的統合」は統合Ⅱの側面をもつ。しかし、統合高等審議会は1992年の報告書『統合の法的・文化的条件』で文化に関し次のようにも言う。

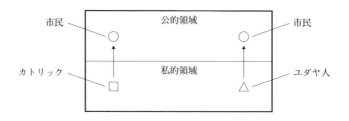

図2-2　フランス共和国の二元的社会のイメージ

出典：筆者作成

「文化を完成した実体とみなさないことが肝要である。つまり，一方の文化，ホスト社会の文化は支配的位置に固執し，なによりもそれまで獲得してきたものを維持しようと腐心するのに対し，もう一方の文化，少数文化は自らの元来の特徴のほとんどを放棄することで前者に適合するという選択肢しかもたない，といった文化の捉え方は望ましくない。何よりも重要なのは，継続的な双方向の効果をもつプロセスである。それによって諸個人は，自らの社会環境や自らの個人史に応じて，自らの伝統，信条，価値観を再解釈するというプロセスである」(HCI 1992, pp.33-34)（圏点筆者。以下同じ）。

ここから統合高等審議会が統合Ⅰの立場にも立つことがわかるだろう。1990年代初頭に提起された「フランス的統合」には，フランスの伝統的な国民統合のモデルを厳密に移民にも当てはめるという統合Ⅰと，実際に移民の統合政策を提案していく（統合Ⅱに傾きがちとなる）ことの間の矛盾と葛藤を内包して出発したのである。

### (4) 本章の課題

それでは，こうした特徴をもって出発した「フランス的統合」は，冒頭で述べたヨーロッパレベルの政策変化のなかにどのように位置づけることができるだろうか。ヨプケ (Joppke, C.) は，西欧諸国の移民政策の変化を市民統合政策への収斂であるとみなしている (Joppke 2007)。そのなかでヨプケは，フランスは1990年代初頭に同化主義から市民統合政策に変化したと論じているが，本章が対象とするのは，1990年初頭に提起された「フランス的統合」それ自

体の変化である。

　上述のとおり，統合Ⅰと統合Ⅱが混在していた「フランス的統合」はこの約25年間，どのように変化してきたのか，また，多文化共生の理念としての「共和国」の観点から見て，その変化はどのような意味をもつのか。本章の課題はこの2つの問いに答えることにある。

　フランスの「統合」は統合政策を通して論じられ，移民政策・統合政策の改定とともに批判的に紹介されることが多い[3]。「フランス的統合」概念自体については，宮島喬が移民の公的領域における文化変容として用いられるフランスの「統合」が，平等な参加社会の実現にどれだけの意味をもつのかを批判的に問いかけ，社会的統合の重要性を論じている（宮島 2006; 宮島編 2009）。

　本章では，同様の視点に立ちながらも，「フランス的統合」を提起した統合高等審議会の報告書を素材として，その言説の変化を跡づける。同審議会は1989年の12月に首相直属の審議会として設置され，1991年の第1回報告書発表以降も，移民および移民出自のフランス人の統合に関する現状分析と「統合問題」解決のための政策提言を行ってきている。その分析と提言は政府の政策立案の根拠となるだけでなく，フランスの知識人たちとメディアの言説に影響を与えてきた。その意味で統合高等審議会の報告書は，国民統合または移民および移民出自の人々の統合に対するフランスにおける言説の変化を知る素材として適している。同審議会の言説変化に関してはボジェ（Beaugé, J.）とハジャット（Hajjat, A.）の研究がある。そこでは，メンバー構成変化などからいかにイスラモフォビア的言説が形成されていったかが明らかにされている（Beaugé et Hajjat 2014）。本章ではこうした研究に依拠しながら，報告書の内容を，①統合Ⅰと統合Ⅱの関係，②文化的統合と社会経済的統合の関係，③フランスのもつ統合能力に対する評価，④統合政策のおもな対象という4つの点に絞って変化を跡づける。それによって，政府の審議会という公的機関において，今日排除の対象となっているものは何か，何が排除の根拠とされているのかが明らかとなろう。

## 2. 統合高等審議会報告書にみる「フランス的統合」の変容

表2-1に示したのは1989年から2012年までの統合高等審議会のおもな報告書である。同審議会は首相の諮問事項について審議・検討し，答申することを基本とするが，自らテーマを設定し首相に勧告する場合もある[4]。

表2-1　統合高等審議会のおもな報告書

| 委員長（任期） | 年 | 月 | タイトル |
| --- | --- | --- | --- |
| M・ロン (1989-1997) | 1991 | 1 | 統合のフランスモデルのために |
| | | 11 | 移住と統合を知る |
| | 1992 | 3 | 統合の法的・文化的諸条件 |
| | | 12 | 外国人と雇用 |
| | 1995 | 6 | 文化的紐帯と統合 |
| | 1997 | 6 | 社会的紐帯の衰弱，個別主義への自閉，団地での統合 |
| S・ヴェイユ／R・フォルー (1997-2002) | 1998 | 12 | 差別との闘い：平等原則を尊重させる |
| | 2000 | 12 | 共和国におけるイスラーム |
| | 2001 | 11 | 統合のいくつもの道筋 |
| B・クリジェル (2002-2008) | 2003 | 7 | 契約と統合 |
| | 2005 | 11 | 2002-2005年統合政策の総合評価 |
| | 2007 | 3 | 公共サービス機関におけるライシテ憲章 |
| | 2008 | 5 | 移民出自の人々の住居に関する意見 |
| P・ゴベール (2008-2012) | 2009 | 9 | 共和国の諸価値を知らしめる |
| | 2010 | 3 | 共和国の公的空間における宗教的表現に関する勧告 |
| | 2011 | 1 | 学校での統合の課題 |
| | | 4 | フランスは移民を統合する能力をいまだ有しているか？ |
| | | 9 | 企業内での宗教的表現とライシテ |
| | 2012 | 6 | 低雇用経済下の統合 |
| | | 6 | 一にして不可分の共和国の開かれた文化 |

出典：筆者作成

ここでは表2-1の委員長欄の区分にしたがって，それぞれの時期の特徴を上記の4点に絞ってまとめることにする[5]。

### (1) 1989-1997年：統合促進の要素の同定と経済危機の前の無力感

1991年報告書の特徴については前述のとおりであるが，1992年報告書では，「ライシテの完全な受け入れなしで，国民共同体に統合されたとはみなされな

い」（HCI 1992, p.35）として，共和国の諸価値への賛同を求めている（統合Ⅱ）。しかし同時に，「ライシテの獲得物は固定的でない」し，ライシテが「宗教的多元主義のいくつもの問題，とりわけイスラームの問題を取り扱うために適応していかなければならない」（HCI 2010, p.26）として，共和国の原則であるライシテ自体の変化も求めている（統合Ⅰ）。

### 1995年『文化的紐帯と統合』

この報告書では1991年の統合概念を確認した後に，移民がもつ出自文化への愛着を否定しないこと，「アプリオリに統合不可能な人はいない」，「文化的な状況が異なる人々がいて，その状況によって統合プロセスが長いか短いかが変わってくる」（HCI 1995, p.20）ことが述べられる。ここでは「統合可能な移民／統合不可能な移民」という区別を否定することで，フランス社会のもつ統合能力への信頼が表明されている。また，出自文化への愛着は否定されないが，それがアイデンティティへの自閉や「別々の発展（développement séparé）」（Ibid., p.54）にいたる行動を受け入れることではないとして，多様性尊重の範囲が示される。さらに，経済的に困難を抱えた移民が集住することにより，集住地区の困難をさらに悪化させ，共同体への自閉（コミュノタリスム）を深刻化させる（Ibid., p.74）として，文化的統合のためには社会経済的な統合を推し進めるべきであるという立場が示される（Ibid., p.49）。

### 1997年『社会的紐帯の衰弱，個別主義への自閉，団地での統合』

この報告書では，移民ら当事者から聞き取り調査を行った結果，とりわけ雇用と住宅分野における移民と移民出自の人々に対する差別の実態が明らかになったこと，差別が自己のアイデンティティへの不安をもたらし，代替的アイデンティティとして共同体や過激なイスラームが探求されているという見解が述べられる。文化的統合を引き出すはずの社会経済的統合が，フランス社会の差別によって阻害されているとみなされているのである（HCI 1997）。

また，1997年報告書は初代委員長ロン（Long, M.）の最後の報告書であり，第1回報告書から6年間の審議会の活動がまとめられている。それによれば，統合高等審議会は統合を促進する要素を同定できた。その要素とは，①子どもをできるだけ長い期間学校に通わせること，②長期滞在資格を与えることによって，外国人居住者の地位を安定させること，③家族再結合に法的な根拠を与

えること，④マスメディアを通じて共通の文化的基礎を共有させること，である。しかし同時に，こうした統合にとって積極的な要素が経済危機の前に無力化されているとも述べている（*Ibid.*, p.57 et suiv.）。

この時期の特徴は，第1に「統合」は統合Iと統合IIの両面をもつが，統合IIのみに傾かないように繰り返し統合Iが喚起されること，第2に審議会は統合の成功には社会経済的統合が不可欠であり，文化的統合もそれによって達成されるという認識に立っていること，しかし，第3にフランス社会が直面する経済危機と差別が社会経済的統合を難しくしているという問題点が述べられていることである。

### (2) 1997-2002年：統合の阻害要因としての差別

#### 1998年『差別との闘い：平等原則を尊重させる』

この報告書では，1997年報告で明らかになった差別の問題を検討している。審議会は，差別を意図にかかわらず「もともと同一の状況にある人の国籍，出自，肌の色または宗教により，その人を不利に扱うあらゆる行為または態度」（HCI 1998, p.10）と定義する。そして，1997年と同じく，差別の経験が拒絶感情を生み，文化的統合を阻害するという認識に立つ。「この拒絶感情はフランス社会に対する期待の大きい移民出自の若者に顕著である」（*Ibid.*, pp.11-12）。その後，学校，宗教，住居，雇用などの場における差別が検討されるが，なかでも住居差別は統合阻害の最大要因であるとして（*Ibid.*, p.70），住居へのアクセスに関する機会の平等を促進するための提案がなされている。また雇用に関しては，資格をもたないことが採用や解雇の際に不利に働くとしても「外国人の失業率が極端に高いことは差別の存在によってしか説明できない」（*Ibid.*, p.95）こと，採用差別は日常化しており，被害はフランス国籍を有する移民出自の若者にも及んでいることを認めている。このように，統合を阻害するのがフランス社会の側の差別にあるという立場が貫かれている。そのため，差別を監視し，事例を調査し，反差別の啓発のための独立機関の設置が提案されている（この提案は，2004年12月の法律によるHALDE創設[6]という形で実現している）。

#### 2000年『共和国におけるイスラーム』

この報告書では，1905年法（教会と国家の分離法）の体系に新しい宗教を組

み込む必要性が述べられている。また統合高等審議会は，1905年法は良心の自由と祭祀実践の自由を守ること，宗教間の無差別は憲法原則であることを強調する。そして，イスラームの実践が遭遇する，祈りの場の不足，葬儀，儀礼に則った屠殺，墓地に関する種々の問題を列挙する。そして，学校における問題を取り上げ，イスラーム教と学校との間の妥協を勧告している。それは，①学校給食において要求があった場合は，豚を使用しない食事を別に用意すること，②ラマダンの断食の中断を求めること，④重要な宗教的祭日の日の欠席許可などである。ただし，給食にイスラーム法が規定する作法を遵守したハラールの食事を用意すること，男女共学の拒否などには断固として反対すべきであるとしている。それは個人の立場で統合するというフランスモデルとの断絶になるからである (HCI 2000, pp.75-76)。

また，この報告書において，審議会はスカーフを被った女子生徒を学校から排除することに反対する。それは，学校がもつ統合の使命に反するからである (Ibid., p.77)。そして何よりも大切なのはイスラームが唯一のアイデンティティであると信じる状態から脱するようにすることであり，そのために問題を宗教面だけからアプローチすることをやめるべきだと主張する (Ibid., p.78)。

**2001年『統合のいくつもの道筋』**

この報告書では移民の受入政策実施機関に関する提案が行われている。審議会はカナダのケベックの事例を参考にしつつ，これまで種々の行政機関が行ってきた移民の受入政策を1つの機関に集中させるために，国際移民庁（OMI）の再編を提案する (HCI 2001, p.56)[7]。ここで審議会は「個人統合契約（contrat individuel d'intégration)」を提案し，この契約が新規移住者の1日も早い自律を助け，統合を促進することを期待する (Ibid., pp.59-60)。さらに，ケベックとオランダの事例を参考にしながら，この契約に基づき国家が新規移住者に語学学習機会を保障することを提案する。ただしオランダで実施されているような語学講習受講拒否者への懲罰は望ましくなく，受講がメリットとなるような仕組みが望ましいとしている (Ibid., pp.47-52)。

この時期の特徴は，統合の阻害要因としての差別に焦点が当てられていることである。フランス社会に存在する差別が移民の統合を妨げているという見方をする点で1997年までの立場との連続性が見られる。ライシテに関しては，

1905年法の自由の保障の側面が強調されていて，イスラーム教信者にとって祭祀実践の自由が十分に保障されていない点が問題とされている点が特徴的である。しかし，「個人統合契約」の提案は新たな点であり，2003年に始まる「受入統合契約」の原型を見ることができる。ただし，この時点では義務的・懲罰的側面が否定されている。

### (3) 2002-2008年：これまでの見解の変更と政策の中心点の移動

この時期には，フランスの移民にかかわる重大な出来事があった。簡単に列挙するならば，2002年春の大統領選挙に極右政党「国民戦線（Front National）」のルペン（Le Pen, J.-M.）党首が第2回投票に進出した「ルペン・ショック」，2003年4月の受入統合契約の実験的実施の決定，11月の移民関連法（「サルコジ法」），2004年3月の「宗教的標章禁止法（スカーフ禁止法）」，2005年10～11月の「暴動」，2006年7月の移民関連法（「選別移民法」），2007年1月からの受入統合契約の義務化，11月の「オルトフー法」（受入統合契約の語学講習義務化，共和国の諸価値の理解義務化）などである。

#### 2003年『契約と統合』

この報告書のテーマの1つは困難地区の若者の地位向上についてである。統合高等審議会は，今日学校が困難な状況にある若者に的確な道のりを提案できていないとみなし，学校での職業関連の研修，個別支援の強化，就職の推薦制度，家庭の社会状況と成績を基準とした奨学金制度の拡大，進路指導方法の見直しなどを提案している（HCI 2004, pp.28-33）。この報告書で特徴的なのは，社会的地位向上と市民養成が結びつけられている点である。統合高等審議会によれば社会的な上昇は，社会職業階層の世代的上昇と市民権の行使からなっており，若者の地位向上のためには市民としての養成（formation civique）と職業的な養成を結びつけて考える必要がある。そのため，学校での公民教育，公共サービス機関の利用者のための権利と制度に関する周知啓発が提案される（*Ibid.*, pp.20 et 34）。

また審議会は，統合における文化の重要性を表明している。「統合は，各人が共通文化の構築に参加するようになることをも意味している」，「統合高等審議会は文化が果たしうる重要な役割を強調する」（*Ibid.*, p.32）。1995年報告書

での「社会経済的統合の促進によって文化的統合も進展する」という考え方を大きく変更し,「共通文化構築」を目指した「文化的統合」が政策対象とされるようになったといえる[8]。さらに審議会は差別についても見解を変えている。差別の存在は事実であるが,「差別概念だけが公共政策の準拠となるわけではないし,社会的上昇のその他の障害を覆い隠すかもしれない」(Ibid., p.25)。1997年,98年報告書でみられた,差別が統合の重大な阻害要因であるという認識の変更である。

もう1つのテーマは契約と統合についてである。2001年報告書で提案された「個人統合契約」は2003年4月の統合関連省際委員会で「受入統合契約」として12の県での実験的実施が決定される。審議会は受入統合契約に基づく講習の具体的内容を提案すると同時に,統合と契約の関係を論じている。そこで引き合いに出されるのが「社会契約」であり,それを移民の統合に援用している。フランスで生活し,働き,国民共同体に統合されることを望む人とフランス国家が契約を結ぶことで,国家は移民の統合を促進するための語学講習・公民講習を提供する責任を有し,署名者は講習受講の責任,国民共同体への統合に努める責任を有するのである(Ibid., p.90)。本人の意思に基づく「契約」概念を統合に持ち込むことで,移住した人が統合されるという段階的な発想から,統合される人が移住するという移住と統合の一体化が行われたのである。定住を望む新規移住者にはフランスへの統合を望む人しかいなくなり,少なくとも理論的には「統合問題」は解消されることになる。

統合と文化的多様性の関係についても述べられている。審議会は「われわれの側が文化的多様性を受け入れることを理解しなければならない」,「社会契約はつねにやり直され,文化はつねにつくられ,国民共同体はつねに創造される」と述べるが,直後に,「つねに毎回の最終的決定権をもつのは各世代である」(Ibid., pp.95-96)と明言する。この最後の言葉は,今の世代のフランス社会のあり方は今の世代が決定するということであり,マジョリティ文化の優位性の現状の追認であり,正当化でしかない。同じ論理で,「フランス共和国はその理想の高みにいたっておらず,批判される。しかし同時に,移民も自分が住みたいと思うフランスが歴史的に形成してきたものを学ぶべきである」(Ibid., p.96)とも主張される。統合高等審議会は,統合Ⅰの統合観を示しつつも,「統

合契約」から統合Ⅱを正当化するのである[9]。このように，2003年報告書は1989年から2002年までに審議会が表明してきた見解をいくつかの点で変更した。ここに大きな転換点を見ることができる。その後，関心の中心は，移民が獲得すべきフランス文化の内容と獲得方法，受入統合契約実施前からの定住外国人と移民出自フランス人の統合に集中していく。

### 2005年『2002-2005年 統合政策の総合評価』

この報告書では，シラク（Chirac, J.）大統領の指示にしたがって再編された統合政策の評価が行われている。まず，統合概念を再確認し，次のように述べる。「統合は同化でも参入でもない。それは，移民出自のフランス人のみに限らず，すべての人の国民共同体への公的空間への参加である」，「統合は基本的には公民的・政治的問題である。統合が提起する諸問題はナショナルな結合（cohésion nationale）と共和国の理念に直接かかわる」，「われわれの同国人，とりわけ若者の一部の自閉と排除を終わらせるために国民共同体全体を動員する」（HCI 2006, p.7）。ここで確認できるのは統合政策の対象に関する統合高等審議会の中心的関心の移動である。もう1つ確認できることは，統合が「公的空間への参加」と読み替えられていることである。それゆえ，公的空間への参加の仕方が統合政策の中心テーマとなっていく。

### 2007年『公共サービス機関におけるライシテ憲章』

ここではまず受入統合契約の改善が提案される。2007年1月から義務化され，契約の尊重が滞在許可証の更新と居住者証の発行の際に考慮される事項となったが（HCI 2007, p.123），審議会は契約を尊重しない人が少なからずいることを理由として，契約に伴う講習受講義務を守らない人への懲罰の検討を勧告している（*Ibid*., p.133）。2001年時点での「メリットとなるような受講の仕組み」から「懲罰を伴う受講義務」への変化である。

次に報告書のタイトルとなっているライシテ憲章については，「統合とは公的空間への参加である」との立場から，「公的空間（espace public）」における平等実現のため（*Ibid*., p.195）にライシテ原則を適用する必要があるとの認識が示される。しかし，このときの報告書は「公的空間」を厳密に解釈する。統合高等審議会によれば，「公的空間」（私的ではない空間。たとえば公道）は宗教的表明が排除される空間ではない。なぜなら，ライシテとは良心の自由と宗教

的帰属の表明の自由を保障するからである。そこで，審議会は，公共サービス機関が位置する空間のみを対象とし，公共サービス従事者とサービス利用者に分けて議論している (*Ibid.*, p.197)。公共サービス従事者の場合，公務員は職務におけるライシテ原則は完全に適用され，違反は懲戒処分の対象となる（2000年5月3日コンセイユ・デタ判決）ものの，公共サービスの一時的な協力者などについてはライシテ適用が曖昧な部分であるとの認識を示す。公共サービス利用者については，2004年の宗教的標章禁止法を例外としていかなる強制も課されないが，利用者も公共サービスの円滑な実施と他者の信仰・無信仰の尊重の面で一定の道徳的義務に服することを述べている (*Ibid.*, pp.202-204)。

この時期は，1989年から2002年までの統合高等審議会の見解が変更されたこと，受入統合契約導入により統合政策の中心的対象がおもに移民出自フランス人へと移動したこと，文化的統合のもつ重要性が指摘され，統合が「公的空間への参加」であると読み替えられ，公的空間での宗教的帰属の表明が統合問題の中心とみなされるようになったことが特徴的である。

### (4) 2008-2012年：文化的多様性を尊重してきたこれまでの政策に対する批判
2009年『共和国の諸価値を知らしめる』

この報告書は，受入統合契約の対象外国人に共和国の諸価値に関する知識と理解を促進するための方法に関する移民担当大臣からの諮問への答申であるが (HCI 2009, p.6)，加えてフランス人の若者にも共和国の諸価値を知らしめることが重要であると自ら判断し，その方法を提案している。ここでもまた統合高等審議会の関心が移民出自フランス人にあることが分かる。審議会は，2008年10月の国歌「ラ・マルセイエーズ」ブーイング事件を例示しつつ，この20年，共和国の象徴は国民戦線に回収され，国民戦線を認めない人々にとって共和国の象徴は身近なものでなくなり，深い意味を知ることもなかったという現状認識を示し，再度，若者に共和国の諸価値と象徴を教えることが必要であるという (*Ibid.*, p.7)。また，共和国の諸価値を伝達する第一義的な場は学校であるとして，1970年代に公民教育が後退したこと，1984年に再導入されたこと，2005年の学校基本計画法で明確に公民教育を教科のなかに組み込んだことを確認している。そして，学校外でもさまざまな場面で共和国の諸価値を喚起す

ることを提案している (*Ibid.*, pp.73 et 80-82)。

### 2010年『共和国の公的空間における宗教的表現に関する勧告』

この勧告は，2009年6月の全身を覆うヴェール（ブルカ）に関する国会内委員会の設置を契機として，同年9月に委員長がテーマ設定したものである。「公的空間」をテーマとすることからも分かるとおり，この報告書は，統合を「公的空間への参加」と読み替えた2005年報告書，公共サービス機関におけるライシテ憲章を提案した2007年報告書の延長線上に位置するが，従来の問題の立て方を見直している点で大きな変化が見られる。統合高等審議会は，「公的空間における宗教的表現の可視性の要求は共和国の風景の後景ではもはやない」，「紛争を和らげるための部分的な解決法は，（……）コミュノタリスム的な自閉を養うことにしかならない」として，自身のそれまでの立場さえ批判する。審議会は，問題の立て方が間違っていたとして，問題は「ライシテと宗教」ではなく，民主主義的諸価値と共和主義的な「共生」に対する，一定の個人またはセクト的運動によって称揚される宗教的価値であると設定する (HCI 2011a, p.3)。さらに，共和国が定義したライシテは信仰を私化することで公的空間の平穏化を実現してきたことから分かるとおり，宗教的帰属の表明は「公的領域－私的領域」の区別という概念で考察されてきたこと，しかし現在，一定の人々が「社交の空間（espace de sociabilité）」は私的空間をなすと主張して，宗教的帰属を表明している実態があるという。そのため「公的領域概念が問い直されなければならない」(*Ibid.*, p.4) として，3つの空間を区別する。

**公的空間**（espace public）：ライシテ原則が厳格に適用される空間。原則は第1に公共サービス従事者に対して適用されるが，公共サービスの良好な提供のためという理由で法律が明示的に許可する場合は，利用者に対しても適用される。この場合，利用者は自らの宗教的確信の表現について，控えめさまたは中立性を示すことを要請される。

**市民的空間**（espace civil）：法的には交通機関用の公有地と，公衆および利用者に開放される私企業を含む。この空間は，他者のまなざしの下で共有される空間であり，そこでは公的自由は完全に行使されるが，他者の自由の行使と公共秩序の尊重という範囲内においてである。

親密空間（espace intime）：基本的には自宅の空間（*Ibid.*, p.7）。

　統合高等審議会は，上の公的空間と市民的空間を広い意味での「公的空間（espaces publics）」であるとみなす。そして，市民的空間において人が「共生を望む」ならば宗教的自由の表現は規制されるべきであるとの立場に立つ。そして，勧告のなかで法的措置により規制をすべき点として以下をあげる。それは，①公立小中学校の校外活動の際の付き添いのような公共サービスの一時的協力者にライシテ原則を尊重させること，②地方公共団体の議会などでの宗教的服装・標章の禁止，③救急医療サービスでは医師の選択が不可能であることの明記，④労働法典のなかに安全，顧客との契約，企業内の社会的平和に起因する要請のために，企業がその内規に服装および宗教的標章に関する規定を組み込むことができるための1か条を加えること，⑤ライシテ関連法律の法典化である（*Ibid.*, pp.8-11）。2010年段階の統合高等審議会にとって，公の場で宗教的帰属を表明することは「共生の拒絶」なのである。

### 2011年『学校での統合の課題』

　この報告書で審議会は，学校の使命は移民出自に限らずあらゆる生徒を共和国の基本的諸価値に賛同させることであると明言する（*Ibid.*, p.2）[10]。移民出自の生徒の地理的集中が問題としてあげられる。移民の集住地区では小中学校の1つのクラス全体が外国出身者であることもまれでないことなどが例としてあげられ，「ゲットー効果」が憂慮される（*Ibid.*, p.8）。

### 2011年『フランスは移民を統合する能力をいまだ有しているか』

　ここでは，明確に1990年代初頭の「フランス的統合」に関する考え方が批判され，否定される。「（統合高等審議会は）かつては盲目的にフランスモデルを誇りに思うと言っていた。その後悲観論が占めるようになり，同時に統合は機能しないと考えられるようになった。実際には，ディプロマ獲得レベル，社会移動，外婚などの指標で見れば世代が下るにつれて多くの人は統合されている。(……) 移民の子どもがもっとも統合されていると感じているのはフランスである」(HCI 2011b, p.5)。このように，統合は十分に機能しているという立場に立つ。そのうえで，統合の障害はゲットー化であるとして，適正家賃住宅（HLM）事務所が住宅申請者とその親の出身地の情報を得て，ソーシャル・ミ

ックスを配慮して住宅配分を行うべきであることを提案する。さらに，移住の段階から移民の集住を避ける措置を講じるべきであるとして，地域別の受け入れ可能数に応じて新規移住者を調整する立法措置を提案している（*Ibid.*, p.8）。

**2012年『一にして不可分の共和国の開かれた文化』**

ここでは政府からの諮問ではなく審議会自ら審議した内容が報告され，冒頭で次のように述べられている。

「統合高等審議会は1989年の設置以降，移民の統合に関して社会経済的側面から考察してきた。今日まで審議会は，統合の固有に文化的側面についての分析を引き延ばしてきた。おそらくそれには2つのおもな理由がある。第1の理由は，雇用，教育，住居の諸課題と比較して文化を副次的なものと捉えてきたというものである。そこに横たわる考えは，移民は徐々にフランス文化に向けて文化変容するだろう，そこには何も問題は起きないだろうというものがあった。第2の理由は，参照規準となる文化もしくは共通文化を定義することが難しいということにあった」（HCI 2012, p.4）。

これに対して2012年段階の審議会は「文化的統合の問題は，社会経済的参入を超えた基本的な側面，つまり人民をつくる」という問題であるとして（*Ibid.*, p.6），文化的統合の優位性を宣言する。そして，移民の文化的統合の目指す先であるフランスの共通文化を同定していくのである。

また，これまで文化的統合が議論されなかったもう1つの理由は，「フランス文化またはフランスのアイデンティティについて語ることで，外国人に対して閉じた，アイデンティティの自閉を疑われる」（*Ibid.*, p.4）ことを恐れてきたことにあるとされる。これに対しては，「フランスは今日，フランスの特異性，「フランス的例外」，フランス文化の人道的性格を表明するすべを獲得すべきである」（*Ibid.*, p.62）。ここには審議会設置当初にみられた統合Ⅰと統合Ⅱの間の緊張関係は見られない。2012年段階の統合高等審議会にとって「フランス的統合」とは統合Ⅱである。移民はフランス文化に統合すべきであり，フランスは自らの文化に自信をもつべきなのである。

審議会の批判は続く。報告書によれば，フランスは統合概念と「文化的多様

性」を同時に発展させ,人民の不可分性と実質的な多文化主義を妥協させてきた。そのため,今日「文化的多様性」に基づく要求が人民の不可分性を危うくさせるまでにいたった(*Ibid.*, p.85)。「統合はマイノリティの論理には立たない」として多文化主義を否定して始まった「フランス的統合」であるが,2012年段階では,文化的多様性の尊重が多文化主義を助長してきたと批判されるのである。しかも審議会は,「一にして不可分の共和国」と多様性の尊重の矛盾の絶頂は,ライックな社会におけるイスラームの宗教的実践という形で表れていると明言する(*Ibid.*, pp.27-28)。

　2008年以降の統合高等審議会の立場は次のようにまとめられる。全般的に見たときに統合はうまく機能している。しかし,フランスは統合Ⅰと統合Ⅱを混在させてきたことで,文化的多様性尊重の名の下で多文化主義に妥協してきたため,一部の移民集住地区ではイスラームの実践要求が公的領域の「人民の不可分性」を危うくしている。これからは,過去の政策と断絶し,フランス文化への統合を自信をもって課すべきである。

## 3.「フランス的統合」の変化が意味するもの

### (1) 多文化主義なきフランスでの「多文化主義から市民統合へ」

　統合高等審議会の報告書から読み取れた変化は次のようにまとめることができよう。第1に,1990年代初頭にみられた統合Ⅰと統合Ⅱの矛盾からくる葛藤は,2012年段階では完全になくなり,統合Ⅱが自信をもって主張される。そればかりか,これまで統合Ⅰの理念にこだわるあまりに多文化主義を助長してきたという批判さえ出される。少なくとも報告書の上では,フランスは国民統合モデルを放棄した。

　第2に,1990年代初頭にみられた社会経済的統合の後に文化的統合がいわば自ずと実現するという見方から,文化的統合の重要性と優位性が主張され,向かうべき共通文化の中身と文化的統合の方法が中心に論じられるようになる。しかし,審議会にとってこれは「同化主義」ではない。なぜなら移民は出自文化の放棄を求められないからである。求められるのは,個別な出自文化を超越できるフランス文化への統合である。

第3のフランス社会の統合能力に関する認識については，1990年代初頭では統合能力が「盲目的に」信用されてきたものが，経済危機の前にその無力さが実感される。しかもフランス社会の差別の実態が統合を阻害するという認識ももたれる。それが今度は，困難地区に外国出身者の割合が多いという事実を確認しつつも，フランスの統合は機能しているとして，統合能力が再確認されるようになる。なぜなら，統合を阻害しているのは社会経済的要因でも差別でもなく，一部の地区でのイスラームに基づく多文化主義的要求だとみなされるからである。統合Iの理念を放棄し葛藤から解放されることで，統合能力の自信を回復するのである。したがって，第4に統合政策の中心的対象は，移民全体から移民出自フランス人へと変化していくのである（図2-3参照）。

　受入統合契約によって，定住目的で入国する外国人は統合の意思のある人のみであり，しかも，「契約」概念の導入によって新規移住者の統合は本人の義務となった（A=B=C）。そこで残されるのが，受入統合契約導入以前から定住する外国人の統合の問題である。それに対しては，統合政策の内容の移民政策・帰化政策への拡大で対処される（佐藤 2012, pp.100-101）。対象外の定住外国人にも受入統合契約への署名が奨励され，10年間有効の「居住者証（carte de résident）」取得に統合条件（①共和国の諸原則の遵守と諸価値の尊重に関する誓約，②諸原則の実際の尊重，③フランス語に関する十分な知識）が課され，更新が審査対象とされる（2006年の「選別移民法」）。さらに，審議会は受け入れ可能数に応じた新規移住の調整を明言するまでになる。

　そして何よりも統合高等審議会が徐々に問題視していったのが，一部の移民出自フランス人の行動である。彼らはフランス人であるがゆえに移民政策・帰化政策の対象外である。そこで強調されるのが学校教育である。報告書でも学校の果たすべき役割の重要性が幾度となく繰り返される。それは学校での「共和国の諸価値」の伝達の義務化で実現する（2005年学校基本計画法）。さらに，公の場での宗教的表現をライシテ原則の名で規制しようとする。共和国の諸価値を身につけさせることが2012年段階の審議会にとっての統合政策の目指すべきことがらなのである（E→D）。

　それでは，統合高等審議会報告書にみられる「フランス的統合」の変化をどのように表現できるだろうか。同化主義と多文化主義をともに否定して出発し

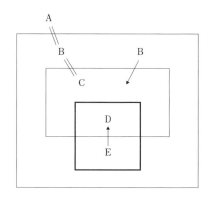

図2-3　2012年段階の統合高等審議会にとっての「統合問題」

注：図の枠は外からそれぞれ，フランス居住者，統合が達成された人々，そして太線の枠が国籍保有者の集合を表している。
出典：筆者作成

た「フランス的統合」であるが，後の審議会から見れば統合Ⅰと統合Ⅱを混在させてきたがゆえに多文化主義に妥協してきたと批判され，統合の障害は多文化主義的要求であるとみなされる。この意味で，1990年代初頭と比べた2000年代以降の，とりわけ2008年以降の統合高等審議会にとっての「フランス的統合」の変化は，多文化主義なきフランスにおける「多文化主義から市民統合へ」の変化と表現できるだろう。

### (2) 共生の理念としての「共和国」から排除の道具としての「共和国」へ

統合高等審議会は，一部の地区の一部の移民出自の人々の行動を多文化主義であると問題視し，イスラームの宗教的帰属の「公的空間」における表現を法律によって規制しようとする。ところでフランスの国会は，公の場において顔を隠す行為を一律に禁止することに関する法的疑念が提起されていたにもかかわらず（Conseil d'État 2010; 中島 2010），圧倒的多数で2010年9月にいわゆる「ブルカ禁止法」を成立させたが，この国会でさえライシテ原則を根拠として持ち出せなかった。ところが2010年報告書は，自宅以外の一般公衆の目に触れる場所をも「公的空間」であると再定義し，「共生を望む」ならばライシテ原則を適用し，宗教的表現が規制されるべきだとする。さらに，私企業におい

ても宗教的表現の自由を規制できるようにと踏み込んでいる。

「公的領域 – 私的領域」区分は，共生の理念，共生の場としての共和国の原則である。そのため「公的領域」が具体的にどの空間を指すのかは曖昧である。しかも，市場とグローバリゼーションに対する政治や国家の無力とそれに対する国家の対応の論理のなかで，現在，「公の私化」と「私の公化」という現象が生じており，「公的領域」と「私的領域」の境界線が曖昧になっている（Hibou 1998）。統合高等審議会は，「私の公化」という手法を用いて，しかもフランスで反対することの難しい「共和国」の原則の名を用いて，自らが問題視する一部の宗教的自由を公の場から排除しようとする。ここに多文化共生の視点はもはやない。「共生」の理念と場であった「共和国」はいまや特定の宗教的自由を排除する道具として使用されている。

## 4. おわりに

2008年以降の統合高等審議会は，政府からの諮問なしで審議し勧告することが多くなったので，同審議会の報告書とフランス政府の政策の同一視は慎まなければならないが，同審議会が政府のシンクタンクと化し，政府の期待に添った勧告をしているという指摘もある（Beaugé et Hajjat 2014, p.50）。審議会は全体として統合は成功しているとみなすが，困難地区に移民と移民出自フランス人の割合が高いことは審議会自身認めていることである。こうした社会経済的問題よりも，イスラームの宗教的自由を公の場から排除することの方が統合や多文化共生にとって重要なのか。フランスは，統合の実態と統合政策の中心点の再検討が必要なのではないか。

また，国民統合モデルを放棄し，統合Ⅰと統合Ⅱの矛盾の葛藤を忘れ，「共和国」や「共和国の諸価値」を道具として使用することがどのような社会をもたらすのかについても考えなければならないだろう。統合高等審議会の論理を延長すれば，「公的領域」は最大限に拡大され，生活空間の多くがライシテ原則の名の下で「純化（purification）」された社会へといたる。そこでは自由を享受できる範囲は極限まで狭められている。この手法が常態化すれば，規制・抑圧・排除の対象は誰に対しても，どの自由にも向けられる可能性がある。フ

ランスにおいて誰もが異議を唱えにくい「共和国の諸価値」を道具とする手法には警戒が必要である。

　オランド（Hollande, F.）政権による統合政策見直し指示のもと，2012年12月以降，統合高等審議会の委員長と委員は不在の状態が続いている。近々発表されるだろう統合政策の基本方針は，移民政策・統合政策・帰化政策の指針となるだけでなく，「共和国」のあり方自体にも深く関わってくる。「フランス共和国」が多文化共生の理念と場であり続けることはできるのか。われわれは「フランス的統合」を注視し続けなければならない。


### 注

1) 2010年にはドイツのメルケル（Merkel, A.）首相も「モデルとしての多文化社会は失敗した」と述べている。また，こうした言説の転換は多文化主義の発祥の地であるカナダでもみられ，たとえば，2009年に発行された市民権教育ガイドでは「共通のアイデンティティ」やカナダ「共通の諸価値」といった言説が基調となっている（Hachimi 2014, p.430）。
2) なお，「不法移民（immigration irrégulière）」とは就労が可能なビザまたは滞在許可証を所持しないまま就労する状態をおもに指す（OFII 2014, p.14 et suiv.）。
3) 移民政策・統合政策に関しては，小泉（2005），中谷（2008），井田（2009），宮島編（2009），橋本（2012），宮島（2012），Hachimi（2014）などを参照のこと。
4) 表2-1の年月は首相への答申年月を記しており，紙媒体もしくは電子媒体として公表された年月と必ずしも同一ではない。
5) 2代委員長のヴェイユ（Veil, S.）は就任1年で憲法院メンバーに指名されたために就任期間が短く，3代委員長とまとめて表記してある。
6) 「反差別および平等のための高等機関（Haute autorité de lutte contre les discriminations et pour l'égalité）」。なお，HALDEは2011年5月に解散し，その業務は「権利擁護機関（Défenseur des droits）」に引き継がれている。
7) 国際移民庁（Office des migrations internationales）は2005年4月に「国立外国人受入・移民事務所（Agence nationale de l'accueil des étrangers et des migrations, 略称 ANAEM）」に，そして2009年3月に現行の「フランス移民・統合庁（Office français de l'immigration et de l'intégration, 略称 OFII）」に再編されている。
8) 統合高等審議会は2003年段階では，共通文化を「決して固まったものでは

なく，不断に変化し，新たな寄与によって豊かになっていく」ものであるとして，統合Ⅰに近い捉え方をしている。具体的には，各地区に図書館や資料センターを充実させることで「共有された文化空間」を創造することが提案される（HCI 2004, p.32）。しかし，後述のとおり同審議会は後に，共通文化をフランス語と共和国の諸価値ならびにフランスで歴史的に形成された芸術的な文化と読み替えるにいたる。この段階での「共通文化構築」とは移民がフランス語を習得し，共和国の価値観に賛同し，芸術的文化の知識を得ることを意味する。

9）誤解を恐れずにいえば，1990年代初頭の「フランス的統合」が「マイノリティの論理には立たず，平等の論理に立つ」のに対して，2003年段階で統合高等審議会は統合が「マジョリティの論理に立つ」ことを宣言した。

10）2010年の『共和国の公的空間における宗教的表現に関する勧告』と2011年の『学校での統合の課題』はまとめて2011年に出版されている。しかし，それぞれ別々にページ番号が付してあるので，ここでもそれにしたがってページ番号を記している。

## 参考文献

Beaugé, J. et Hajjat, A. (2014), « Élites françaises et construction du « problème musulman ». Le cas du Haut Conseil à l'intégration (1989-2012) », *Sociologie*, vol. 5(1), pp.31-59.

Conseil d'État (2010), Section du rapport et des études, Étude relative aux possibilités juridiques d'interdiction du port du voile intégral, Rapport adopté par l'assemblée générale plénière du Conseil d'État le jeudi 25 mars 2010.

Hachimi Alaoui, M. (2014), « Intégration et lien de citoyenneté. Le cas du Contrat d'accueil et d'intégration », *in* Paugam, S. (dir.), *L'Intégration inégale. Force, fragilité et rupture des liens sociaux*, PUF, pp.429-444.

橋本一雄（2012）「フランス公教育における「共和国の価値」概念の変容──公教育のライシテと「教育の自由」」『児童文化研究所所報』34号，pp.15-44.

Haut Conseil à l'intégration/HCI (1991), *Pour un modèle français d'intégration : Premier rapport annuel*, La Documentation française.

HCI (1992), *Conditions juridiques et culturelles de l'intégration, mars 1992*, La Documentation française.

HCI (1995), *Liens culturels et intégration, juin 1995*, La Documentation française.

HCI (1997), *Affaiblissement du lien social, enfermement dans les particularismes et intégration dans la cité, juin 1997*, La Documentation française.

HCI (1998), *Lutte contre les discriminations : faire respecter le principe d'égalité*,

La Documentation française.
HCI (2000), *L'Islam dans la République* (http://www.ladocumentationfrancaise. fr/var/storage/rapports-publics/014000017/0000.pdf).
HCI (2001), *Les Parcours d'intégration* (http://www.ladocumentationfrancaise. fr/var/storage/rapports-publics/014000758/0000.pdf).
HCI (2004), *Le Contrat et l'intégration*, La Documentation française.
HCI (2006), *Le Bilan de la politique d'intégration 2002-2005*, La Documentation française.
HCI (2007), *Charte de la laïcité dans les services publics et autres avis*, La Documentation française.
HCI (2008), *Études et intégration. Avis sur le logement des personnes immigrés. Rapport statistique annuel. Présentation de l'Institut d'études*, La Documentation française.
HCI (2009), *Études et intégration. Faire connaître les valeurs de la République. Les élus issus de l'immigration dans les conseils municipaux (2001-2008)*, La Documentation française.
HCI (2010), *1990-2010 Vingt ans au service de l'intégration* (http://archives. hci.gouv.fr/IMG/pdf/20_ANS_HCI-2-11-2010-2.pdf).
HCI (2011a), *Les Défis de l'intégration à l'école et Recommandations du Haut Conseil à l'intégration au Premier ministre relatives à l'expression religieuse dans les espaces publics de la République* (http://www.ladocumentationfrancaise.fr/var/storage/rapports-publics/ 114000053/0000.pdf).
HCI (2011b), *La France sait-elle encore intégrer les immigrés ? Les élus issus de l'immigration dans les conseils régionaux (2004-2010)*, La Documentation française.
HCI (2012), *Une culture ouverte dans une République indivisible. Les choix de l'intégration culturelle* (http://archives.hci.gouv.fr/IMG/pdf/Une_culture_ ouverte_29112012.pdf).
Hibou, B. (1998), « Retrait ou redéploiement de l'État ? », *Critique internationale*, n° 1, pp.151-168.
井田洋子 (2009)「政教分離の過去・現在・未来――フランスにおけるライシテを巡る議論を手がかりに」『名古屋大学法政論集』230号, pp.317-334.
Joppke, C. (2007), "Beyond National Models: Civic Integration Policies for Immigrants in Western Europe", *West European Politics*, vol. 30, no. 1, pp. 1-22.
小泉洋一 (2005)「フランスにおける宗教的標章法とライシテの原則」『甲南法学』45巻3・4号, pp.319-339.

宮島喬（2006）「移民マイノリティと問われる『フランス的統合』」『商経論叢』41(2)，pp.37-48.
宮島喬（2012）「フランス移民労働者政策の転換――2006年移民法と「選別的移民」の含意」『大原社会問題研究所雑誌』645号，pp.1-13.
宮島喬編（2009）『移民の社会的統合と排除――問われるフランス的平等』東京大学出版会.
中野裕二（1996）『フランス国家とマイノリティ――共生の「共和制モデル」』国際書院.
中島宏（2010）「「共和国の拒否」――フランスにおけるブルカ着用禁止の試み」『一橋法学』9巻3号，pp.131-147.
中谷真憲（2008）「フランスの移民政策とそのディスクール」『産大法学』42巻2号，pp.153-196.
OFII（2014），*Les Missions de l'OFII en 2013*（http://www.ofii.fr/tests_197/rapport_d_activite_de_l_ofii_2013_1315.html?preview=oui）.
佐藤俊輔（2012）「欧州における市民統合法制の現在」『比較法学』46巻1号，pp.97-129.

# 第3章

## フランスの福祉レジームと移民レジーム

田中　拓道

## 1. フランス移民レジームの二重の帰結

### (1) 移民レジームの光と影

　2014年5月の欧州議会選挙では，ヨーロッパ全域で反EU政党の伸張が注目された。とりわけフランスでは，極右政党の国民戦線（Front National）が25%の最多得票率を記録した。すでに2002年の大統領選挙で国民戦線の党首ジャン=マリー・ルペン（Le Pen, J.-M.）が決選投票に残るなど，フランスでは過去20年のあいだに国民戦線が主要政党の一角を占めるようになっている。極右運動や排外主義の高揚を目の当たりにして，フランスの移民政策が失敗に終わり，フランス社会は分裂と分断におびやかされている，とする指摘がくり返されてきた。

　しかし，フランス型の移民統合策（本章では移民を対象とする政策を「移民レジーム」と総称する）の失敗を指摘するだけでは十分な議論とは言えない。フランスの現状から見えてくるのは，その帰結の二重性である。公式の統計によれば，フランスはヨーロッパでもっとも多くの移民を受け入れてきた国の1つである。ジスカール・デスタン（Giscard d'Estaing, V.）政権下の1974年に移民抑制策へと舵を切り，2000年代にはサルコジ（Sarkozy, N.）政権のもとで選別的な移民政策（高度な能力や技能を有する移民を優遇し，それ以外の労働者や家族呼び寄せには厳しい制約を課す政策）が進められてきたにもかかわらず，現在で

も毎年約 18 万人の EU 域外からの移民が長期滞在資格を取得している。EU 域外からの移民 500 万人とその子孫 650 万人を含めると,すでにフランス人の 5 人に 1 人は移民出身者である。これらの人のうち 84% は自らを「フランス人」と見なし,移民出身でないフランス人と同居する人の割合は 65% にのぼる (HCI 2011, pp.5-6)。フランスでは,一切の社会的な属性(出身,エスニック,宗教,職業)から切りはなされた平等な「市民」として個々人を処遇し,こうした市民から構成されることで単一の「共和国」が実現される,という考え方が大革命以来受けつがれてきた。上記の数字を見るかぎり,この「共和国モデル」にもとづく移民統合策は,他国と比べても一定の成果をあげてきた,と見ることができる。

しかし,移民の置かれた実態をふまえると,「共和国モデル」の限界も浮かびあがってくる。EU 域外からの移民の平均所得は,それ以外のフランス人の所得に比べて 10% 低く,公的扶助の受給率は,前者の 8.6% に対して後者が 2.3% と 4 倍近く高い (Montalembert 2013, p.278)。1990 年代に入ると移民が多く住む郊外地域の「ゲットー化」が進み,治安不安が噴出してきた。2000 年代には,郊外を対象とした治安政策 (politique sécuritaire) が展開され,2005 年の暴動に象徴されるように,治安維持を名目とした警察権力による抑圧も強められている。2009 年の調査によると,フランス人の 84% は人種差別が拡大してきていると考えている (HCI 2011, p.31)。冒頭に挙げた極右政党の伸張も,こうした社会状況を反映している。フランスの「共和国モデル」は,移民とそれ以外のフランス人との線引きを消失させるどころか,不平等を固定化し,両者の亀裂を深刻化させている。このモデルは根本的な問いなおしを迫られている。

### (2) 本章の視角

本章の目的は,フランスでの排外主義の高まりを,福祉レジームの変容という文脈から考察することである。福祉レジームとは,個々人の生活を支える社会保障,雇用政策,家族政策などの組み合わせを指す。エスピン=アンデルセン (Esping-Andersen, G.) が先進国の福祉レジームを自由主義,社会民主主義,保守主義という 3 つの類型に区分して以降,比較レジーム研究が数多く行われ

てきた（Esping-Andersen 1990）。それらによると，フランスをはじめとする保守主義レジームは，戦後もっとも手厚い社会保障を実現してきたが，今日のグローバル化と産業構造の転換に直面して，大きな困難を抱えている。保守主義レジームの特徴は，社会保険が職域ごとに分立していること，男性稼ぎ主の長期雇用を前提として制度が組み立てられていることにある。労働市場の流動性は低く，雇用は厳格に守られてきた。1980年代以降，これらの国では製造業からサービス業への産業転換が進まず，失業率が高止まりしていった。長期失業や若年者の失業が広がり，短期契約などの不安定就労も増えた。生活不安に直面した人びとは，移民労働者への警戒感を強めていく。フランスでは，極右政党の支持層の多くをブルーカラー，失業層，年金受給者が占めている（Ignazi 2003）。移民労働者は単純労働の職を奪うだけでなく，国家によって過剰に保護され，手厚い社会給付を受けている，というイメージが広がっていった[1]。近年までの比較研究によれば，普遍主義的な福祉レジームに比べて，職域的に分立している福祉レジームの方がグローバル化や産業構造の変化に脆弱であり，排外主義を生みだしやすい，とされる（Swank and Betz 2003）。

このようにフランスでの排外主義の高揚は，福祉レジームの変容とも結びついている。しかし，ここで注意すべきことは，福祉レジームと移民レジームのあいだで問題のねじれが存在する，という点である。本章で見ていくように，福祉レジームの変容では，制度の分立性と硬直性を乗り越えるために，「共和国モデル」の強化と再構築が模索されている。一方移民レジームの変容では，従来の「共和国モデル」の行きづまりを背景として，その根本的な問いなおしが模索されている。両者の問いなおしの方向は一見したところ逆を向いている。

本章では，フランスの福祉レジームと移民レジームの変容を，「共和国モデル」の修正という共通の視角から，統一的に把握することを目指す。おもに参照する資料は，政府の公刊した報告書・統計，代表的な知識人のテクスト，二次研究書である。以下では，まず福祉レジームの形成と変容において「共和国モデル」がどう引き継がれ，どう修正されてきたのかを検討する。フランス革命期に唱えられた「共和国モデル」は，19世紀をつうじて大きく修正され，多元的な中間集団を組み込んだ「修正された共和国モデル」へと変容した[2]。今日の福祉レジーム再編で問われているのは，中間集団の組みかえによる「修

正された共和国モデル」のさらなる刷新である(3)。一方移民レジームでは，今日まで古典的な「共和国モデル」が執拗に維持され，人種やエスニックを共和国の下位カテゴリーへと位置づけることが拒否され続けてきた(4)。そのことが「共和国モデル」そのものの危機をもたらしている。以上を踏まえ，現代フランスの課題とは，「共和国モデル」の全面的な放棄でもなく，その単純な保持でもなく，中間集団を柔軟に組み込みつつ，「共和国モデル」を刷新していくことである，と指摘する(5)。

## 2. フランス福祉レジームの形成

### (1) フランス革命と共和国モデル

フランスでの福祉レジーム形成に決定的な影響を与えたのは，1789年に始まるフランス革命であった。この革命では，歴史上初めて「生存の権利」「公的扶助の権利」が宣言された。しかし，革命期の宣言がそのまま福祉レジームへとつながったわけではない。むしろ革命期の秩序像は，19世紀をつうじて批判にさらされ，根本的な修正をこうむった。

1791年9月3日憲法の「人間と市民の権利宣言」では，新たな政治体の目的が次のように語られている。「あらゆる政治的結合の目的は，時効によって消滅することのない人間の自然的諸権利の保全にある。これらの権利とは，自由，所有，安全，圧政への抵抗である」(第2条)。フランス革命は，それまでとまったく異なる新たな政治体を作りだそうとする試みだった。それまでさまざまな「社団」(同業組合，貴族，教会，都市などの特権を与えられた諸団体) に埋め込まれていた個人は，自由・平等な自然権を有する個人として規定しなおされる。新たな政治体である「共和国」の根拠は，個々人の「契約」によってつくられた「一般意思（volonté générale）」のみに置かれる。もしも身分・宗教・職業などの中間集団の特権が残ってしまうと，これらは「国家の中の国家」となり，共和国の一体性が解体してしまうだろう。実際，革命直後に身分特権と教会特権は廃止され，職業団体も結成を禁じられた (1791年ル・シャプリエ法など)。フランス革命の特徴とは，いっさいの中間集団を法的に否認し，単一の意思を体現する「共和国」と，あらゆる社会的カテゴリーから抽象化さ

れた個人という二極構造を現実に作りだそうとしたことにあった（Rosanvallon 2004, p.47）。

カトリック教会や同業組合は革命以前に救貧を担う団体でもあった。これらが財産を国有化されたり，結成を禁じられたりしたことによって，自活できない個人への救貧は公権力が一元的に担うことになった。1790年に憲法制定国民議会に設置された「物乞い根絶委員会（Comité de l'extinction de la mendicité）」は，報告書で次のように宣言する。「すべての人は生計に対する権利を持つ」。「働くことのできない貧民は完全な扶助の権利を有する」。1791年憲法では公的扶助の施設を作ることが定められ，1793年憲法第21条では公的扶助が「社会の神聖な債務」と宣言された。ただし，公的扶助の対象は働けない貧民に限定され，働く能力のある個人は労働によって自活することが求められた。

本章では，革命期に登場した秩序の捉え方を「共和国モデル」と称する。このモデルの特徴とは，身分・職業・人種・性別などのあらゆる社会的カテゴリーが私的領域へと閉じ込められ，公権力にかかわる領域から排除されたことであった。公的領域の担い手となるのは，これらのカテゴリーから抽象化された個人であり，実態としては自由な市場において労働をつうじて自活する個人であった（経済的主体＝政治的主体）。

### (2) 共和国モデルの修正

しかし，あらゆる中間集団から析出された個人とは，現実にはさまざまなリスクにさらされた脆弱な個人にすぎない。こうした個人のリスクからの保護を公権力が一元的に担うことは不可能であった。フランス革命期の「共和国モデル」は，直後から批判にさらされていく。執政政府（1799年～）以降，同業組合や共済組合は事実上容認されていった。1830年代に入ると，工業化の進展した地域で「大衆的貧困（paupérisme）」と呼ばれる労働者層の膨大な貧困があらわれる。自由な市場は自立した個人を作り出すどころか，むしろ巨大な格差と貧困をもたらしている。保守主義者は，カトリックや名望家層による貧民の保護を訴え，社会主義者たちは職人・労働者による自治的な団結と相互扶助を訴えた。この時期以降，さまざまな立場の論者は，フランス革命期の「共和国モデル」こそが秩序の混乱をもたらしたと批判し，国家と個人を媒介する中

間集団の再建を唱えていった(田中 2006; カステル 2012)。

第3共和政(1870年〜)に入ると,共和主義者の手によって「共和国モデル」は修正されていく。1890年代の急進共和派のあいだでは「連帯主義(solidarisme)」と呼ばれる思想が共有された。その指導者の1人レオン・ブルジョワ(Bourgeois, L.)によれば,人びとの相互依存を表現するのは共済組合,協同組合,労働組合などの中間的アソシエーションである。国家の役割とは,これら中間集団の活動を補助し,それらへの加入を奨励し,相互の調整を行うことに限定される(Bourgeois 1913, 2ᵉ partie)。第3共和政期には,職業組合の自由化(1884年),共済組合の自由化(1898年),結社の自由化(1901年)などが定められた。中間集団を敵視するのではなく,多元的な中間集団を積極的に認め,相互依存関係のなかに個人を組みこみ,「社会化」するべきである。国家と中間集団との協調・拮抗関係こそ,個人の自由を実現する鍵となる(Durkheim 1950)。とりわけ職業的な所属は,個々人が市民意識を形成し,社会全体の利益へと媒介されるためのもっとも重要な契機となる。こうして革命期の「共和国モデル」は,いわば「社会的」なカテゴリーを組み込み,それを基礎とする形へと修正されていった。本章では19世紀末に現れたこのモデルを「修正された共和国モデル」と呼ぶ[2]。

### (3) 戦後福祉レジームの形成

第2次世界大戦後,「社会的共和国(République sociale)」とも呼ばれるフランス型福祉レジームが形成されていく[3]。1945年に社会保障プランを策定したピエール・ラロック(Laroque, P.)は,連帯主義の考えに影響を受けていた(Jabbari 2012, p.29)。彼によれば「新しい社会秩序(ordre social nouveau)」の目的とは,すべての労働者と家族に十分な生活資料を提供することにある(Laroque 1946)。病気,障害,老齢,労働災害,家族の出産などのリスクに対応する社会保険が作られ,その財源は労使の拠出によって賄われること,労使代表が制度を自治的に管理することが提案された[4]。ただし当初のプランでは,すべての市民が1つの金庫に加入する普遍主義的な制度が想定されていた。ところがこの構想に対して,すでに職域保険を持っていた鉱山・鉄道・鉄鋼・ガス・電気などの労働組合や共済組合が激しく反発する。結局ラロックのプラン

は修正され，民間労働者の加入する一般制度のほかに，公務員・電気・ガス・鉄道などの労働者が加入する特別制度，農業従事者の制度，自営業者・自由業者の制度などが作られ，職域と職階ごとにいちじるしく分立した仕組みとなっていった。以上のように，戦後の福祉レジームとは，国家が個人の生存権や社会権を一元的に保障するという古典的な「共和国モデル」に基づくものではなく，職業的な所属と家族という社会的カテゴリーを基礎として，それらの集団を媒介することで市民全体の社会権を保障する，という「修正された共和国モデル」に基づくものだった[5]。

## 3. フランス福祉レジームの変容

### (1) 改革の背景

1970年代に入ると経済の停滞，失業の増大，人口高齢化を背景として，社会保障財政は恒常的な赤字に陥っていく（Palier 2002, p.171）。1980年代には戦後の「プラニスム」と呼ばれる国家による経済指導が転換し，公共セクターの民営化，金融規制の緩和，労働市場の柔軟化などの自由化策が左右党派のあいだで合意されていく（Culpepper, Hall et Palier 2006）。これらの経済的・社会的な変化は，2つの点で「修正された共和国モデル」にさらなる刷新を迫っていった。

1つは，制度の分権性の克服という課題である。戦後の福祉レジームでは，社会保障金庫の管理を委ねられていたのは職域ごとの労働者と使用者の代表であった。1980年代以降，社会保障財政を均衡させるための拠出の増額や給付の抑制策が，政府によってくり返し提案されていく（1986年フィリップ・セガン（Séguin, Ph.）社会事業・労働相の改革，1995年アラン・ジュペ（Juppé, A.）内閣での社会保障改革など）。しかし，これらは制度管理の当事者である労働組合の激しい反発にあい，ほとんど実現に至らなかった。1990年代以降，労使の管理に代わって国家による直接の介入が増大していく。

もう1つは「新しい貧困（nouvelle pauvreté）」，「排除（exclusion）」と呼ばれる現象への対応である。戦後の福祉レジームは，長期の就労を行う男性稼ぎ主とその扶養家族のリスクに対応するものだった。ところが1980年代以降にな

ると，失業が増大し，短期雇用やパートタイムなどの非典型雇用も増えていく。また家族の形も多様化し，単身世帯や一人親世帯が増えていく（Ministère des Affaires sociales 1985, pp.17-18）。この時期には「不安定（précarité）」や「新しい貧困」を主題とする政府の報告書が次々と現れた（Rapport Oheix 1981; Rapport Wresinski 1987）。これらによれば，雇用の不安定と家族の多様化に伴って，従来の社会保険の枠組みからはずれた人びとが恒常的に生み出されている（若年失業者，長期失業者，一人親世帯，非典型労働の従事者など）。問題は，たんなる貧困や再分配にはとどまらない。多くの人びとが家族，学校，職業という所属の場からこぼれ落ち，社会的な関係から「排除」されていること，不安定な状態に放置されていることが問題である。1980年代以降，国家が「排除された人びと」に直接働きかけ，社会的な関係へと「参入（insertion）」させるための政策が展開されていく。

### (2) 共和国モデルの再前景化

1990年代から現在までのフランス福祉レジームの変容は，職業を基礎とする「修正された共和国モデル」に対して，ふたたび古典的な「共和国モデル」が前景化し，国家の介入が強められていくプロセスとして理解することができる。以下では，①支出のコントロール，②排除に対する「参入」政策の順に，その概要を見ていこう。

①支出のコントロール

第1の側面は，国家による社会保障財政の均衡策の導入である。年金，医療保険にわけて見ておく。

年金に関しては，政府の主導による給付の抑制と制度間の調整が進められてきた。1993年バラデュール（Balladur, É.）内閣の改革では，民間労働者の満額拠出期間が37.5年から40年へと延長され，年金給付額はもっとも所得の多い現役10年間の平均額から25年間の平均額へと変更された。これらはいずれも実質的な給付抑制策である。給付の足りない高齢者に対しては，おもに税を財源とする最低扶助年金（老齢連帯年金，Fond de solidarité vieillesse，略称FSV）が新たに導入された。2003年のラファラン（Raffarin, J.-P.）内閣の改革では，満額拠出期間が約41年へと引き上げられ，民間労働者と公務員の年金給付の

平準化が行われた。

医療保険に関しては,1990年代後半から,国家による管理の強化と新たな財源の導入が行われてきた。1996年の社会保障財政法では,毎年の公的医療支出の総額を議会が決定することが定められた。また労使代表による医療保険の運営に代わって,政府が運営責任者を任命することとなった。これらも支出の抑制策と理解することができる。1990年に導入された所得にかかる一般福祉税(Contribution sociale généralisée, 略称CSG)は,1998年に約7.5%へと引き上げられ,そのうち5.3%は医療保険支出にあてられた。この結果,医療保険支出の3割は税によって賄われることになった(Palier 2004, p.38)。2000年には低所得者に対して国家が補助を行う普遍的医療給付(Couverture maladie universelle, 略称CMU)が導入された。

これらの改革は,いずれも支出の抑制策を伴っているとはいえ,公的社会保障の民営化や市場化を意図したものとはいえない(田中 2011)。ただし,これらの改革によって運営・財源の両面で国家の役割が増大してきている。たとえば,社会保障財源のうち税・政府補助の占める割合は1990年代後半から拡大をつづけ,2012年には保険料が62%,公費負担(税・政府補助)が35%となっている(DREES 2012, p.89)。公費負担が50%にのぼるイギリスやスウェーデンと比べるといまだ小さいとはいえ,労使の保険拠出による自治的な運営というかつてのモデルからは変質しつつある。

② 排除に対する「参入(insertion)」政策

第2の側面は,従来の社会保険の仕組みから「排除」された人びとに対して,国家による直接の支援が拡大していくことである。すでに述べたとおり,フランスで「排除」とは,たんなる物質的な困窮状態を指すのではなく,家族や職業などの所属の場からこぼれ落ち,社会的な関係から切りはなされた状態を指していた。排除への対応とは,公的機関,アソシエーション,企業などの協力によって,排除された人びとを社会的な関係へと「参入」させることにある,と考えられた(Paugam 1996, pp.14-17)。

1987年のウレザンスキ(Wresinski, J.)報告を受けて,1988年には左派政権のもとで参入最低所得(Revenu minimum d'insertion, 略称RMI)が導入される。連帯大臣のエヴァン(Évin, C.)は導入の狙いを次のように述べている。「連帯

の要請がわれわれに課されている。強力で，連帯と友愛によって結ばれたフランスのみが，今日の挑戦にこたえられるだろう（……）この政治は，共和国の偉大な原理の延長上にある」(Débat parlementaire, 4 octobre 1988, Paugam 1993, p.90)。参入最低所得とは，25歳以上の「すべてのフランス人」を対象として，世帯収入が最低所得（単身世帯で月額約6万円）に満たない場合，その差額を支給する制度である。給付を受ける者は県との「参入契約」に署名し，職業活動もしくは社会活動（コミュニティ活動，ボランティアなど）に従事する義務を負う。一方県の参入委員会は，アソシエーション，企業などとの協力によって，受給者に参入機会を保障する義務を負う。この政策の特徴は，個人と公的機関との「契約」にもとづき，公権力がすべての個人に「参入への権利（droit à l'insertion)」という新たな社会権を保障する，という点にあった (Castel et Laé 1992, p.130)。

参入最低所得の導入後，受給世帯は増加をつづけ，1996年には100万世帯，2004年には120万世帯に達する（DREES 2007）。受給者数の増大とともに，職業的な参入が進んでいないことへの批判の声も強くなっていった。2008年には右派サルコジ政権のもとで，受給者に就労活動を義務づけ，就労によって得た所得を上乗せする新たな制度，活動連帯所得（Revenu de solidarité active, 略称RSA）へと統合された。活動連帯所得は基礎給付（RSA socle）と就労を支援する活動給付（RSA activité）の2つに分かれているため，単純な比較はできないが，両者をあわせた受給者数は2013年で210万世帯（440万人）にのぼっている（Données nationales 2013）。

新しい最低所得とならぶもう1つの対策は，左派ジョスパン首相のもとで1998年に導入された反排除法（loi d'orientation du 29 juillet 1998 relative à la lutte contre les exclusions）である。第1条にはその狙いが次のように記されている。「排除に対する闘いは，すべての人間の平等な尊厳を尊重するという原理にもとづく国家的要請である。（……）この法は，雇用，住居，健康管理，教育，職業技能，文化，家庭生活の領域における個人・集団の基本的な権利への実効的なアクセスを促進することを目指す」。この法では，「排除」が人間の基本的な権利の侵害と規定された。県単位で委員会を作り，「参入への権利」を保障するために，就労支援，教育，住居，医療，家族などに関する横断的な

政策を策定することが定められた。排除の実態と政策の進展をチェックするため，1999年には政府のもとに貧困・社会的排除調査委員会（Observatoire national de la pauvreté et de l'exclusion sociale）が設置される。この委員会の報告書によれば，相対的貧困率は1996年から2001年までのあいだに7.2%から6.1%へと減少したという（ONPES 2004）。

以上をまとめよう。1990年代以降の福祉レジームの再編とは，年金や医療保険への国家管理の拡大と給付の抑制だけでなく，公権力と市民の「契約」によって新たな社会的権利を導入するものだった（Palier 2002, p.295）。それはたんなる自由化や市場化ではなく，むしろ古典的な「共和国モデル」を強化するものであったと捉えられる。実際，フランスの公的社会支出は2000年代に入っても増大をつづけ（表3-1），現在では北欧諸国を抜いて，先進国でもっとも手厚い水準に達している（表3-2）。

表3-1　公的社会支出の推移（対GDP比，%）

| 1980 | 1990 | 2000 | 2010 | 2013 |
| --- | --- | --- | --- | --- |
| 20.6 | 24.9 | 28.4 | 31.3 | 32.0 |

出典：OECD Statistics (2014), Social Expenditure database

表3-2　公的社会支出の国際比較（2010年の対GDP比，%）

| | |
| --- | --- |
| フランス | 31.3 |
| スウェーデン | 27.2 |
| ドイツ | 26.8 |
| イギリス | 22.8 |
| 日本 | 22.1 |
| アメリカ | 19.3 |

出典：OECD Statistics (2014), Social Expenditure database

ただし，この時期の変化を古典的な「共和国モデル」の強化として捉えるだけでも十分とは言えない。参入政策を実際に担うのは，国ではなく県と市町村という地方公共団体であった。さらに地方団体は，非営利アソシエーションや

企業と協力するものとされていた。参入政策の背後にある考え方とは，職業と家族というそれまでの所属の場が流動化していることを踏まえ，「地区」という新たな社会的カテゴリーを組み込み，「修正された共和国モデル」を刷新する，ということにあった (Donzelot et Estèbe 1994)。

1980年代から「地区」を対象として展開されてきた政策は「都市政策 (politique de la ville)」と総称される。都市政策では，もはや中央権力による画一的な取り組みは行われない。パリエの指摘するとおり，その特徴は，分権性，選別性，多様なアクターの協力，そして契約的アプローチにある (Palier 2002, p.298)。地方公共団体は，民間企業，非営利団体などとの協力によって雇用・教育・治安・住居などを横断する開発計画 (projet) を自らつくりあげ，国家とのあいだに「契約」を結んで財政支援を受け，政策を実施する主体となる。この政策の特徴とは，「地区」ごとの差異に配慮した選別と優遇策が許容された，ということである。それでは都市政策において，人種やエスニックの差異はどの程度考慮されてきたのだろうか。

## 4. フランス移民レジームの持続性

### (1) 都市政策の展開

労働力不足がつづく1950年代後半から70年代半ばまで，移民労働者は「就労」に従事するかぎり，「市民」の一員として扱われていた。ところがオイルショック以降，移民の多い地域で貧困や擾乱が顕在化すると，都市部での「移民，若者，貧民」の暴力への対応が模索されはじめた (Bachmann et Le Guennec 1996, p.338)。しかし「地区」を対象とした政策において，人種やエスニックというカテゴリーは一貫して否認されつづけてきた。

都市政策の端緒とされるのは，1981年の「優先教育地区 (ZEP)」の設定，グルノーブル市長デュベドゥ (Dubedout, H.) の報告書『ともに都市を再建しよう』(Dubedout 1983) をふまえた地区社会開発計画 (DSQ) の策定である。これらは実質的に移民の多い地域を対象とした政策であったが，あくまで「困難を抱える地域」という名目で行われたため，必要な人びとに支援を行きわたらせたかどうかは疑わしい，と評価される (Calvès 2004, p.105)。

1996年につくられた都市振興協約では,「困難都市地区（ZUS）」,「再生都市地区（ZRU）」,「免税都市地区（ZFU）」という3つの地区が指定され,とりわけ困難都市地区に対して都市政策が展開された[6]。この地区の定義とは,「劣悪な住居,住居と雇用のあいだのいちじるしい不均衡によって特徴づけられる」というものであった。ここでも移民へのスティグマを付すことが警戒され,人種やエスニックへの言及は慎重に避けられていた（ドンズロ 2012, p.89）。

　2000年代に入ると,郊外地域の治安の悪化を背景として,都市政策の規模は拡大をつづける。たとえば都市開発基金（dotation de solidarité urbaine）は2005年の7,600万ユーロから2012年の1億3,700万ユーロへと2倍近くも増えた（DILA 2012, p.166）。しかし,こうした取り組みにもかかわらず,対象地域の経済状況は必ずしも改善していない。たとえば困難都市地区の失業や貧困は,2000年代後半にそれ以外の地区よりも悪化している（表3-3,表3-4）。これらの統計を見るかぎり,「地区」というカテゴリーのみに依拠し,実際に困難をかかえている移民層を対象としないこれらの政策は,必要な支援を必要なところに行きわたらせることができず,貧困や失業の改善に効果を上げていない。

表3-3　15〜59歳の失業率

|  | 困難都市地区 | 困難都市地区以外 |
|---|---|---|
| 2003年 | 17.2% | 8.7% |
| 2010年 | 20.9% | 10.3% |

出典：DILA 2012, p.23

表3-4　収入が貧困線（954ユーロ／月）以下の住民の割合

|  | 困難都市地区 | 困難都市地区以外 |
|---|---|---|
| 2006年 | 30.5% | 11.9% |
| 2009年 | 32.4% | 12.2% |

出典：DILA 2012, p.23

## (2) フランスの移民レジームとシティズンシップ

1980年代以降,「排除」や「新しい貧困」が社会問題となり,古典的な「共和国モデル」が強化され,新しい社会的権利が導入されてきた。さらに「地区」という社会的なカテゴリーが組み込まれ,「修正された共和国モデル」との調停が図られてきた。しかし,「排除された人びと」の重要な部分を占めている移民に対しては,今日まで特別な対策は採られていない。

フランス移民レジームに一貫する特徴は,今日まで国家と個人の二極構造という古典的な「共和国モデル」が執拗に維持されてきた,という点である。1958年憲法の第1条に「フランス共和国は出身,人種,宗教の違いなく,すべての市民の法の下での平等を保障する」と宣言されるとおり,人種や出自を問うことは,共和国の原則に反すると見なされてきた。1989年に移民の統合を目的として設置された統合高等審議会(HCI)は,その目的を「同化(assimilation)」や「参入」と区別して,次のように述べている。

> 「統合は同化ではない。あらゆる差異を消去しようとするわけではない。統合は参入ではない。ただ社会経済的に満足できる水準になるよう個人を助けることにとどまるわけではない。(……) 統合とは,国家と個人の双方の努力 (……) そして共通の民主的文化を維持し,建設するための責任ある意思を要求する」(HCI 2006, p.24)。

ここに見られる考え方も,「フランス人」というシティズンシップの基礎を,もっぱら個人の「意思」と契約に置こうとする理念である[7]。人種やエスニックは個人が自らの意思で選んだ集団ではなく,生まれにもとづく属性にすぎない。共和国を支える「市民」とは,これらの集団から解放され,抽象化された個人であり,こうした自由な個人と国家の「契約」こそが,双方の権利と義務を規定する。社会経済的な状況の改善は,「統合」という目的と区別されなければならない。

1990年代後半になると,国際的な動きの影響も受けて,人種差別への取り組みが政府のあいだで活性化する[8]。1998年の統合高等審議会の報告書『差別との闘い——平等原則を尊重させる』(HCI 1998),1999年雇用連帯省の報告

書『差別との闘い』を経て，2001年には反差別法（loi du 16 novembre 2001 relative à la lutte contre les discriminations）が制定された。しかし，この法で規定されたのもあらゆる出自，人種，エスニック，宗教，性別などを理由とした就業における差別を禁止することであり，個々人の「法の下での平等」を尊重することであった（Noël 2010）。

たしかに2000年代に入ると，人種やエスニックというカテゴリーに対応した「積極的差別是正（discrimination positive）」の導入が，公的に議論されるようになった。そこではエスニック集団に独自の文化的・経済的・法的な権利を認め，少数集団に優遇措置を行うアングロ・サクソンの多文化主義（フランスではコミュニタリアニズムと同一視される）と，あくまで個人を権利の主体とするフランスの共和主義が対比される。2005年には社会諮問委員会（CAS）に『新たな機会に開かれた社会のために——積極的差別是正に関する共和主義的アプローチ』という報告書が提出され，積極的差別是正の賛否両論が検討に付された（Conseil d'analyse de la société 2005）[9]。しかしそこでも，困難な地区に居住する人びと，とりわけ若年層に対して「機会の平等」（教育，雇用）を保障することが提言されるにとどまり，エスニックというカテゴリーに特化した優遇策が許容されるには至っていない。今日に至るまで，移民を対象とした積極的差別是正には合意が形成されていない。

## 5. 結論

フランスでの排外運動や極右政党の高揚を前にして，フランス社会が分裂と危機に陥り，その「共和国モデル」が限界に直面している，という指摘がくり返されてきた。しかし，フランスの歴史と現状から見いだせるのは，むしろ「共和国モデル」の柔軟性と硬直性という二重の性質である。

本章では，福祉レジームの形成と変容において，「共和国モデル」がくり返し批判にさらされ，変容をこうむってきたことを指摘した。フランス革命期に唱えられた国家と個人の二極構造は19世紀をつうじて批判を受け，共済組合，労働組合などのアソシアシオンを組み込んだ「修正された共和国モデル」へと変容した。戦後の福祉レジームの基礎となったのも，家族と職業集団というカ

テゴリーを基礎とした「修正された共和国モデル」であった。

　1980年代以降，家族と職業が不安定化し，それまでの福祉レジームがカバーできない「排除された人びと」が現れる。今日までの福祉レジーム再編は，一方で古典的な「共和国モデル」が再前景化していくプロセスとして把握できる。国家の介入による財政の均衡と，「排除された人びと」への新しい社会的権利の導入が行われてきた。他方で，排除に対する政策では「地区」という新たな社会的カテゴリーを組み込むことが模索されてきた。困難な地区を選別し，優先的に資源を投入するという「都市政策」は，「修正された共和国モデル」を刷新する試みとして理解することができる。

　しかし，これらの政策においても人種やエスニックのカテゴリーは一貫して否認されてきた。移民レジームでは，人種やエスニックから抽象化された個人の「意思」と「契約」こそ，共和国を構成する市民を定義する，という考えが根づよく受けつがれてきた。社会的・経済的に困難な状況に置かれている移民ではなく，「地区」というカテゴリーのみに立脚した都市政策は，効果的な資源の分配を行えず，今日まで十分な成果を挙げていない。これらの地域に不平等が集積するにつれて，移民への警戒感はますます高まり，排外主義がますます強まっている。

　以上を踏まえるならば，今日のフランスの課題は，おそらく「共和国モデル」を全面的に放棄することでも，たんにそれを保持することでもないだろう。フランスが直面しているのは，社会のなかの多元的な中間集団を積極的に許容し，それらを「共和国モデル」の普遍主義と媒介させ，両者を調停していくというたえざる修正と刷新のプロセスである。


注
1）しかし実際には，移民への社会支出の大きさは，若年層の多さによってほとんど説明できる（Montalembert 2013）。
2）ただしロザンヴァロン（Rosanvallon, P.）の解釈によれば，この時期の修正モデルは政治的領域と社会的領域の峻別を伴うものだった。社会的には多元的な中間集団（職業，結社など）を許容しつつも，政治的には議会のみが「一般利益」を代表する，という考え方は1970年代まで維持された，という

(Rosanvallon 2004, p.351 et suiv.)。本章の解釈はロザンヴァロンとは異なる。
3) 「フランスは，不可分，世俗的，民主的かつ社会的な共和国である」(1946年10月27日憲法第1条)。
4) ラロックは後年のインタビューのなかで，自らのプランの狙いを「労働者に将来への生活保障を与えること，当事者自身に制度運営への責任を付与すること」であったと語っている (Le Monde Histoire 2013, pp.19-20)。
5) 働けない人への公的扶助 (aide sociale) は，1953年に「社会保障 (sécurié sociale)」とは別枠で導入された。
6) 困難都市地区は2002年の段階で751地区，対象となる住民は約470万人にのぼる (Chaline 1997, p.109)。
7) シュナペール (Schnapper, D.) によれば，1980年代から90年代のフランスでは，移民問題をたんなる社会経済的な問題と捉える伝統的な「共和主義者」と，移民統合を主題にすえる「統合主義者」のあいだで論争が交わされた。しかしこれらは，大きく見れば古典的な「共和国モデル」の枠内にあることに変わりはない (Schnapper 2007, p.90)。
8) この時期には，人口学者トリバラ (Tribalat, M.) の問題提起を受けて，公式の統計に「移民」というカテゴリーを導入するかどうかが論争となった。
9) 統合高等審議会が省庁を横断する首相直属の機関であるのに対して，社会諮問委員会は2004年に右派ラファラン内閣の下で設置された首相の諮問機関である。社会諮問委員会の代表である哲学者フェリー (Ferry, L.) は，積極的差別是正措置の反対者として知られる。


**参考文献**

Bachmann, C. et Le Guennec, N. (1996), *Violences urbaines : ascension et chute des classes moyennes à travers cinquante ans de politique de la ville*, Hachette.

Bourgeois, L. (1913), *La Politique de la prévoyance sociale. La doctrine et la méthode*, E. Fasquelle.

Castel, R. et Laé, J.-F. (dir.) (1992), *Le Revenu minimum d'insertion : une dette sociale*, Harmattan.

カステル，R. (2012) 『社会問題の変容――賃金労働の年代記』ナカニシヤ出版．

Calvès, G. (2004), *La Discrimination positive*, 3$^e$ éd., PUF.

Chaline, C. (1997), *Les Politiques de la ville*, PUF.

Conseil d'analyse de la société (2005), *Pour une société de la nouvelle chance : une approche républicaine de la discrimination positive*, La Documentation française.

Culpepper, P., Hall, P. et Palier, B. (dir.) (2006), *La France en mutation, 1980-*

*2005*, Presses de la Fondation Nationale des Sciences Politiques.

DILA (2012), *La Politique de la ville : une décennie de réformes*, La Documentation française.

Données nationales (1993), Nombre d'allocataires du RSA, nombre de personnes couverte par RSA en France métropolitaine (http://www.data.drees.sante.gouv.fr/ReportFolders/reportFolders.aspx?IF_Active Path=P, 335, 336), 最終参照日 2014 年 8 月 31 日.

Donzelot, J. et Estèbe, P. (1994), *L'État animateur : essai sur la politique de la ville*, Esprit.

ドンズロ, J. (2012)『都市が壊れるとき――郊外の危機に対応できるのはどのような政治か』人文書院.

DREES (2007), *Études et résultats : La population des allocataires du RMI*, La Documentation française.

DREES (2012), *Protection sociale en France et en Europe*, La Documentation française.

Durkheim, É. (1950), *Leçons de sociologie : physique des mœurs et du droit*, PUF (宮島喬・川喜多喬訳 (1974),『社会学講義――習俗と法の物理学』みすず書房).

Dubedout, H. (1983), *Ensemble, refaire la ville*, La Documentation française.

Esping-Andersen, G. (1990), *The Three Worlds of Welfare Capitalism*, Polity Press (岡沢憲芙・宮本太郎監訳 (2001),『福祉資本主義の三つの世界』ミネルヴァ書房).

Ignazi, P. (2003), *The Extreme Right Parties in Western Europe*, Oxford University Press.

Haut Conseil à l'intégration/HCI (1998), *Lutte contre les discriminations : faire respecter le principe d'égalité*, La Documentation francaise.

HCI (2006), *Le Bilan de la politique d'intégration 2002-2005*, La Documentation française.

HCI (2011), *La France sait-elle encore intégrer les immigrés ? : les élus issus de l'immigration dans les conseils régionaux (2004-2010)*, La Documentation française.

Jabbari, E. (2012), *Pierre Laroque and the Welfare State in Postwar France*, Oxford University Press.

Laroque, P. (1946), « Le plan français de Sécurité sociale », *Revue française du travail*, vol. 1, pp.9-20.

Le Monde Histoire (2013), *État-providence : un modèle à réinventer*, Société éditrice du Monde.

Ministère des Affaires sociales et de la Solidarité nationale (1985), *Les Familles*

*en France*, La Documentation française.
Montalembert, M. de (2013), *La Protection sociale en France*, 6ᵉ éd., Notre librairie.
Noël, O. (2010), « Un consensus politique ambigu. La lutte contre les discriminations raciales », *in* Fassin, D. (dir.), *Les nouvelles frontières de la société française*, La Découverte, pp.267-290.
ONPES (2004), *Le Rapport de l'Observatoire national de la pauvreté et de l'exclusion sociale 2003-2004*, La Documenation française.
Palier, B. (2002), *Gouverner la sécurité sociale : les réformes du système français de protection sociale depuis 1945*, PUF.
Palier, B. (2004), *La Réforme des systèmes de santé*, PUF.
Paugam, S. (1993), *La Société française et ses pauvres*, PUF.
Paugam, S. (dir.) (1996), *L'Exclusion : l'état des savoirs*, La Découverte.
Rapport Oheix (1981), *Contre la précarité et la pauvreté : 60 propositions*, ministère de la Santé et de la Sécurité sociale.
Rapport Wresinski (1987), *Grande pauvreté et précarité économique et sociale*, Conseil économique et social.
Rosanvallon, P. (2004), *Le Modèle politique français : la société civile contre le jacobinisme de 1789 à nos jours*, Seuil.
Schnapper, D. (2007), *Qu'est-ce que l'intégration ?*, Gallimard.
Swank, D. and Betz, H.-G. (2003), "Globalization, the Welfare State and Right-Wing Populism in Western Europe", *Socio-Economic Review*, no. 1, pp.215-245.
田中拓道（2006）『貧困と共和国——社会的連帯の誕生』人文書院.
田中拓道（2011）「フランス福祉レジームの変容」新川敏光編『福祉レジームの収斂と分岐——脱商品化と脱家族化の多様性』ミネルヴァ書房，219-237頁.

## コラム1　国民戦線の勢力拡大と言説の変化

大嶋　えり子

**党の設立と選挙における苦戦**

「フランスの排外主義」と聞いて，多くの人が「極右」や「国民戦線（Front National）」などを想起するのではなかろうか。1960年代に設立された「西洋（Occident）」という学生を中心とした団体が国民戦線の前史にある。植民地の解放への反発から加入したメンバーを多く抱えていた。反共的で反民主的，そして排外主義的な主張に加え，暴力に訴える方法が特徴であった。団体の暴力行為の末，1968年に政府の指示で解散し，一部の活動家は中道右派に転向したが，他の者は「新秩序（Ordre Nouveau）」を結成した。「新秩序」は選挙における成功を志すようになるが，暴力行為により，社会に悪い印象が浸透した。その結果，「新秩序」のメンバーは1972年に，アルジェリア独立戦争で反独立派だった者を中心に，「穏健派」とされたルペン（Le Pen, J.-M.）を党首に迎え，国民戦線を新たに設立した。

　国民戦線は結党当初から移民を問題視し，失業や治安の悪化の原因は移民にある，という主張を繰り返してきた。移民排斥と表裏一体を成すフランス国民の優先も党のおもな主張となり，フランス人を優先的に雇用するなどの政策を提言した。

　2002年の大統領選挙や2014年の欧州議会選挙における国民戦線の成功は記憶に新しい。2014年の地方選挙でフレジュス市長に1987年生まれのラシュリーヌ（Rachline, D.）が選ばれ，新しい世代の極右政治家が社会に受け入れられ，メディア露出が増加している点も印象的である。だが，結党後すぐに高い得票率を得られたわけではない。1973年の国民議会選挙およびその翌年にルペン

が出馬した大統領選挙では得票率が 1% に満たず，1981 年の大統領選挙では推薦者の不足によりルペンは立候補すらできなかった。有権者から支持が得られなかった理由としては，ナチスに協力したヴィシー政権と国民戦線のイメージが重なる点が挙げられる。

### 党の台頭と勢力拡大

国民戦線の台頭が始まるのは 1983 年である。地方選挙で，パリの 20 区で 11.3% の得票率を記録したことを皮切りに，つねに選挙で 10% 前後から 15% ほどの得票率を記録するようになる。泡沫政党から主要政党に仲間入りしたのである。2002 年の大統領選挙では 16.8% の得票率を記録し，決選投票に進出すると思われていた社会党のジョスパン（Jospin, L.）を退けた。泡沫政党から主要政党へと国民戦線が成長した背景には，既成政党に対する有権者の不信がある。また，保革共存政権により左派と右派の区別が見えづらくなった点も挙げられる。

だが，国民戦線の変容もその台頭に貢献した。もともと，極めて反共的であった一方で，白人が他の人種よりも優れているという主張を展開していた。そのため，国民戦線は人種差別的な政党とみなされてきた。こうした印象を払拭するために党は主張の言葉づかいを変えた。人種間の不平等な関係ではなく，文化間の差異を強調し，人種差別的な主張を和らげようとした。たとえば，イスラーム教徒はフランス社会に同化できない，などと主張するようになったのである。

さらに，2010 年にはルペンの娘であるマリーヌ（Marine Le Pen）が党首の座に就き，より若く，より開けたイメージを党に付与した。また，新党首は穏健な政党として，過激な要素を除外することに注力した。たとえば，ナチス式敬礼を行ったとされる者を党から排除し，党のイベントにスキンヘッドで参加することを禁止した。つまり，ナチスやファシズムとは無関係であることを強調しようとしたのである。

国民戦線は人種差別を否定するような態度に加え，フランスの共和国モデル

を支える理念を言説に取り入れた。とくに多用している理念が「非宗教性 (laïcité)」である。ムスリム女性のスカーフ着用やハラール・フードの提供を拒否する根拠として非宗教性を利用している。

以上のような言説の変化が党の勢力拡大およびメディア露出の増加をもたらした。

**国民戦線を取り巻く現状**

国民戦線は穏健であり，共和国の理念に則っているとアピールしようとしている。しかし，実際に 2014 年に国民戦線公認で首長となった者による政策を見ると，人権擁護活動やアンチレイシズム活動を行っている団体への助成金カットやイスラーム教施設の建設妨害などがあり，排外主義的政策をとっていることは明らかである。こうした政策に対し，監視委員会と呼ばれる団体が地域ごとに作られ，市民による国民戦線へのカウンター活動も始まっている。

**このテーマに関連する文献**

Milza, P.（2002），*L'Europe en chemise noire : les extrêmes droites en Europe de 1945 à aujourd'hui*, Flammarion.

畑山敏夫（2007）『現代フランスの新しい右翼——ルペンの見果てぬ夢』法律文化社.

# 第4章

## 「排除の空間」におけるソーシャル・ミックス政策の帰結
―パリ郊外都市再生事業の事例から―

森　千香子

## 1. はじめに

　1990年代以降，冷戦崩壊に伴って経済のグローバル化が急激に進み，新自由主義——ここではハーヴェイ（Harvey, D.）にならい，「企業活動の自由とその能力とが無制約に発揮されることによって人類の富と福利がもっとも増大する，と主張する政治経済的実践の理論」（Harvey 2005=2007, p.10）と定義する——は世界で支配的なイデオロギーになった。だがその一方，それに対して多くの批判も展開されてきた。おもなものに，ハーヴェイの「自由」や「正義」概念の絶対化批判，ベック（Beck, U.）による「すべての政治的行為が世界市場に置き換えられる」という「グローバリズム」批判（ベック 2005），ブルデュー（Bourdieu, P.）による新自由主義が依拠する「宿命論的世界観」の批判（Bourdieu 1998=2000）などがある。

　このようなイデオロギーが社会の諸領域に与える影響についても数々の研究が行われてきた。たとえばケア労働に関する一連の著作で知られるジャニ＝カトリス（Jany-Catrice, F.）は，新自由主義イデオロギーを補完する装置としての「業績至上主義（performance totale）」と，それを測る新たな評価制度の存在に注目し，この制度を通して新自由主義の論理が企業だけでなく，医療，教育，社会サービスなどの諸領域に影響を与え，公共政策のあり方をも大きく規

定していることを明らかにした (Jany-Catrice 2012)。

　本章の目的は，このような新自由主義の潮流がフランスの「都市政策 (politique de la ville)」にどのような影響を与えたのかを考察することである。本章の2節以降で明らかにするように，フランスの同政策は都市一般ではなく，移民・外国人が集住する地域を中心に展開されてきた。したがって同政策は単なる都市計画にとどまらず，移民の社会統合政策とも密接にかかわってきた。その点で，都市政策は本書のテーマである「移民の排除」を考える上でも重要な領域である。

　いったいフランスの都市政策は，1990年代以降，新自由主義の影響が次第に強まるなかでどのように変化し，それはどのような論理や概念に支えられてきたのか。またそれは都市政策の対象となった地域やその住民——その大半を「移民[1]」が占める——にどのような帰結をもたらしたのか。以上の問いを本章では「ソーシャル・ミックス」という概念を手がかりにして検討する。具体的には，まずフランスで「都市政策」が開始された背景を整理し(2)，次に同政策の具体的な展開と変化について，とくに「ソーシャル・ミックス (mixité sociale)」概念を手がかりに検討し(3)，さらに同政策が現場に与えた影響を現地調査に基づいて明らかにし(4)，最後に議論の総括と若干の考察を加える(5)。なお本章の分析は，筆者が2009年10月に開始し，現在も継続中の現地調査（セーヌ・サン・ドニ県オベールヴィリエ市都市再生事業による地域社会の再編をテーマに地域住民，行政の団地再生事業担当部局，政治家，社会住宅管理会社などに対して半構造化インタビューを実施）に基づいている。

## 2. 都市政策誕生の背景：「郊外問題」と「移民問題」

　フランスの「都市政策」とは，「大規模団地 (grands ensembles)」をはじめとする「社会住宅 (logement social)」とよばれる公的住宅[2]が集中する困窮地区——これらの地区は高失業率や貧困率，学業挫折の割合の高さなどに特徴づけられる——の状況改善を目指して行われる一連の政策である。同政策の対象地区は，その名称に反して「都市」よりも，一般に移民人口の高い「郊外」に集中する。そこで本節では，都市政策が行われるようになった背景を「郊外」

と「移民」という切り口から考察する。

### (1) 社会問題化する「郊外」

1980年代以降,大規模団地の集中するフランスの郊外地域が荒廃し,そこに集住する移民の若者の失業や「非行」,そして社会的排除に注目が集まった。1981年リヨン郊外マンゲット団地の「ロデオ事件」以降,郊外の移民集住地区で若者の集団が車に放火し,警察と衝突するという事件が繰り返し報道されるようになり,1990年代以降は郊外が「ゲットー」化,「無法地帯」化している,と批判があがるようになった(Mucchielli et Le Goaziou 2006)。

郊外への注目は政治空間でも著しい現象だった。1995年大統領選挙では,与党の候補シラク(Chirac, J.)が「社会的断絶(fracture sociale)」というスローガンを掲げ,貧困の増大やフランスの文化的伝統を共有せぬ移民の増加によって「社会的紐帯(lien social)」の断絶が進行しつつあると批判を展開したが,シラクにとって「社会的断絶」がもっとも深刻なのが「郊外」であった。

> 「貧困化した郊外では,恐怖が慢性化しています。学校に通っても,卒業後には仕事が見つからず,将来の展望が見えない。そう感じる若者が郊外に増加し,反逆行為を起こしています」(1995年2月17日の演説)

シラクは,郊外の状況が第2次世界大戦後のフランスの惨状にも匹敵するほど深刻であるとして「郊外のマーシャルプラン」の実施を提案した。一方,1997〜2002年に首相を務めたジョスパン(Jospin, L.)も,在職中に郊外の治安を最重要課題に位置づけ,次のように語った。

> 「政権の舵取りを始めて以来,郊外の治安問題の克服に力を注いできました。問題の背景には,無計画に行われた都市開発が深刻な影響を及ぼしていることや家庭崩壊,貧困,そして郊外団地の若者の一部が社会統合されていないことなどがあります」(*Le Monde* 1999年1月7日)

2007〜2012年の大統領サルコジ(Sarkozy, N.)も「郊外の治安改善」を戦

略的に用いてメディアにアピールした政治家で，挑発的な発言を繰り返す一方（2005年の「郊外のゴロツキを高圧洗浄機で一掃してやる」との発言は有名である），2007年の大統領選挙でも「郊外の治安問題」を選挙運動の中心に据え，シラクと同じように「郊外のマーシャルプラン」を提案した[3]。

### (2) 多様化する「移民」とその居住形態

1980年代以降，このように問題化した「郊外」の住民は「移民である」と考えられてきた。たとえばドンズロ（Donzelot, J.）は「郊外」の特徴の1つに「移民の集住」をあげている（Donzelot 2009, pp.49-50）。稲葉奈々子も，フランスでは「郊外問題」が「移民問題」と同一視されてきたことを指摘している（稲葉 1996, p.7）。

たしかに郊外に「移民が多い」という理解が間違いでないが，その一方で「移民」カテゴリーの内部にある多様性には注意する必要がある。フランス国立統計経済研究所の報告書「フランスの移民とその子孫」（2012年）によれば，現在フランスには移民第1・2世代をあわせ約1,200万人（全人口の約20%）が居住するが，1970年代半ばまで大半を占めていた南欧出身者（全体の66%）が2010年には38%に減少し，それに代わって非ヨーロッパ出身者が増加した。その出身国も1990年代までは旧植民地出身者（とくにアルジェリア，モロッコ，カメルーン，コート・ジボワール，コンゴ）が中心だったのが，この10年ではトルコや中国出身者が急増するという変化がみられる（INSEE 2012）。

このような移民の多様化は，首都パリとその郊外（イル・ド・フランス地方，以下「パリ地方圏」）で著しい。移民一世が全人口の16.9%，二世を含めると33%を超え，海外県出身者[4]やその子弟も含めると18～50歳の43%は親のいずれかがフランス本土外出身者，と移民人口の割合がきわめて高いだけでなく，出身地もヨーロッパ29.2%，北アフリカ29.7%，サハラ以南アフリカ18.6%，アジア17.5%，北南米オセアニア5%と実に多様である[5]。

さらに移民の居住空間や形態にも多様性がみられる。2007年のイル・ド・フランス都市整備研究所（IAURIF）の調査によると，1970年代までは移民の大半がビドンヴィル（スラム）や不衛生住宅に入居し，狭い空間に多人数がひしめき合って暮らしていたが，現在では狭小過密居住の割合は47%から36%,

低設備住宅は42％から7％に減少し，国民と移民の住宅格差も相対的に減少（過密住宅格差は27％から21％，低設備住宅格差は16％から5％に減少）した。

居住環境の改善に加え，テニュア（住宅所有形態）も大きく変化し，民間の不衛生住宅が圧倒的多数を占めていた1970年代とは異なり，現在では民間，社会住宅，持ち家がほぼ同程度（民間30％，社会住宅32％，持ち家33％，間借り5％）となるなど，多様化が進んだ。なかでも持ち家取得者の増加は著しく，1982年に比べ4倍近く増加した（IAURIF 2007, pp.9-14）。こうしたなか，移民中産階級についての研究も進められている（Cartier, Coutant, Masclet et Siblot 2008）

### (3) 出身地域別の住宅格差の増大

だが移民と国民の住宅格差が全体的に減少し，移民の持ち家取得が増加したからといって，貧困状態におかれた移民が存在しなくなったわけではない。移民の多様化は出身国や世代だけではなく，階層面でも確認でき，それは移民の居住環境にも看過できない影響を及ぼしている。

移民の階層化と居住環境の格差は，一般に移民の出身国と相関関係にあることが多い。移民の居住環境・形態に関する先行研究において国民と移民の居住格差が縮小傾向にあることが明らかになったが，より詳細に検証すると，出身国別に大きな格差が存在し，なかでも顕著なのがヨーロッパ出身移民とその他の地域出身移民の格差である。今日，ヨーロッパ出身移民とフランス国民の居住環境にはほとんど違いがないが，非ヨーロッパ出身移民と国民の間には未だに大きな格差が存在する。パリ地方圏での調査によると，非ヨーロッパ出身移民の45％が狭小過密住宅に居住し，持ち家取得世帯も4分の1以下，うち一戸建ての居住者は1割にも満たない（IAURIF 2007, pp.15-19）。

非ヨーロッパ出身者のなかでも，東南アジア出身者は持ち家取得率が半数近くで，ヨーロッパ出身者に次いで居住の安定を確保しているが，北アフリカ，サハラ以南アフリカ出身者はそれぞれ21.2％，17％，戸建居住者も12.9％，8％でヨーロッパ出身移民の数値（48.7％，35.3％）を大きく下回る（*Ibid.*, pp. 24-25）。

北アフリカ，サハラ以南アフリカ出身者には設備・環境の面で問題のある住宅に暮らす者が多い。低設備住宅居住者がそれぞれ8％と5％（フランス国民は

1.8%),狭小過密住宅居住者は 45.7% と 47.5%(フランス国民は 15.7%)で,国民だけでなく他地域出身の移民との間にも大きな格差がある。以上の理由から転居希望者の割合も高く,ヨーロッパ出身移民の倍以上(26.6%,北アフリカ出身者の転居希望率は 56.9%,サハラ以南アフリカ出身者 58.5%)となっている(*Ibid.*, pp.28-29)。

### (4) アフリカ大陸出身者の郊外社会住宅への集中と孤立

移民カテゴリー内部の出身地域別の格差・多様性に関するもう1つの特徴に,北アフリカ・サハラ以南出身移民の社会住宅への集中があげられる。パリ地方圏で社会住宅に居住する移民は 32% であるが,そのうち 46% が北アフリカ出身者,20% がサハラ以南アフリカ出身者となっており,アフリカ大陸出身者が全体の3分の2を占める。北アフリカ出身移民の 47%,サハラ以南アフリカ出身移民の 42% が社会住宅に居住しているのである。

社会住宅に居住する移民にはいくつかの特徴がみられる。非熟練労働の割合が高く(労働者 38%,従業員 23% となっており,移民全体の 30%,16% と比べても高い),収入も移民全体の平均より3割低く,非社会住宅居住移民と比べると4割少ない(月当たりの平均所得 1,408 ユーロに対し 894 ユーロ)。失業者の割合も高く(25%),多人数世帯が多く(5人以上の世帯が3割超),母子世帯の割合も高い(18%)。全体として社会職業的に不安定で世帯構成員の数が多く,福祉受給世帯の割合も高い(*Ibid.*, pp.20-22)。

一般に社会住宅は温水や電気・ガス,シャワーなどの設備が整っている点で,一部の民間劣悪住宅のような「低設備住宅」とは区別される。ただしパリ地方圏での調査によると,社会住宅で暮らす移民の 37% が過密状態におかれるなど,1人当たりの居住面積はきわめて狭い。居住環境に不満をもつ者の割合も高く,47% が共同施設の破損や荒廃(落書き,設備の破壊など),46% がメンテナンスの悪さや建物の不衛生状態,43% がエレベーターの度重なる故障,38% が夜間の騒音などの苦情を訴えている。また 60% が治安に不安を抱え,18% が共同住宅内の個人用倉庫や駐車場で盗難・破壊の被害にあい,24% が交通の便の悪さに不満をもっていることが明らかになった。

このような社会住宅で暮らす移民が抱える不満は,2001 年に行われた別の

調査でも明らかになっている。国立統計経済研究所が全国で行った「居住地域への印象」調査によると，社会住宅で暮らす移民の 20% が不便さを感じている（非社会住宅居住移民は 12%，フランス国民は 13%）。また地域に暮らしやすさを感じる社会住宅居住移民は 62% で，非社会住宅居住移民 (85%) や国民全体 (88%) に比べて少ない。さらに 33% が住宅の周辺環境が悪い (17%, 14%)，22% が地域にまったく愛着をもてない，と答えている (INSEE 2012)。

社会住宅居住者のなかでも移民，とくにアフリカ出身移民の不満が高いのは，フランス国民の社会住宅居住者に比べて移民の社会住宅居住者が不満を抱きやすいということではなく，むしろ移民と国民では入居を許可される社会住宅の種類が異なっている点を理解する必要がある。フランスの社会住宅は日本の公的住宅に比べ，全住宅数に占める比率が高く[6]，全住宅の 17%，賃貸住宅の 43% で約 1,200 万人が居住している (2011 年)。しかし同じ社会住宅といっても，その内部には築年数や立地，入居者の所得制限などの点で大きな多様性がみられ，その結果人気の高い物件とそうでない物件が存在し，住宅によって住民構成が大きく異なるのである。

こうしたなか，老朽化し，かつ辺鄙な場所にある人気の低い社会住宅には低所得層の移民が集中するようになった。社会住宅のなかでも 1960 〜 1974 年建設された老朽化の激しい団地で，しかも建物の質などに問題のある大規模団地において，移民の割合がとくに高いことが確認されてきた。移民の多様化が進み，社会住宅に居住する移民は全体の 3 割程度にすぎないが，1980 年代より問題化してきた郊外の団地には，移民のなかでも経済的に不安定で，世帯構成人員が多いアフリカ大陸出身移民が集中しているのである。

## 3. 都市政策の新展開と「ソーシャル・ミックス」の含意

このように生活が不安定な移民世帯が集中し，「排除の空間」として問題視されてきた郊外の団地地域への対応策として，国家と地方自治体が連携して実施するようになったのが「都市政策」と呼ばれる一連の政策である。この呼称が定着するのは 1990 年代に入ってからであるが，実際の取り組みはその以前から始まっており，数々の試行錯誤を経ながら変化してきた。

### (1) 都市政策の誕生と展開：自治体主導で住民支援型の社会政策

大規模団地の状況改善の試みは1970年代から行われてきたが，その内容は時代とともに変化してきた。都市政策の最初の試み（1977年開始）として知られる「居住と社会生活（Habitat et vie sociale, 略称HVS）」プログラムは，とくに荒廃の著しい全国50か所の大規模団地を指定し，それらを対象に建物修繕事業を実施するというものだった。

だが状況の改善には建物の修繕だけでなく，社会的な取り組みが不可欠であるとの認識が広がり，1981年に「地区社会開発（Développement social des quartiers, 略称DSQ）」プログラムがたちあげられた。住環境の改善とともに住民の社会経済的支援を目指す事業で，住民を地域の公共事業などに参加させて住民間の社会関係を強化する一方，各住民の「能力開発」を支援することで，地域に顕在化する社会的排除や治安問題の改善を図った。事業開始当初はすでに「居住と社会生活」プログラムの行われていた16地区が対象となったが，その後対象が拡大され，1984～1988年には148地区で事業が実施された（Délégation interministérielle à la Ville 2004, pp.2-6）。

また「能力開発」の補完的取り組みとして，郊外の問題地区を対象とした「積極的差別是正（positive action, discrimination positive）」とよばれる一連の施策も行われた。代表的な施策に，「荒れた学校」での教員数の増加，授業時間数の削減，特別手当の支給，特別予算配分を行う「優先教育地区（Zone d'éducation prioritaire, 略称ZEP）」制度がある。1990年代には問題地区からの企業・商店の流出を防ぐ目的で，地区内に立地する企業を税制面で優遇する制度「自由区域（Zone franche）」，日本の交番制度に着想し，住民と日常的に関係を構築することで治安維持を目指す「近隣警察（police de proximité）」，26歳まで国が給与を負担し，働きながら研修を受けられる「若者雇用（emploi jeune）」の導入など，積極的差別是正政策は教育，雇用，治安など広範囲で展開されるようになった。

このように1970年代から1990年代半ばにかけてさまざまな政策が展開されてきたが，この時代の政策の特徴をまとめれば，a)建物修繕や都市インフラの整備といった狭義の住宅政策の範疇を超えて，教育環境改善，雇用促進，福祉拡充，文化振興，地域経済の活性化といった住民生活の質の総合的な向上を目

指す政策, b) 地区での社会経済事業への住民参加を促すエンパワーメント重視の政策, c)「地域の積極的差別戦略」として教員や警察官の増員や企業誘致のための免税措置, の3点に整理できるだろう。全体的に住環境というハード面だけでなく，住民の生活向上というソフト面に配慮した，分野横断的な社会政策が中心だった（檜谷 2008, pp.166-168）。問題地区の住民支援を通して地区を改善し，イメージ向上をはかる施策で，そこには住民を地区外に移動させるという後の政策にみられる発想は皆無であった。

### (2) 国家主導型の都市再開発への新展開

1970～1980年代の政策のもう1つの特徴に，主導権が自治体にあった点があげられる。ところが1990年に入ると「都市省（ministère de la Ville）」が設置され，それまで自治体主導だった取り組みが国によって制度化され，都市政策の主流が次第に地方自治体と国が都市協定を締結して実施する「契約型事業」に変化した。その代表的なものとして「都市契約（Contrats de ville）」（1990年開始）や「都市のグラン・プロジェ（Grand projet urbain）」（1994年開始）などの地域活性化事業，また失業対策や治安対策などの目的別の協定事業「都市再活性化協定（Pacte de relance pour la ville）」（1996年開始）などがあげられる。

事業の枠組みの変化とともに内容も変化し，住民エンパワーメント型政策に代わって都市インフラや住宅などの物的環境を改善する政策が優先されるようになった。この傾向は2002年の政権交代後に顕著になり，郊外の荒廃地区で活動を行ってきたNPOへの予算の大幅な削減や，前述の「若者雇用」などの支援策の廃止が実行された。また社会政策の縮小と並行して，治安対策の強化が図られた。具体例として2003年の国内治安法（Loi pour la sécurité intérieure）がある。これは団地での若者のたむろなど，これまで「迷惑行為」や「いたずら」とみなされてきた行為を刑罰の対象とする法であった。これは1990年代にニューヨークから世界中に発信されていった「ゼロ・トレランス」の流れに位置づけられる[7]。

社会政策を中心とした「予防（prévention）」から治安強化による「弾圧（répression）」への政策転換に加え，新たに進められるようになったのが，社

会経済的問題の集積する団地を取り壊すなどして，問題地区の空間構造を抜本的に変化させることを目指す「都市再生」政策である。2003年に「都市再生法 (Loi d'orientation et de programmation pour la ville et la rénovation urbaine, 通称ボルロー法)」が制定され，「都市再生全国計画 (Programme national de rénovation urbaine, 略称PNRU)」として146の優先事業地区と230の事業地区が指定され，事業を推進する機関として都市再生機構 (Agence nationale pour la rénovation urbaine, 略称ANRU) が設置された。都市再生機構は2004〜2011年に社会住宅（賃貸）団地のうち25万戸を解体，40万戸を改修すると発表した。

これらの事業は数の限定されたプログラムに大きな予算を与える「大型事業」である点が共通している。このような多額の予算をピンポイントで投資する政策は，プログラムの策定・実施において国の権限を以前に比べて強化する，という帰結をもたらした (Avenel 2011)。

### (3)「ソーシャル・ミックス」概念の政策への影響

このような都市政策の変化において重視されるようになったのが「ソーシャル・ミックス」である。これは都市部のセグリゲーションを食いとどめ，異なる階級が同一地域に居住することを理想とする都市計画の概念である。フランスでは1990年代から郊外の団地に社会・経済・文化・民族的に同質な人びとが集まり，その地域が周辺地域から孤立しているとの懸念が強まった (Touraine 1991)。そのような文脈で「ソーシャル・ミックス」は地域に「多様性 (diversité)」を生み出し，「ゲットー化」を防ぐ手段として注目されるようになった。また「ソーシャル・ミックス」は「機会の平等」「差別の撤廃」「社会関係の強化」を促し，下層の底上げを後押しして「社会的公正」を保証する政策としても期待された (Charmes 2009)。

「ソーシャル・ミックス」の概念自体は決して新しいものではない。アメリカ合衆国ではジェイコブス (Jacobs, J.) が1960年代初頭に，発展する都市地域の条件として「ミックス」の必要性をすでに強調していたし (Jacobs 1961=2010)，1970年代には「ソーシャル・ミックス」という表現が黒人貧困地区対策の議論で注目され (Sarkissian 1976)，1980年代以降は都市再生論全体で注目されるようになった。フランスの事例の新しさは，こうした概念が都市

政策や社会学の研究者，政治家の言説レベルにとどまるのではなく，それが法律で定められ，政策として行われた点にある（Tissot 2005）。社会党政権下で制定された 1991 年「都市指針法（Loi d'orientation pour la ville, 略称 LOV）」のなかで「ソーシャル・ミックス」は郊外の社会的排除を解消する手段として明文化され，2000 年代以降，具体的な施策に適用された。その一例が 2000 年「都市の連帯と再生に関する法律（Loi relative à la solidarité et au renouvellement urbains, 略称 SRU 法）」で，各地方自治体に全住宅数の 20% 以上を社会住宅に割り当てることを義務づけ，その割合は 2013 年には 25% まで引き上げられた[8]。同政策によって社会住宅建設が促進され，パリ市内でも 10 年間（2001〜2010 年）に 43,000 戸が新規建設され，全国の社会住宅比率も 13.4% から 17.1% に増加した。

2003 年以降の都市再生事業も「ソーシャル・ミックス」政策の一環に位置づけられる。これが貧困の集中する団地を取り壊し，都市構造を刷新する事業であるのはすでに見たとおりだが，その目的として謳われていたのが，深刻な社会問題を抱える地域での「ソーシャル・ミックス」の達成だった。施策には社会住宅の解体と同時に再建も盛り込まれ，10 年間で 25 万戸の解体と 20 万戸の新規建設，20 万戸の修繕が予定された[9]。こうして 2004〜2013 年で約 120 億ユーロが投じられ，全国 487 地域で事業が実施された[10]。

「ソーシャル・ミックス」政策の支持者は，共生をとおして中産階級の規範，意識，生活習慣が下層階級に好影響を与え，地域住民の全体的な底上げがはかられる，と主張する（Charmes 2009; 橋本 2011）。その一方，こうした政策が中産階級の転入とジェントリフィケーションを引き起こし，下層階級のエヴィクションや遠郊への排除につながる可能性も指摘されてきた（Tissot 2005; Slater 2009; Harvey 2012=2013）。

このように「ソーシャル・ミックス」をめぐっては相反する仮説が示されてきた。双方の説を具体例に基づいて検討する作業は，政策の有効性を探る上で不可欠であろう。そこで以下ではパリ郊外オベールヴィリエ市の事例を取り上げ，「ソーシャル・ミックス」政策が及ぼした影響の検討を試みる。

## 4. ローカルレベルでのインパクト：パリ郊外の事例から

### (1) オベールヴィリエ市都市再生事業と「ソーシャル・ミックス」

オベールヴィリエ市は，パリ郊外のなかでも貧困率，犯罪率[11]，社会住宅の割合（35.9%），外国人・移民人口率が高く（27.4%，とくに若年層に顕著で，2011年18歳以下の57%，新生児の64.9%の親が外国出身），問題地区の集中するセーヌ・サン・ドニ県の主要自治体の1つである。パリ北部に隣接し，人口規模は県4位の76,087人であるが，若者人口（25歳以下36%，30歳以下44.5%），外国人人口（40%，97国籍，18歳以下の75%が外国出身），失業率（20.8%），母子世帯率（29%），社会住宅率（40%），不衛生住宅率（27%）の指標が県平均を上回り，「典型的な郊外の自治体」と呼ばれる（INSEE 2010）。

19世紀から工業地帯として発達した同市では労働運動が活発で，戦後は一貫して共産党が市政を担い，大規模な社会住宅団地の建設を推し進めてきた。ところが1970年代の脱工業化で失業が増大すると，これらの団地は職を失った非ヨーロッパ出身移民が集中する貧困地区としての性格を強めるようになった。こうした状況が地域社会で問題視されたことから，1980年代に都市政策が始まり，今回も都市再生事業の対象地になった。

具体的には市内の4地区で実施が決まり，2007～2008年に市，国，プレーヌ・コミューン自治体連合，社会住宅整備管理会社5社の間で実施協定が締結され，工事が始まった（森 2014）。4地区のなかでも困難都市地区（Zones urbaines sensibles，略称 ZUS）指定を受けているランディ地区とキャトルシュマン地区の事業規模は大きく，それぞれ4年間で約1.3億ユーロ（約200億円）が投じられた（都市省庁 HP http://sig.ville.gouv.fr/zone/93001）。

この再生事業の到達目標として掲げられたのが「ソーシャル・ミックス」であり，目標達成のために複数の施策がとられた。第1に，地域の機能の多様化が進められ，企業や娯楽施設の誘致が積極的に行われた。2011年以降，3つのショッピング・センターが開設され，2015年1月には300あまりの衣料卸売店の入った「ファッションセンター」も開店する（2014年12月時点での予定）。また国立芸術学校の開校，コンサートホールの開設，劇場，映画関連施設の増

設，企業の誘致などが「多様な街づくり」の一環で進められた。1999 年から 10 年で雇用は 16%，人口は 17% 増え，地区の景観も大きく変化した。

　第 2 に，住宅の領域で一連の政策が行われた。老朽化や損傷の激しい社会住宅団地や民間不衛生住宅を取り壊し，新たな住宅の建設が進んだ。また住民向けのインフラ整備も進み，道路の拡張や広場の設置，運動場の整備，託児所の増設，日常生活用の商業施設やプールの建設などが行われた（森 2014）。

　このような住宅改善事業は単なる地域のハード面の変化だけが目的ではなかった。それを表す一例として，2013 年にオベールヴィリエ市の住宅政策担当市議へのインタビューにおける次の発言がある。

「全住宅の 7 割が社会住宅だったり，スクオット同然の劣悪住宅だったり，低家賃住宅しかないような地区には貧困層しか住みません。ソーシャル・ミックスを促進して，中産階級の住民を増やして，街を根底から変えていかなければならないのです」（2013 年 9 月 14 日）

　オベールヴィリエ市のソーシャル・ミックス政策は，「多様化」という抽象的な目標を掲げながらも，具体的には「問題地区」の貧困層を分散させ，その代わりに中産階級を呼び込むことを目指していた。つまり「貧困地区」の住民構成を変えることで，地域の社会問題の解決を図るという戦略だった[12]。

### (2) 中産階級誘致戦略の展開

　このような政策が同市で「貧困層の分散」にどれだけ実質的な効果をあげたかについては，すでに他所で分析を行い，解体された団地の住民が同じ困難都市地区や市内の別の困難都市地区に転居して市内にとどまる傾向がみられること，それが新たな「貧困ポケット地帯（poche de pauvreté）」を生み出していること，したがって同政策は貧困の「分散」よりもむしろ地域内での「移転」を促している可能性がある，と結論づけた（森 2014, pp.68-72）。これをふまえ，ここではソーシャル・ミックス政策が目指していたもう 1 つの目的である「中産階級の誘致」に光をあて，具体的な施策と影響を検討する。

　1 つめの施策として，社会賃貸住宅の多様化戦略がある。1996〜2001 年に

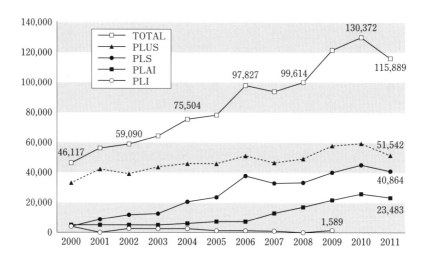

図 4-1　社会住宅供給数とカテゴリー別内訳の推移

出典：Fondation Abée Pierre pour le logement des défavorisés 2013

行われた社会住宅改革で，社会住宅に 4 つのカテゴリー（PLAI, PLUS, PLS, PLI）が設けられ，各カテゴリーに応じて入居者の所得や家賃の上限が定められた。所得面でみると，PLAI に入居可能な世帯は全体の 34.5% であるが，PLUS は 70.1%，PLS は 84.1%，PLI は 90.3% の世帯が入居可能である[13]。フランスでは 2000 年代から社会住宅建設が増加し，2002 ～ 2012 年で全国 45 万戸が増加したが，PLS などの所得の高い層向けの社会住宅の割合が困窮世帯向け住宅（PLAI）を大きく上回っている。2008 ～ 2012 年のオベールヴィリエ市再生事業でも社会住宅建設が行われたが，内訳は中産階級向け（PLS）35%，困窮世帯向け（PLAI）23%，その中間層向け（PLUS）42% で（OPH Aubervilliers 2013），このことからも社会住宅の再建が中産階級の誘致を目指しているのは明らかだった[14]。

2 つめは分譲住宅の創出である。フランスでは持ち家所有率をあげるためにさまざまな政策がとられ，2005 年にゼロ金利ローン（prêt à taux zéro, 略称 PTZ），2011 年には新ゼロ金利ローン（prêt à taux zéro plus, 略称 PTZ+）が導入され，国策に呼応して市レベルでも持ち家取得の促進が図られた。とくに同市では，プレーヌ・コミューン自治体間連合住宅局（Plaine Commune Habitat）

が「持ち家取得協同組合（coopérative d'accession à la propriété）」を設置し，社会分譲住宅の創出に力を注いだ。既存の社会賃貸住宅の分譲化に加え，取り壊し事業の跡地で建設が進められ，社会賃貸住宅と分譲住宅を同じ敷地内に建設する計画も実施された。ランディ地区では薬品工場の跡地に建設された300戸のうち40%が社会住宅，60%が分譲で，その近隣でも2015年に新設予定の73戸のうち33戸が社会住宅，40戸が分譲となっている。

　重要なのは，中産階級向け住宅の建設が市内でもっとも貧しい地区ではなく，オベールヴィリエ市内でもっとも外国人・移民比率の高いランディ地区とキャトルシュマン地区（47%，43.3%）で行われた点である。そこから推察できるのは，「ソーシャル・ミックス」の目的が単なる「貧困層の分散」と「中産階級の呼び込み」だけでなく，外国人・移民集中地区に「フランス人中産階級」を呼び込むというエスニシティ面での住民構成の変化だった点である。「中産階級の住民を地元に呼び込むこと」と並行して，外国人・移民が集住した地区の「脱ゲトー化（désenclavement）」の必要性は，行政でも住民の間でもつねに喫緊の課題としてあげられていた。2008年から2014年（3月）まで市長を務めた社会党のサルヴァトール（Salvator, J.）は，在職中に市内民間住宅のスクオッター（不法占拠者）の追い出しを繰り返し行ったが，その行為を正当化する論拠も「ソーシャル・ミックス」であった。

> 「セーヌ・サン・ドニ県全体に言えることですが，なかでもオベールヴィリエ市は多くの移民を受け入れています。このまま移民の流入が続けば，フランスで一番連帯精神の強いわれわれの街は移民だけのゲトーになってしまう。それはソーシャル・ミックスの原則に反するので，拒否します。そうならないためにも住民を多様化しなければならないのです」（2014年1月7日）

### (3) 分譲住宅に入居する「中産階級」とは誰か：地元出身者と移民の多さ

　一連の中産階級誘致政策は，地域の人口構成を変化させるのにどれだけ貢献したと評価できるだろうか。そもそも，再生事業が生み出した「新住民」とはいったい誰なのか。以下では，キャトルシュマン地区の分譲住宅入居者へのインタビューを通して，「新住民」の特徴を素描する。

新住民の特徴の1つに，年齢層が比較的低く（20代後半〜30代），持ち家の購入が初めてである，という世帯の多さがある。調査した26世帯の8割がそれに該当する。大半が共働きで，子どもができたのを契機に，より広い物件を求めて購入に踏み切るケースが多い。ヴィルジニとジェレミー（26歳，32歳）も子どもの誕生を機に分譲住宅に入居している。

　「長女が生まれて，パリの2Kのアパートが手狭になって，多くの人と同じ問題に直面しました。3Kの賃貸物件に毎月1,300ユーロ払うか，同じ金額をローンにあてて購入するか。支払い金額は同じでも，不動産を所有できるか否かは天と地の差です。そこで30万ユーロの予算で購入物件を探し始めました。自分たちの年齢では少なくない予算ですが，パリだと30平米以上の広さには手が届かないことがわかりました。だから郊外に出たのです」
　（2012年9月4日）

　初めての持ち家取得で，元手の資金が限られた若い世帯にとって，同市での住宅購入は，他の場所では手に入れることのできない広さを手に入れられるという意味で大きな魅力である。実際，同市の地価はパリの中心地に比べると4分の1以下の場所も少なくない。それでいてパリに隣接し，中心部までも地下鉄で30分程度の距離にある。オベールヴィリエ再生事業計画においても，誘致の対象として想定されていたのはこのようなパリからの転入者であった（OPH Aubervilliers 2009）。
　だが実際には，パリからの転居者は分譲住宅入居者の多数派ではなかった。セーヌ・サン・ドニ県住宅情報局（Agence départementale d'information sur le logement de Seine-Saint-Denis，略称ADIL 93）のデータによれば，2010年に前述の「ゼロ金利ローン制度」を利用してセーヌ・サン・ドニ県で持ち家を取得した者のうち，パリ出身者は16％にすぎず，パリ郊外他県からの転入者も16％，首都圏外（外国も含む）からの転入者は1％で，マジョリティである67％は県内出身者だった（ADIL 93 2012, p.5）。
　筆者の調査でも，パリからの転入世帯は少数で（26件中3件），残りは県内や市内の出身者だった。たとえば分譲住宅入居者のリアド（IT技術者，32才）

とファティマタ（社会保険庁公務員，31歳）の居住履歴をみると，リアドはオベールヴィリエの民間賃貸アパートに10年以上居住し，ファティマタもセーヌ・サン・ドニ県のボンディに小さなアパートを所有していた。したがって2人ともセーヌ・サン・ドニ県に居住した経歴をもっており，同県の自治体への偏見はなかったという。

「セーヌ・サン・ドニ県に住んだことがない人にかぎって，怖がって住むのを嫌がります。でも私たちはここに住むメリットが色々あるのを知っています。何よりも大事なのは地下鉄の駅です。この物件は駅から近いので職場までも50分程度の通勤時間ですみます。これくらいなら許容範囲です。近くにショッピング・センターもあって，買い物をするのにも便利です。このあたりは今，新しい建物ができて変わりつつありますし，今後ももっと変わっていくでしょう」（2012年9月15日）

保険会社勤務のダニエラ（39歳）も15年前からオベールヴィリエ市に居住する。社会賃貸住宅にいたが，近隣の環境が近年悪化し，貧困世帯が増加して，共用スペースの荒廃や騒音，治安の悪さに耐えられなくなった。そんな折に，市内でも地下鉄の駅に近いという好立地条件の新築2DKアパートを購入した。

「長いこと，友人を家に招くことなど，考えられませんでした。まるで新しい人生が始まったように感じます。7番線でパリまですぐだし，買い物も歩いて行くことができる。建物のセキュリティもしっかりしていて，物件を購入してよかったと思っています」（2012年9月20日）

ベルジェルとデスポンは，パリ地方圏の不動産取引関連データベースに基づいて，持ち家取得層に外国籍住民の占める割合が，オベールヴィリエ市では2000年の11.8%から23.5%，隣のラ・クールヌーヴでは19.4%から34.5%に増加し，その割合は自治体内でも困難都市地区で著しいことを示した（Bergel et Desponds 2011）。同調査は「外国籍住民」に限定されているが，国籍を取得した一世，二世を含めるとその数字はさらに高くなると推測される。筆者の調査

でも，話をきかせてもらった分譲住宅入居者の大半が，地元を含めるセーヌ・サン・ドニ県出身者であるだけでなく，（見た目がヨーロッパ系であるという意味での）「フランス人」ではなく「移民」であった。

社会賃貸住宅で展開された「ソーシャル・ミックス」政策が，移民・外国籍住民の入居排除を引き起こしてきたことはいくつかの研究によって指摘されてきた（Masclet 2005; Tissot 2005; Clerval 2013）。実際にこうした差別をめぐる訴訟も起きている。2009年にはサンテ・チエンヌのHLM公社が，「アフリカ」「マグレブ」「アジア」などと入居希望者のエスニックなデータを非公式に収集し，それに基づいて「ソーシャル・ミックス」の名の下に入居差別を行っていたことが発覚して，有罪判決を受けた[15]。2014年にもパリ郊外ナンテールのLogirep社の職員がコート・ジボワール出身の入居希望者に対し，「この団地にはあなたと同じアフリカ出身者が多すぎるので，ソーシャル・ミックスを尊重して，入居をお断りします」と断ったことが明らかになり，5万ユーロの罰金刑を受けた。こうした批判を受けて，2013年に全国社会住宅管理会社連合（Union sociale pour l'habitat）は「差別せずにミックスを実現するにはどうすればよいか」という手引きを作成して，各地の管理会社に配布したが，その後も差別の事例はあとをたたない[16]。

だが同じソーシャル・ミックス政策でも分譲住宅に関して言えば，「エスニックな出自」を理由とした排除は，少なくとも本調査でみたオベールヴィリエ市においては同じように起きてはいない。オベールヴィリエ市の分譲住宅購入者の大半が「移民」であることが，その事実を物語っている。この事実は2つの観点から解釈できる。1つめは移民であっても，分譲住宅のローンが組める程度の一定収入があれば入居差別は行われないのではないか，という仮説である。もう1つは，購入者の大半が移民であるのは，差別がないことを意味するというより，同程度の経済力をもつ「フランス人」は，本節(1)でみたように移民比率や失業率が高く，「領土的スティグマ化」の進んだオベールヴィリエの分譲住宅に住宅を買おうとしないのではないか，という仮説である。実際，パリの地価高騰により郊外への転出者は増加しているが，その場合にも「評判の悪い」セーヌ・サン・ドニ県を避ける人は少なくない。パリから転出した30代前半の「フランス人」カップルの次の言葉はその典型としてあげられる

だろう。

> 「パリで買えるだけの資金がなかったので,郊外で買いました。消去法で探しました。まず,オ・ド・セーヌ県はパリと同じくらい高いので無理,セーヌ・サン・ドニ県は論外で,絶対にイヤだったので,ヴァル・ド・マルヌ県に絞りました」(2013年1月5日)

郊外でも社会賃貸住宅には一定の「フランス人」の入居者が存在する(だからこそ「移民の差別」が報告されている)のに対し,分譲住宅に少ないのはなぜか。それは,収入が低ければ郊外の社会賃貸住宅への入居も辞さないが,一定の収入があれば他の地域に移動するのではないかと推察できる。同時に,賃貸であれば「一時的な住処」として許容しても,経済的な投資が必要であり賃貸住宅よりも移動のむずかしい分譲住宅の購入は回避する傾向があるとも考えられる。この点についてはより慎重な検討が必要である。

1つ確かなのは,この分譲住宅供給政策が外部からの「フランス人」の誘致ではなく,かつて暮らした経験があったり,親戚・知りあいが居住していて,近隣地域に一定の知識をもち,経済的に比較的安定した移民を,持ち家取得を支援することで地域に定着させる効果をもたらしたことである。これまでの都市再開発研究では,パリなどの移民街が再開発されることで,フランス人中産階級が増加し,移民が排除されていく過程を明らかにしてきたが,オベールヴィリエの事例はこのような従来の研究とは異なり,内部の移民の安定層を固定化する傾向を明らかにしていると思われる。

### (4) 日常の緊張とミックス政策の限界

このような新住民は,もとからの住民とどの程度の交流をもち,どのような関係を構築しているのだろうか。本調査のインタビュー数は限られているが,現時点で言えるのは,地域の治安に対する不安を口にする新住民が多い点である。ダニエラはオベールヴィリエ市での居住歴が長く,地域に愛着をもっているが,治安には不安があるという。

「この地域で最初の分譲住宅ということもあって，ここの住民は周りからは「金持ち」という目でみられていて，ひったくりの被害なども発生しています。しかも警察に電話してもすぐには来てくれない。この点は前に住んでいた団地と変わりません。他の地域なら通報すればすぐに警官が駆けつけますが，郊外では違うのです」(2012年9月20日)

市の外郭団体勤務のキュイデールも，地域にある下町的な雰囲気を評価しつつも，同じような問題を口にする。

「キャトルシュマンは活気に満ちていて，住民も気さくですが，貧しい人が多く，生活は不安定で，警察によるドラッグの売人の取り締まりが頻繁に行われるなど物騒で，通りには緊張感があります。また外には男性の姿ばかりで，女性には居心地が悪いかもしれません」(2013年9月17日)

銀行勤務のジャミラ（29歳）はセーヌ・サン・ドニ県バニョオレで育ち，その後夫とパリで暮らしていたが，2人目の子どもの妊娠を機に，友人の住むオベールヴィリエに新築アパートを購入した。だが彼女にとって，同じセーヌ・サン・ドニ県でもオベールヴィリエは「別世界」だという。その原因は，3か月前に夫が建物の前で襲われたことで，それ以来外に出るのが怖くなったという。このような地域の治安への不安は，新住民の地域社会との交流を妨げる要因の1つとなっている。治安への不安から自分と家族の外出を制限し，「家庭」という保護された空間にとどまろうとする傾向がみられる。

また，このような「保護」の欲求として表れるのが，子どもを地元の公立の教育機関に通わせないという選択である。親のなかには，初めから地元の学校には通わせないことを選択する者と，途中で切り替える者がいるが，本調査では後者が圧倒的に多かった。美容専門技術者のマリーズは転校させた理由を次のように語る。

「オベールヴィリエに色んな住民が住んでいるのは素晴らしいことです。でも，子どもには自分にあった環境で教育を受けさせたい。（近所の）公立には，

親が仕事をしていなかったり，父親が母親に暴力をふるったり，兄弟が薬物に手を出していたり，そんな家庭の子どもばかりでした。それがわかって，学校を変える決意をしました」（2014 年 1 月 8 日）

映画制作会社勤務のラキも，10 歳の息子を初めは地元の小学校に通わせていたが，途中から私立の小学校に切り替えた。

「初めは近所の学校に通わせていて，息子も楽しそうでした。ところが 2 年後の年末に学校で開かれたパーティーに行った時のことです。自分たちと同じような人たちが誰もいませんでした（……）息子が低学年の時は色んな子どもがいて，息子と似た服装の子どももいましたが，学年があがるにつれていなくなりました（……）パーティー音楽はラップや太鼓ばかりでした（……）同じような人間だけで固まるのはよくありませんが，完全に孤立するのも子どもがかわいそうです」（2014 年 1 月 6 日）

再開発地区で中産階級の住民が，地元の公立学校を避けて学区外の公立や私立の学校に子どもを通学させる「学校回避（évitement scolaire）」現象は，教育社会学だけでなく，ジェントリフィケーション研究でも取り上げられてきた。パリ東部の再開発による地域変容を論じたクレルヴァル（Clerval, A.）も，新住民と旧住民が同じ地区で暮らしながら「交わらない」ことの原因の 1 つとして，新住民による「学校回避」を指摘した。この点について，本調査はオベールヴィリエでも同様の結果を示唆するものである。

ただし，クレルヴァルの研究では新住民と旧住民の間の「溝」が階級の違いに加えて，「フランス人」対「移民」と差異によって描きだされた（Clerval 2013）。それに対し本調査の事例では，新住民と旧住民のどちらのカテゴリーにおいても「移民」がマジョリティを構成しており，その意味でエスニシティ面に関しては「近接性」によって特徴づけられている点が異なる[17]。

シャンボルドン（Chamboredon, J.-C.）とルメール（Lemaire, M.）は，1960 年代のパリ郊外の大規模団地での住民調査を通して，異なる階級の住民が同じ空間に居住しても必ずしも相互理解が深まるわけではなく，かえって摩擦や緊張

を生み出す可能性を指摘した (Chamboredon et Lemaire 1970)。本章の事例は，シャンボルドンらの「空間的近接性/社会的遠隔性」の議論に「エスニックな近接性」という軸を加えることの必要性を示唆するものである。筆者のここまでの調査では，「空間的近接性」に加えて「エスニックな近接性」が存在しても，「社会的遠隔性」によって新住民と旧住民が「見えない壁」で隔てられ，「ソーシャル・ミックス」支持者が理想としたような「交流」は発展していないと考えられる。

また，分譲住宅入居者の大半には「市内を含む近隣地域の出身者」，「持ち家購入が初めて」，「予算の都合から（住宅価格が市場価格に比べて安い）困難都市地区の分譲住宅を購入」などの特徴がみられたが，これらをふまえると次のように考えることもできるだろう。分譲住宅入居者は，住宅購入以前は，旧住民と同じような地域の賃貸住宅で暮らし，経済的にも主要都市で住宅を購入できるような「中産階級」ほどの余裕のない世帯だと考えられる。したがってオベールヴィリエの新住民と旧住民はエスニックな面で近かっただけでなく，社会的にも（クレルヴァルが調査したパリ再開発地区の「フランス人」と「移民」ほどに）大きな隔たりがあったわけでなかった。だがソーシャル・ミックス政策の一環で一方が支援を受けて持ち家の取得に成功したため，結果的に両者の居住空間の差異化と社会的な差異化が進んだのではないか，という新たな仮説をたてることができる。この仮説が正しければ，オベールヴィリエ市におけるソーシャル・ミックス政策は異なる階級間の交流を生み出すというよりも，かえって住民の間に格差を生じさせ，階級意識を強めるという反対の帰結をもたらしているのではないかと考えられるだろう。

## 5. 結びに代えて

本章は，フランスの都市政策の変化とその意味を考察するために，2000年代から行われてきたソーシャル・ミックス政策とその影響について，オベールヴィリエ市の事例に基づいて検討した。そこで展開された中産階級の誘致戦略は，地域における貧困層の集中を解消すると同時に，移民の集中を解消して「脱ゲットー化」させることを目的としていた。

その一環でオベールヴィリエ市では分譲住宅の創出が進んだが，そこに入居したのはパリ出身の「フランス人」ではなく，近隣地域出身の「移民」が多かった。このことはまず「移民」自体の分極化，とくに「低所得層」のイメージの強いマグレブ出身者やサハラ以南出身者のなかにも分極化，多様化が進行していることをうかがわせる。こうした状況下で行われた持ち家取得促進政策は，再生事業実施地区において中産階級の移民の持ち家取得を促し，持ち家取得を通じて中産階級の移民世帯を長期的に郊外自治体につなぎ止める効果を生み出しているように思われる。その点では政策は「地区内の移民人口を分散させる」結果はもたらさなかったと言える。

　同時にこの政策は，ゼロ金利などの恩恵によって，比較的に経済的に安定した移民世帯に不動産を取得させるという意味で，移民住民間の格差を拡大させたとも言える[18]。そして居住空間やエスニシティ面で近くても階級が異なれば，必ずしもソーシャル・ミックス擁護派が提唱していたような「地域社会における住民間の交流」が生まれるわけではないことも明らかになった。それどころか相互理解や交流がない状態での「空間的近接性」はかえって緊張の種にもなりうるのではないかと考えられる。

　だが，本章で取り上げた事例がどの程度の普遍性をもっているのかについては，慎重に検討を重ねる必要がある。たとえばオベールヴィリエ市の事例と，都市政策の行われた他の郊外移民集住地区にはどのような共通点や差異がみられるのだろうか。あるいは，クレルヴァルが論じたパリ東部の事例のように新住民と旧住民の間に社会的な差異に加えてエスニック面の差異がある地域と比べた場合，両者の交流やその地域社会への影響にはどの程度の違いが存在するのか，しないのか。本章で取り上げた「エスニックな近接性」は「社会的遠隔性」を緩和する要因として機能するのか，否か。これらの問いは，今後の研究の課題として考察を重ねていきたい。

注
1）公式な移民の定義（国立統計経済研究所）は「外国で外国人として生まれ，その後フランスに移住した者」である。つまり移民一世だけが「移民」なの

であり，フランス生まれの二世以降は「移民」と見なされない。しかし，実際にはフランスで生まれたり，フランス国籍を取得していたりしても，見た目が「ヨーロッパ系フランス人とは違う」などの理由から「移民扱い」され，差別を受ける人たちも多い。このような状況をふまえ，これらの人びとを「社会学的移民」と捉えて分析する研究も増えている。本章中の「移民」という表現も，この「社会学的移民」という意味で用いることとする。

2）フランスの社会住宅は全住宅数に占める比率が現住居の17%，賃貸の43%となっており，日本の公営住宅4.2%（UR都市機構をいれても6.1%，2008年）と比べても高い割合となっている。セーフティ・ネット的な日本の公営住宅に対し，フランスの社会住宅はアフォーダブル住宅の性格が強い。アフォーダブル住宅に関しては檜谷（2008）を参照。

3）1980年代からフランス政治の「第三極」として大きな影響力を行使してきた極右・国民戦線も，郊外を政治戦略の1つに位置づけてきた。1995年の大統領選挙ではパリ郊外オ・ド・セーヌ県23か所，ヴァル・ド・マルヌ県25か所，セーヌ・サン・ドニ県30か所で候補を出し，とくにこの最後の県ではクリシー・スー・ボワ31.6%，ボンディ28.4%，ピエールラフィット26.4%，スタン26.1%，サンドニ24.4%など高得票率を記録した。

4）フランスには本土以外に海外県・海外自治体（DOM/COM）が存在し，総面積119,975.4㎢，人口2,653,942人である。これらの地域では本土に比べ失業率が高いことから，本土に国内移住する者も少なくない。海外県出身者はフランス国籍であるため移民・外国人統計には換算されないが，身体的な差異などから日常生活において「移民扱い」されることが多いため，最近では移民統計に海外県出身者をカウントする研究も増えている。

5）イギリスやアメリカ合衆国と異なり，フランスでは民族出自に関するデータはこれまで公式には存在しなかった。憲法1条にも「フランスは出自，人種または宗教による区別なく，市民すべてに対し法律の前の平等を保障する」とされているように，法の前に個人の属性を捨象して平等を認める共和主義の原則をとっているため，市民の出自を問うこと自体が「差別」に該当すると考えられてきたからだ。したがってこれまでは「外国人」や「移民一世」に関する統計は存在したものの，国籍法の出生地主義に基づいてフランス国籍を付与される二世以降の統計は公式には存在しなかった。ところが2012年10月，フランス国立統計経済研究所が報告書「フランスの移民とその子孫」を発表するなど，二世の実態を包括的に把握するデータが入手できるようになりつつある（INSEE 2012）。

6）その他にも，フランスの社会住宅は地方自治体が直接管理や建設にはかかわらず，社会住宅整備管理会社とよばれる公社，官民出資企業，民間非営利団体などが建設・管理を執り行う点や，日本では例外的にしか認められていない単身者入居（高齢独身者，DV被害者などは可）がフランスでは必要条件

を満たせば可能になるなど，日本の公的住宅との間には複数の相違点が存在する。
7) ゼロ・トレランス政策の世界的な展開については，ロイック・ヴァカン『貧困という監獄』(森千香子・菊池恵介訳，2008年，新曜社)の第一部を参照のこと。
8) 3,500人以上の自治体，イル・ド・フランス地方の自治体は1,500人以上。また2013年法では20%維持を許可された自治体もある。
9) しかし2013年時点で解体戸数は当初の計画を大きく下回る15万戸にとどまった。
10) 2011年度報告書は「都市省庁間委員会 (Comité interministériel des villes, 略称CIV)」のHPでダウンロード可能 (http://ville.gouv.fr/IMG/pdf/11_octobre_2011_-_fiche_pnru.pdf)。
11) *Figaro*, « Le palmarès de la violence, ville par ville » du 24/06/2008 (http://www.lefigaro.fr/actualite-france/2008/06/24/01016-20080624ARTFIG00263-le-palmares-de-la-violence-ville-par-ville.php)。
12) ソーシャル・ミックス政策は，とくに社会党の政治家・活動家が従来の共産党による政策を批判する文脈で主張された。事実，オベールヴィリエ市でも2008年に共産党から社会党への政権交代がおき，それ以降の新たな都市政策として再生事業が進められてきた。筆者による調査でも，ソーシャル・ミックス政策を推進する社会党市議へのインタビューで「住宅に関しての私の考え方は，共産党のそれとは異なるのです」といった趣旨の発言が散見された。
13) Ministère du Logement et de la Ville (http://www.developpement-durable.gouv.fr/IMG/pdf/demande_log_social.pdf)。
14) 厳密には中産階級の誘致ではないが，社会住宅入居者の収入超過世帯の引き止め策も「ソーシャル・ミックス」の掛け声で行われた重要な施策にあげられる。2009年に都市住宅大臣ブタン (Boutin, C.) が入居収入基準を20%以上上回る世帯に割増賃料を義務化した (それまでは40%)。この決定に対して，社会住宅を多く抱える郊外の自治体を中心に，とくにオベールヴィリエ市をはじめとするセーヌ・サン・ドニ県の自治体で激しい反発が起きた。その結果，最初は困難都市地区だけが適用外に指定されていたのが，最終的にはオベールヴィリエ市全体に適用されるようになった。この時も運動を正当化する論拠とされたのが「ソーシャル・ミックス」だった。またこのような流れと並行して，学生向けの社会住宅の増設もすすめられている。
15) L'Express (http://www.lexpress.fr/actualite/societe/justice/l-office-hlm-de-saint-etienne-condamne-pour-discrimination_738315.html)。
16) Le Figaro (http://www.lefigaro.fr/actualite-france/2014/03/07/01016-20140307ARTFIG00008-une-societe-hlm-jugee-pour-discrimination-raciale-et-fichage-ethnique.php)。

17) ただし同市におけるエスニシティも多様化が進んでおり，従来はマグレブ系移民が圧倒的マジョリティを占めていたのが，2000年代以降中国出身者の増加が著しい。そのようななか，住民間の「溝」が移民間の民族的出自の差異によって強化されているとの指摘もされているが，この点については稿を改めて考察したい。
18) 一部の移民世帯に決して軽くないローンの負担を課して家計を圧迫し，一部の世帯は再び社会賃貸住宅に戻るなど，かえってこれらの世帯の状況を不安定にさせるケースも引き起こしたが，この問題ついては稿を改めて論じたい。

## 参考文献

ADIL 93 (2012), *Les Enjeux de la primo-accession dans les territoires stratégiques du Grand Paris*.

Avenel, C. (2011), *Sociologie des quartiers sensibles*, 3ᵉ édition, Armand Colin.

ベック，U. (2005)『グローバル化の社会学――グローバリズムの誤謬・グローバル化への応答』国文社．

Bourdieu, P. (1998), *Contre-Feux. Propos pour servir à la résistance contre l'invasion néo-libérale*, Liber（加藤晴久訳（2000），『市場独裁主義批判』藤原書店）．

Bourdieu, P. (2000), *Les structures sociales de l'économie*, Le Seuil（山田鋭夫・渡辺純子訳（2006），『住宅市場の社会経済学』藤原書店）．

Cartier, M., Coutant, I., Masclet O. et Siblot, Y. (2008), *La France des « petits-moyens ». Enquête sur la banlieue pavillonaire*, La Découverte.

Chamboredon, J.-C. et Lemaire, M. (1970), « Proximité spatiale et distance sociale. Les grands ensembles et leur peuplement », *Revue française de sociologie*, no. 11-1.

Charmes, E. (2009), « Pour une approche critique de la mixité sociale », *La vie des idées* (http://www.laviedesidees.fr/Pour-une-approche-critique-de-la.html).

Clerval, A. (2013), *Paris sans le peuple. La gentrification de Paris*, La Découverte.

Délégation interministérielle à la Ville (2004), *Les Politiques de la ville depuis 1977. Chronologie des dispositifs*.

Donzelot, J. (2009), *La Ville à trois vitesse*, Éditions de la Villette.

Harvey, D. (2005), *A Brief History of Neoliberalism*, Oxford University Press（渡辺治監修，森田成也・木下ちがや・大屋定晴・中村好孝訳（2007），『新自由主義――その歴史的展開と現在』作品社）．

Harvey, D. (2012), *Rebel Cities: From the Right to the City to the Urban Revolution*, Verso（森田成也・大屋定晴・中村好孝・新井大輔訳（2013），『反

乱する都市——資本のアーバナイゼーションと都市の再創造』作品社).
橋本健二 (2011)『階級都市——格差が都市を浸食する』筑摩書房.
檜谷美恵子 (2008)「地域空間化するフランスの住宅政策とそのガバナンス」『政策科学』15-3, pp.149-182.
稲葉奈々子 (1996)「フランスの外国人住宅事情——歴史的変遷と現在」『住宅時事往来』9号, まち居住研究会 (http://www.emachiken.net/docment/09.pdf) 最終参照日 2014年11月18日.
INSEE (2010), *Évolution et structure de la population. Commune d'Aubervilliers.*
INSEE (2012), *Immigrés et descendants d'immigrés en France.*
Institut d'Aménagement et d'Urbanisme de la Région d'Ile-de-France/IAURIF (2007), *Les Ménages immigrés franciliens et leurs conditions de logement.*
Jacobs, J. (1961), *The Death and Life of Great American Cities*, Vintage Books (山形浩生訳 (2010),『アメリカ大都市の死と生』鹿島出版会).
Jany-Catrice, F. (2012), *La Performance totale : nouvel esprit du capitalisme ?*, Presses Universitaires du Septentrion.
Masclet, O. (2005), « Du 'bastion' au 'ghetto'. Le communisme municipal en butte à l'immigration », *Actes de la recherche en sciences sociales*, no. 159.
森千香子 (2014)「貧困地区再開発と「ソーシャル・ミックス」——パリ郊外の団地地域再生事業と地域住民への影響」『理論と動態』7号, pp.57-75.
Mucchielli, L. et Le Goaziou, V. (dir.) (2006), *Quand les banlieues brûlent. Retour sur les émeutes de novembre 2005*, La Découverte.
OPH Aubervilliers (2009), *Rapport d'activité.*
OPH Aubervilliers (2013), *Rapport d'activité.*
Sarkissian, W. (1976), « The Idea of Social Mix in Town Planning: An Historical Review », *Urban Studies*, vol. 13, no. 3.
Slater, T. (2009), "Missing Marcuse: on gentrification and displacement", *CITY: analysis of urban trends, culture, theory, policy, action*, vol. 13(2).
寺尾仁 (2012)「フランスにおける荒廃区分所有建物の現状と最近の政策の動向 (上)」『土地総合研究』2012年夏号, pp.1-11.
Tissot, S. (2005), « Une « discrimination informelle » ? Usages du concept de mixité sociale dans la gestion des attributions de logements HLM », *Actes de la recherche en sciences sociales*, no. 159, pp.54-69.
Touraine, A. (1991), « Face à l'exclusion », *Esprit*, no. 169.
Wacquant, L. (2008), "Relocating Gentrification: The Working Class, Science and the State in Recent Urban Research", *International Journal of Urban and Regional Research*, vol. 32, no 1, pp.198-205.

【付記】本章は, 2012-2014年度科学研究費補助金 (基盤研究C)「EU衰退地区

の変容と地域再生政策の影響に関する比較研究」(研究代表者),ならびに 2011-2013 年度日本学術振興会二国間交流事業共同研究「地域における外国人支援と排除に関する日仏比較研究」(研究分担者)の研究成果の一部である。

# 第5章

## 「フランス共和国」におけるムスリムの社会教育と市民参加
―リヨン大都市圏におけるムスリム青年連合のネットワーク―

浪岡　新太郎

## 1. はじめに

### (1) 問題のありか

　現在，ヨーロッパをはじめとするデモクラシーにおいて，理論的にも実際においても，市民参加の重要性は自明のこととなっている（Brondiaux 2008）。中央集権制が強いといわれるフランスにおいても，1980年代から市民参加は地方分権化とあわせて政策上の重要課題として提起され，住区評議会の制度化など，市民社会の討議の政治過程への取り込みが実際に進んでいる。市民社会への期待には以下のような理由があると考えられる（田村 2008）。まず，近年の投票率の低下や行政機関に対する不満の高まりが示すように，議会や行政機関を中心とした国家の合意形成のシステムが市民からの合意を十分に調達できていないと考えられること。そして環境問題をはじめとして，専門家だけでは判断のつきにくい争点が登場していること。さらには，新自由主義的潮流を背景に労働条件が不安定になるなかで，帰属意識や社会的紐帯，社会的基盤の喪失が問題視されるようになり，その回復が課題とされることなどである。

　市民社会におけるムスリムの討議はどのようにデモクラシーを支えるのだろうか。西ヨーロッパ全体では1,826万人の，とくにフランスには相対数においても絶対数においても最多の470万人のムスリム系（イスラーム諸国からの）

移民出身者が定住しており，その第2世代の多くは国籍を有している[1]。彼らの多くが学歴が低く，「郊外（banlieue）」と一般に呼ばれる貧困者集住地区に居住し，全国平均よりも高い率で貧困，長期的な失業を経験している（Pew Research Center 2011; Open Society Foundations 2009）。また，信仰の実践においてもモスクの数の不足などその困難や，さらには礼拝を理由とした解雇などの差別，いわゆるイスラモフォビア[2]を経験する。彼らは地理的にも社会経済的にも，さらには信仰実践や意識の上でも差別経験を通じてフランスのマジョリティから分断（セグリゲーション）されている（Lapeyronnie 1993）[3]。

この「郊外」で活動し，市民参加の重要性を主張する代表的なムスリム団体（ムスリムとしての立場から活動していることを対外的に明示している団体）として「ムスリム青年連合（Union des Jeunes musulmans）」がある（Césari 1998, p.100）。ムスリム青年連合は，住民の暴動などで名を知られるリヨン大都市圏東部郊外マンゲット地区で1987年に設立され，その活動は全国に影響を及ぼした。この団体とそのネットワークは，ムスリムとしての立場から社会教育活動を中心に活動を組織した。その目的は，移民第2世代を念頭に，分断化されがちな住民たちに討議の場を提供し，社会的紐帯を回復することである。彼らの活動は学習支援から環境運動，そして新自由主義への批判までをも含む。また，その活動の場も，郊外からオルタグローバリズム運動の世界社会フォーラムまで幅広い。社会的紐帯の回復を目指す点において，ムスリム団体の社会教育活動は，まさに市民参加の観点から評価できる（Césari 1998, p.123）。しかし，ムスリム団体は市民参加と対立するものと認識され，政治過程から実際には排除される傾向が強いのはなぜだろうか。

フランスは第5共和制憲法1条において，「不可分でライックな（政教分離原則に基づく）民主的共和国である」と規定される。不可分であるとは主権の行使において市民（国民）は単一不可分な存在であることを意味し，内部に差異を認めないという普遍的人間像を前提とする（山元 2014, pp.5-8）。こうして男女平等や政教分離が憲法的原理として導きだされる。言い換えれば，フランスは市民について「宗教などエスニックな違いを認めないエスニックブラインドな平等概念」を法的前提としている。この法的前提を根拠としてフランスの市民のあり方は「共和国モデル」として行政によって定義されていく（HCI

1991)。このモデルは市民としての言動が求められる公的領域と私的領域との明確な分離を前提としている（中野 2009）。ムスリム団体の討議の試みはエスニックブラインドな市民としてではなくムスリムという属性に基づいて討議を行っていることを理由として，公私分離を求める共和国モデルに反すると解釈され，市民参加としては非正当化される傾向がある（Césari 1998, pp.117-120）。結果的に，ムスリム団体は住民による諮問機関への出席や交付金の拒否などの不利益を被っている。

　ムスリム系移民出身者のとくに第2世代は，欧州全体においてリベラルデモクラシーの強化が進んでいるなかで，まさに自由や平等といった価値を理由として周縁化されている（Joppke 2009）[3]。そして周縁化はフランスでとくに顕著である（Geisser 2005）。

### (2) 分析の視点：対抗的公共圏

　ムスリム青年連合の事例は，分断されがちな個人間に社会的紐帯を形成しようとする試みが，イスラームというその使用言説ゆえに非正当化され，政治過程から周縁化される事例である。この状況を考えるにあたって，討議デモクラシー論の主唱者であるハーバマス（Habermas, J.）の公共圏概念とその批判としてフレイザー（Fraser, N.）によって提起された対抗的公共圏概念が参考になる。ハーバマスは，公共圏を形式的な平等が確保されたうえで，共通の事柄を巡って個々の市民がその意見を自由に表現できる討議の場として構想した（ハーバマス 1994）。しかしながら，「社会的な不平等が持続しているところでは，公共圏における討議のプロセスは支配集団に特権を与え，従属集団から権利を奪うように働く傾向がある。ここで単一の包括的な公共圏しかないところでは，これらの効果はさらに悪化する」（フレイザー 2003, p.123）[4]とフレイザーは批判する。

　そこで彼女は，公共圏概念を単一ではなく複数で考え，議会や行政機関など政治的決定と結びつく「強い公共圏」や討議にとどまり決定を含まない「弱い公共圏」が存在し，それぞれが対抗関係にあると考えた（同上，p.135）。そのうえで，強い公共圏と対抗する公共圏を「サバルタン対抗的公共圏（subaltern counterpublics）」と呼び，「従属的な社会集団のメンバーが自分たちのアイデン

ティティや利害，必要性について反体制的な解釈を組み立てうるような対抗言説を発明し，伝達する並行的な言説＝討議のアリーナ」と定義した（同上，pp.123-124）。ただし，対抗的公共圏は「文化的孤立地帯」とは異なり，一時的には撤退の空間になるとしても，より広い公共圏に向けた宣伝活動のための基地と訓練場所になる（同上，p.124）。齋藤純一は，彼らの議論を手がかりにしながら公共圏を，公共性（共通性と公開性）を志向する点で，同化・排除の機制を不可欠とする共同体の対局に定義する（齋藤 2000, p.6）。

したがって，対抗的公共圏概念は，従属的集団が自らのカテゴリーによって押しつけられたカテゴリーに対抗し，同時に支配構造を批判するなかでさらなる共通性と公開性を志向する公共圏を意味する。このような対抗的公共圏は実際にはどのように現れるのだろうか。本章で扱うムスリム青年連合とそのネットワークの事例を，強い公共圏への対抗的公共圏，すなわち政治過程への市民社会の取り込みが進むなかでの周縁化された事例として検討したい。また，その活動対象，範囲の広さから国家にとどまらない対抗的公共圏の事例として考えることができるだろう。ムスリム青年連合とそのネットワークは，「強い公共圏」の共和国モデルの言説による非正当化のなかで，どのように「対抗的公共圏」を形成したのだろうか。また強い公共圏やその他の対抗的公共圏とどのような関係を結んだのだろうか。

本章では，ムスリム青年連合とネットワークの形態が変化する 1987 ～ 1995 年，1996 ～ 2003 年，2004 ～ 2010 年に時期を区別し，それぞれの時期にムスリムの市民参加，討議を非正当化していく共和国モデルの言説が，どのように展開していったのか，またそれに対応するようにどのようにムスリム青年連合とそのネットワークが自分たちの対抗的言説を主張し強い公共圏を変容しようとしたのかを明らかにする[5]。

## 2. 共和国における「ムスリム問題」の構築

### (1) ムスリムとは誰のことか

現在，フランスでイスラームは共和国モデルに対立し，とくに第 2 世代は暴力やテロとの結びつきを疑われる脅威として政治的にもメディアにおいても描

かれることが多い。2013年の世論調査によれば[6]，74%の回答者がイスラームは不寛容でフランスの価値とは両立不可能である，と答えている。また8割の回答者がムスリムは自分たちの考えを他者に強制する，と答えている。そしてこの傾向は右派に限られない。左派支持者においても6割が両立不可能であると答えている。

　しかし，フランスにおいてムスリムはつねに共和国モデルと対立する脅威として描かれてきた訳ではない。そもそもムスリムとは誰のことだろうか。現在，フランスには470万人のムスリムが定住していると言われる。しかし，この数字はイスラーム諸国からの移民出身者の総計からの概数である。したがって，この数字は，自分をムスリムであると自己定義している者の数も，礼拝などの宗教実践の程度も意味しない。フランスではそもそもエスニックブラインドな平等概念ゆえに公的に宗教などの属性について統計を取ることはできないが，いくつかの研究者による調査から手がかりを得ることはできる。たとえば，若年層において礼拝を行うのが39%，礼拝所に行くのが23%，断食を行うのは70%という調査がある[7]。経年変化を考慮したこの調査によれば，近年彼らの宗教実践の頻度が高まっているとはいえる。とはいえ，半分以上がそもそもムスリムとしての礼拝を行っていない。また，投票行動などの分析によれば，彼らの行動は宗教的帰属意識よりも階層などによって説明できる（Brouard et Tiberj 2005）。

### (2) 第2世代の分断

　第2世代の存在が社会問題化するのは，1981年のミッテラン（Mitterrand, F.）社会党政権成立直後のマンゲット地区での彼らの関与した暴力事件がきっかけである。しかし，第2世代はムスリムとして当時注目されたのではない。彼らが注目されたのは，脱産業化のなかで第1世代のような低賃金労働者にもなれない，その多くが郊外に居住し，長期的な失業や差別を経験する，貧困率が高く，学歴になどにおいて平均を大きく下回る分断された存在としてである。そして現在に至るまでその分断の状況は変わらない。

　2010年の調査でも第2世代を含むEU域外生まれの「移民出自の者（descendants des immigrés）」の失業率は，学業水準に関わらず，移民および出身者よ

りも 3 倍ほど高く,そのなかでも 25 〜 28% ともっとも失業率が高いのはマグ
レブ系である (INSEE 2012, p.186)。移民の学歴についていえば,初等教育以上
の学歴をもたないのは移民ではない場合 15%,出自の者でもない場合は 13%
であるがマグレブ移民は 39 〜 46%,出自の者は 17 〜 29% が該当する (INSEE
2012, pp.164-167)。ただし移民出身者の場合は失業率の高さは学歴の低さなど
からだけでは説明できない。ここにはとくにマグレブ系を対象とした差別が存
在する。分断は居住地域においても顕著である。彼らの多くは郊外に居住して
いる (Conseil économique et sociale 2001, pp.87-88)。こうした地域の典型が,ム
スリム青年連合が活動するリヨン大都市圏東部郊外である (Wieviorka 1999,
pp.209-229)。かつては大都市圏西部と東部住民に明確な階級対立意識が存在し
た。しかし 1980 年代から産業構造の変化により労働者層が減少し労働組合や
共産党の影響力が低下すると,階級対立に代わって「移民・ムスリム対国民」
といった対立軸を打ち出す極右政党が 1988 年の地方選挙で 20% 以上を獲得す
るまでに影響力を伸ばす (Riboulon 1999, pp.383-398)。

　失業や不安定な雇用などの排除を経験する郊外の住民,とくに第 2 世代にと
って,かつての労働運動のような階級に基づいた集合的アイデンティティの構
築は困難である。とはいえ,彼らは極右政党の対立軸を共有しているわけでも
ない。実際には彼らは,文化的には学校や社会サービスの基準となっている中
産階層の意識を共有している (Dubet 2001, p.43)。彼らは行政やメディアを通
じて,機会の平等や中産階層の消費文化,人権などの共和国モデルの普遍的価
値を内面化する。しかし,学校に代表される機会の平等は,彼らにとって自分
たちの学業失敗を「自己責任化」する論理として機能する (*Ibid.*, p.52)。そし
て消費文化の内面化はそこにアクセスできない住民の劣等感を生み出す
(Lapeyronnie 1993)。さらに社会サービスの制度の普遍性は自分たちへの警察
の過剰暴力などの前に彼らの経験と乖離している (Simon 1998)。郊外におけ
る彼らの暴力(自己破壊)行動の際の言説は,過剰なまでに社会の支配的な価
値を表しており,暴力行為や内面化された中産階層意識と彼らの日常経験との
乖離を埋めようとする行為として理解することができる (Lapeyronnie 1998)。

　したがって,フランスの支配的な価値観を強化することでは問題は解決され
ないどころか,分断される彼らの自己責任化や劣等化が強化される。周縁化や

暴力から脱出するために必要なのは，彼らが社会の支配的な価値や押し付けられるカテゴリーを相対化することである。そのためには，長期的な失業を経験する彼らが自分たちの経験に根付いた集合的アイデンティティを構築することが必要である。

### (3) 第2世代のブール化

1980年代初頭，第2世代の多くは，自らを「ブール」(アラブの意味) と自己定義した。彼らが中心となった，自分たちの出自の尊重，反差別，法の下の平等を要求した非宗教的な社会運動（ブール運動）は，とくに都市政策などの枠で支援を受けた。その規模と知名度において代表的な組織である「SOSレイシズム (SOS Racisme)」や「フランス・プリュス (France Plus)」は，社会党を中心に支持された。しかしながら，実際の郊外での住民が困難として抱える，警察をはじめとする行政機関による差別的取り扱いの問題や，二重刑の問題[8]，非正規滞在者の問題などは扱われなかったので第2世代の経験とは乖離していた。結局，1980年代末にはその勢力の衰えが明らかになる (Wihtol de Wenden et Leveau 2001, pp.148-150)。

都市政策も分断の状況を大きく変えなかった。対象として注目されたのは第2世代であったが，政策上，「エスニックブラインドな平等概念」という法的前提のために，特定のエスニック集団向けの積極的差別是正措置をとることはできない。そこで，都市政策は，分権化を背景に，彼らがとくに貧困者集住地区に居住していることに注目し，他の地域との失業率や貧困率，外国人率などの指標から地区を選定し，選定地区における①住居をはじめとする都市のインフラを整備し，②政策の実施をはじめとする政治への住民参加を積極的に促すことで分断の解決を目指した (Chabanet 1999)。しかし，住民の参加は多くの場合すでに決定された計画の説明会などにとどまった。そして，とくに出自を理由とした差別に対して効果をあげることはなく，1980年代末には分断が拡大するなか，「失敗」が語られるようになる (Donzelot et Estèbe 1994)。

### (4) 第2世代のムスリム化

国民優先，移民・ムスリムらの排除を掲げる極右の勢力拡大を背景に，1986

年に右派が勝利し第 1 次保革共存政権が成立すると,出生地主義による国籍の自動取得を継続すべきかどうかが政策課題となる。第 2 世代は,そのイスラームへの帰属意識(ムスリムアイデンティティ)ゆえに共和国モデルの理解などフランス市民としての帰属意識(市民アイデンティティ)を持たない,「ペーパーフランス人」であると疑われた。1987 年には政府の公的諮問機関「賢人委員会」の最終報告書『今,フランス人であること』の中で,イスラームはエスニックブラインドな平等原則に基づいて市民の言動が求められる公的領域と私的領域の分離ができない,すなわち政教一致を目指すものとして描かれた(Hajjat et Mohammed 1993, p.110)。1989 年に設立された移民の統合についての公的諮問である「統合高等審議会(Haut Conseil à l'intégration)」は,この公私分離を共和国モデルと定義し,このモデルが出自と関係なく人を市民として受け入れる点を評価して,出生地主義の維持を主張する(HCI 1991)。第 2 世代はムスリムアイデンティティゆえに,モデルを内面化できない,すなわち市民アイデンティティを持てない共和国モデルの脅威として論じられるようになる。

　1989 年,公立中学校の生徒がイスラームのスカーフを着用して登校することが,政教分離違反と教員に誤解され,登校を禁じられるという,いわゆる「スカーフ事件」が生じる。法的には政教分離原則が拘束するのは公的機関の職員であり利用者(生徒)ではないにもかかわらず,この事件をきっかけに,ムスリムについては利用者をも拘束するとした社会的解釈が一般化していく(Hajjat et Mohammed 2013, p.114)。こうして「ブール」として注目された第 2 世代の「イスラームへの回帰」が論じられ,さまざまなムスリム団体が警戒されるようになる(Kepel 1987)。回帰にあたって情報提供し拠点となるのがこうした団体である。

　ムスリム団体は宗教実践を規則的に行うムスリムを中心に構成される。フランスでは正統なイスラームを規定する機関は存在せず,多様な団体が自由にイスラームの定義を巡って争っている(Césari 1997, pp.46-60; Babès 1997)。団体はメンバーの世代やその活動規模,内容から以下のように区別できる(Frégosi 2009)。まず,マグレブからの移民第 1 世代が運営の中心になり,郊外での礼拝所の運営や,出身国政府(もしくは出身国の集団)との関係維持をその目的としている団体である。その活動規模の大きさから全国団体として 1926 年創

設のアルジェリア移民出身者を中心としたパリモスク，モロッコ移民出身者を中心とした「フランスムスリム全国連合 (Fédération Nationale des Musulmans de France)[9]」をあげることができる。次に，同じく第1世代中心ながらトランスナショナルなイスラームの普及を目的とする団体もある。この団体においてムスリムアイデンティティは何よりも五行と呼ばれる最重要な実践としての①信仰告白，②1日5回の礼拝，③喜捨，④巡礼，⑤断食により実現する。なかには，緩やかな実践を認めるものから，預言者に倣った生活を厳格に求めるものまで存在する。最大規模はチュニジアのムスリム同胞団の思想的影響を強く受けている1984年成立の「フランスイスラーム組織連盟 (Union des Organisations Islamiques de France)」である。

さらに，政治社会的な改革を志向する団体が存在する。なかには第1世代が中心となって，トルコの団体など，出身国での政治社会改革を志向するものもある。ただし，第2世代が中心となって構成するのは，礼拝所の運営などに関与せず，社会教育を通じて郊外での排除や差別との闘いに取り組んでいる地域団体である。地域団体とはその活動が居住する地域に原則として限定され，ツリー型の全国団体の一部となっていない団体を指す。こうした団体の代表的なものが，ムスリム青年連合のネットワークである。このネットワークはブール運動からは社会的排除や差別などの分断との闘いを，第1世代中心のムスリム団体からはムスリムアイデンティティを強調する点をそれぞれ引き継いだ。しかし，前者とはムスリムアイデンティティによるエンパワーメントを行うという点，さらに代表的な団体と異なり二重刑や警察の過剰防衛問題などに積極的に取り組んだ点で異なる。また，後者とはムスリムアイデンティティの実践は宗教実践にとどまらず，自分が居住する政治の場の変容を含まなければならないと考える点で大きく異なる (Babès 1997, pp.87-100; Césari 1998, pp.125-126)。

## 3. ムスリム青年連合の主張する市民参加
：共和国モデルにおけるムスリムアイデンティティの承認の要求(1987～1995年)

### (1) ムスリム青年連合の成立

大学入学資格以上を持つ比較的高学歴な第2世代の郊外出身の男性数人がモスクで偶然出会い，関心を同じくした彼らがNPOとしてムスリム青年連合を

設立した[10]。ムスリム青年連合は，一般の見方に抗して郊外での活動を通じて，「ムスリムという自分たちのアイデンティティを尊重することでフランス市民になりうる」と，他の宗教アイデンティティと同じように，ムスリムアイデンティティと市民アイデンティティの両立性を主張した（UJM 1993b）。1989 年にはタウヒードという出版社兼書店を併設し，リヨン中心部に転居する。そして，第 1 世代とは異なり，フランス語を中心にフランスのムスリムの市民生活をテーマに翻訳，出版，販売，貸本サービスを行った。書店の活動によって，全国各地の地域団体[11]は全国団体の下部組織にならなくても情報を得ることができた。ムスリム青年連合は 1992 年に，自分たちの活動を普及させ，ネットワークを形成しようと第 1 回目の年次総会を公開で開催する。

　この総会は予想を大きく上回る成功をおさめた。第 3 回には約 4,000 人を集めるまでになる。しかしながら，参加者の多さはムスリム青年連合単独での開催・運営の大きな負担となった。また，パリモスクやフランスイスラーム組織連合とのイスラームの代表性を巡る緊張関係を高めた。結局，ムスリム青年連合が総会を第 3 回で中止することで，パリモスクなどが第 1 世代を背景にモスクや礼拝所を中心に活動するのに対して，ムスリム青年連合は郊外での第 2 世代向けの社会教育を中心に活動するという役割分担が明確になる。しかし，このときまでに知り合った団体はリヨン大都市圏に限られず，ムスリム青年連合は郊外地域の 100 を超えるムスリム団体とネットワーク型の関係を築き，情報交換をはじめ，デモや講演会開催で協働している。また，ムスリム青年連合のメンバーが自分の居住する郊外で運営する団体も 7 つほどあった。

　ムスリム青年連合の活動方針は，月に 1 回開催される 10 人程度の運営委員会で決定される。ただし，運営委員の選出などの活動方針一般については 50 人程度の全メンバーが集まる年 1，2 回の総会で決定される。1995 年頃から女性も運営委員会に約 2 名入るようになるが，実際には委員会においても活動においても性別分離が求められていた。恒常的な出席によって認知されるなどメンバーシップは柔軟で，他の団体への帰属も妨げられない。その活動は，イスラームを介した議論の場と郊外での社会教育活動に区別できる。

## (2) イスラームを介した議論

メンバー向けの議論の場は，主として運営委員会や総会，そして団体の事務所内部の集会である。中心は，イスラームの聖典である『クルアーン』の解釈を軸とした集会である週1回ほど10人前後で構成されるハラカ（クルアーンの解釈を交代で報告し，お互いに教え合う）とキヤム（夜の集団で行う礼拝）である。ほかに市の中心部の施設などで，外部向けにイスラーム一般についての講演会を年に数回行う。こうした活動においてタウヒード書店での出版活動が大きな役割を果たしている。

とくに参照されるのが，ムスリム知識人のラマダン（Ramadan, T.）の著作である。彼はヨーロッパをムスリムが信仰を維持することができない「非イスラーム諸国」ではなく，ムスリムがその信仰を維持することが可能であり，その信仰を周囲に広げていくべき「証言の地（Dar ash-shahada）」として定義した（Ramadan 1994, p.157）。この定義によって，彼は出身国でもフランスでも居場所を探すのに困難であった第2世代がムスリムとしての立場から自分の居住する社会に働きかけることを正当化した[12]。

ラマダンにとって市民とは「自分が居住する共同体の内でのアクター・証人，共同体の倫理的意識を刺激するようなアクターである」（Ramadan 2002, p.65）。その優先的な活動場所は分断が顕著な郊外であり，第2世代のムスリム団体はその現れである（Ibid.）。しかし，彼は集団的権利の要求など，共和国モデルの法的前提である「エスニックブラインドな平等概念」を否定することはない。彼は，行政がカトリックの社会運動を認めながらも，ムスリムが社会運動を行うことを非正当化することを批判し，共和国モデルを擁護し，そのイスラームに対抗的な社会的解釈や運用に抵抗するのである。

団体で行われる議論は，子育てや失業など個別の家族内で行われるような親密圏[13]での具体的な争点を，預言者の生活を模範としながらも時代状況に合わせたイスラーム解釈を介することで，他人と共有されるべきより広い問題（公共性）として提起する。そうすることで他の参加者の問題はもちろんフランス一般の問題とも結びつけていく。その議論によれば，失業や親の権威の失墜などは社会経済的な格差や文化資本の問題にとどまらない（Ramadan 1994, p.157）。その背後には，第2世代が自分の出身アイデンティティの周縁化のな

かで消費文化以外の行動の規範を持てず,結果的に自分の消費能力の低さから自身を劣等化していくというアイデンティティの問題がある。その解決策としてムスリムアイデンティティを再評価し,これによって消費文化を相対化し,分断された生をより広い文脈に位置づけ,社会的紐帯を形成していくことができる。また,この議論では集団礼拝の時間を挟むなど親密な関係を基盤にし,多数決ではなく「合意 (Shura)」を目指して討議が行われ,時間制限も少なくお互いの経験を最重要視することで知識の多寡に関わらず誰もが発言できることが目指された[14]。

この討議の場は,強い公共圏にとってイスラームを脅威と認識する共和国モデルの社会的解釈への対抗の場として機能する。そして,「エスニックブラインドな平等概念」の下での実質的な不平等のなかで第2世代が暴力などに訴えることなく生存することを可能にするアイデンティティとしてイスラームを評価する。ただし,この対抗的公共圏は強い公共圏と交錯することはない。その討議はイスラームの言説を介するがゆえに,共和国モデルに従い,強い公共圏の言説と結びつくべきではないと考えられている。

### (3) 郊外での社会教育活動

社会教育活動とは,柔道やサッカーなどのスポーツ活動やメンバーによる学習支援,市役所などの社会見学,遠足,雑貨屋などの起業支援,さらには断食明けのお祭り(アイード)などを指し,郊外を中心に運営される (UJM 1992a)。こうした活動は,実際には第2世代が多いとしても,その参加は一般に開かれている。活動は,子どもや若者に,スポーツ活動を通じて挨拶など集団生活の規律を身につけさせること,学業を放棄しないこと,自分たちが孤立した存在ではなく議会に代表され,地球全体の一部を形成していること,長期的な失業のなかでも就職のチャンスがあることを教えることを目的とする (UJM 1993a)。

彼らがその活動のなかでイスラームの話をすることはないが,高等教育を修了し定職を得る自身をロールモデルとして,結果的にイスラームの魅力を伝えている (UJM 1992b)。活動では,個人に注目しつつ,団体メンバー自身が若者と同じ経験をしてきたということを強調しながら,自分の生活上の困難を,親密な関係のなかで共有する。そのうえで他人との関係のなかで自分の困難を

理解してもらえるように暴力などではなく言語で表現すること（公共性）を教えることが，スポーツであれ，学業であれ重視される（UJM 1991）。

こうした活動には対抗的公共圏として，個人の排除や差別経験を言語化し，より多くの人にも関与する「不正」として訴えていく討議の点（公共性）と，同時にそのなかで暴力などに訴えることなく生活することを可能にするアイデンティティの育成を目指すという点がある。両者の点において，強い公共圏の「エスニックブラインドな平等概念」の下で生み出される実質的不平等による分断の自己責任化と自身の劣等化に対抗している。

### (4) 社会教育活動と強い公共圏との交錯

こうした対抗的公共圏は強い公共圏とどのように交錯するのだろうか。ムスリム青年連合の社会教育活動は，都市政策による公的支援対象になり，実際に設立当初は支援を受けていた。しかし，1993年からは支援を受けられなくなった。原因は，団体への支援が政教分離原則に反するとみなす行政担当者の恣意的な解釈といえる（UJM 1993b）。

ムスリム青年連合の強い公共圏との関係は支援の要求だけではなく，対抗的な関係もある。たとえば，補助金の申請において，団体の名前からイスラーム色をなくすようにという行政からの助言や，逆にNPOではなく宗教法人として設立するようにという助言は頻繁にあった。しかしながら，ムスリム青年連合は名称変更をしないことで，なぜカトリックのNPOが救貧活動などを行うときには補助金の申請が問題とされず，ムスリムのNPOは問題とされるのか，と行政の法解釈における二重基準を批判する（Tchetche Apea 1996, p.46）[15]。

また，より対抗性を強く主張する場合もある。1989年には，ラシュディ（Rushdie, S.）の著した『悪魔の詩』の出版が信仰の自由の侵害にあたるとしてムスリム青年連合はデモで出版禁止を求めた。また，1993年には，団体はグルノーブルのスカーフ事件において登校を禁じられた少女の支援活動を行った。しかしながら，デモは知事によって緊急事態を理由に禁止され，1993年には連合の副責任者が，スカーフ事件の支援などへの参加を理由としてソーシャルワーカーの職を失う。さらに，1994年には連合がその政教分離原則違反を理由として公共施設である多宗派文化センターの使用を拒否される。

そして，1995年にフランス全土でアルジェリアの組織によるテロ活動が活発化するなかで，かつてムスリム青年連合で学んだ経験をもつケルカル（Kelkal, K.）が，テロ組織への関与を理由に警察官に撃ち殺される事件が発生する。この事件は連合のイスラーム理解と暴力，さらにはテロ活動とを世論のなかで密接に結びつけることになる。

　こうした周縁化のなかで，ムスリム青年連合はムスリム以外の人々に自分たちの活動の正当性を訴える必要性を感じる。1995年の地方選挙では，他のリヨン大都市圏東部の有力な住民団体である「アゴラ（Agora）」といった団体と軌を一にして郊外の住民に有権者登録を促す「10万人全国委員会」を組織した。こうした試みは，特定の政党や政治家に働きかけるというよりは，その政治的動員力をアピールすること，そして，自分の権利に無関心な若者たちへの関心喚起という教育効果を目的としていた（Riboulon 1999, p.178）。

　しかし，有権者登録活動は，他の団体との連携に加えて講演会や教育セミナーなどを必要とし，ムスリム青年連合にとって大きな負担となった。また，とくにムスリム青年連合がかかわったマンゲット地区では共産党が長期に安定して市政を支配しているため，イスラームと結びついたイメージを持つことの恐れから政治家がリスクを冒してまで取引を持ちかけることもなく，政治的動員のアピールとしては大きな影響力を持たなかった。

　この時期のムスリム青年連合を対抗的公共圏として以下のようにまとめることができる。連合は，共和国モデルの社会的解釈がイスラームに対抗的に構築されていくなかで，その「エスニックブラインドな平等概念」の下での強い公共圏が，①実際には宗教などの文化資本をはじめマジョリティの属性に有利に機能しているために第2世代が周縁化され，実質的な不平等を経験していること，さらに，②法的な平等性すら実際にはスカーフ事件に見られるように適用されない場合があることを批判することができた。これはブール運動の影響力低下のなかでは規模はより小さいとはいえ，住民主体の運動として大きな影響力を持った（Wihtol de Wenden et Leveau 2001）。強い公共圏との関係についていえば，ムスリム青年連合は②において補助金の申請や法的手段，選挙運動で対抗して，郊外における分断を問題化し，ムスリムと市民アイデンティティとの両立性を主張した。しかし，法的に問題がないとしても，共和国モデルの社

会的解釈を理由として申請は却下され，デモも禁じられた。これに対して，選挙運動を組織したが周縁化に大きな変化を生み出すことはできなかった。

## 4. リヨン大都市圏ムスリム団体ネットワークの主張する市民参加
：イスラームの宗教儀式への限定に対する抵抗（1996 〜 2003 年）

### (1) リヨン大都市圏ムスリム団体ネットワークの成立

1996 年以降，EU の反差別指令などを背景に，郊外を中心とした分断が大きく問題化する。同年，憲法院は「エスニックブラインドな平等」概念の形骸化に警告を発する。分断は，左派が勝利した 1997 年選挙後に成立した第 3 次保革共存政権の下で政治的にも問題化される。1998 年には統合高等審議会までもが形式的平等の強調が実質的不平等の存在を不可視化していることに注意を促し，第 2 世代に対する差別と不平等と闘うことが政策課題となる。

市民の実質的な平等への志向性が政策的に強まっていくなかで，これまでのようにムスリムを全面的に警戒するのではなく，行政がムスリムのなかで，取り込むべきムスリムと排除するべきムスリムを区別するアプローチへの転換が始まる（Geisser et Zemouri 2007, pp.42-84）。1997 年に左派政権のシュベーヌマン（Chevènement, J.-P.）内務大臣は，教育や礼拝の場でイスラームが他の宗教宗派に比べて実質的に不平等な扱いを受けていたことを認め，実質的平等のために宗教儀式の実践に関して行政と協議するための窓口となるムスリムの代表機関「フランスムスリム宗教実践評議会（Conseil Français du Culte Musulman）」の設立を試みる。こうした政策は，社会的経済的排除が公的領域の平等性を形骸化していることを批判し，私的領域である宗教儀式の側面について他の宗教宗派とイスラームの平等化を図る。この点で共和国モデルの「エスニックブラインドな平等概念」の実質化と考えることができる。

こうした状況は，分断と闘うムスリム青年連合にとって歓迎すべきことのようにみえる。しかし，連合は，代表機関が単に儀式の実践を巡る不平等に関して行政と交渉するのではなく，イスラームを儀式の実践に限定することを警戒した。これはイスラームのあり方を行政が定義するという点で私的領域への介入だからである。この介入・限定によって，社会教育を行うムスリム団体はそのイスラームへの参照を理由として郊外問題解決の政策決定の場から排除され

る。さらにはそのイスラームが宗教儀式の実践に限られないことを理由として，代表機関をはじめ，イスラームのあり方を定義する場から排除されてしまう[16]。実際，1996年にはラマダンがその言説を理由にフランスへの入国を禁じられた。こうして，自分たちの政治社会改革を目指す立場を正当化していく必要性から，連合は1995年の選挙運動の限界を念頭に，市民社会に直接アピールし，ネットワークを強化する方針を固める。

ムスリム青年連合は，ムスリムの中産階層化が進むにつれて登場してきた「フランスの学生ムスリム（Étudiants Musulmans de France）」などの諸団体など，同じようにフランスムスリム宗教実践評議会に批判的でかつリヨン大都市圏郊外での活動に関心を持つ13の団体と「リヨン大都市圏ムスリム団体ネットワーク（Collectif des associations musulmanes du Grand Lyon）」を構成する。このネットワークは以前のように「ムスリムであり市民である」という両立性を単に主張するのではなく，両立性を前提としたうえで，市民としてフランスの政治社会改革を行う際の具体的なあり方を試行錯誤していく（Makri 2000）。

その対抗言説は2点にまとめられる（Bouzar 2001）。第1に，分断の解決にあたって，世俗団体よりもムスリム団体の方が，同じ住民としての立場の共有などの近接性において有効性があること。第2に，具体的な問題解決（貧困など）にあたっては新自由主義をはじめ，背景にある世界構造に注目する必要があり，それがイスラームによって可能になっていることである。

さらに，全国ネットワークとして「フランスムスリム団ネットワーク（Collectif Musulmans de France）」という全国の郊外地域で社会教育活動を行うムスリム団体を組織し，社会改革を目指すイスラームを正当化する場を全国的にも構成していく。また，郊外での活動を通して，郊外の地域団体やオルタグローバリズムを含む世俗的な社会運動と協働するようになる。こうしたリヨン大都市圏ムスリム団体ネットワークの活動は各ムスリム団体の代表者からなる月1回の13〜20名程度の運営委員会で決定される。その活動もイスラームを介した議論と郊外を中心とした社会教育活動に区別できる。

### (2) イスラームを介した議論

内部メンバー向け議論の中心の場は，運営委員会とハラカ，キヤムである。

これに加えて，ラマダンを中心とした「ムスリムの存在（Présence musulmane）」というヨーロッパ規模のネットワークの運営のなかで，団体の幹部向けの勉強会やセミナーを組織した。他に，グローバル化の郊外での影響については「市民を支援するために金融取引への課税を求めるアソシエーション（Attac）」や，広告が郊外の若者や子どもの消費生活に与える影響を巡っては「広告の破壊者（casseur de pub）」と，二重刑については郊外でこの分野で経験を積んできた「郊外・移民運動（MIB）」と勉強会を行った。

　外部向けには，「イスラームとの出会い」というラマダンによる講演会とそれに続く議論の場から構成されるセミナーを運営した。講演会のテーマは「郊外とは何か」や「女性の位置」などイスラームの理解と第2世代の経験を結びつけるものが選ばれた。こうした場や世俗団体との協働の場での討議を通じてムスリム団体が女性のメンバーシップの不十分さについて批判を受け，活動における性別分離を廃止したり，世俗団体がムスリム団体からイスラームについての誤解を批判されたりなどの相互変容もあった。

　ここでは，1996年までと異なって，郊外での消費文化への若者の一元的な依存や劣等化を，地域住民，国民，さらにはグローバル社会における市民として共に取り組む社会的紐帯再生の問題として構築することが目指された。その際に，脱成長概念や政教分離の思想的系譜，さらにはサイード（Said, E.）の「オリエンタリズム論」なども議論では言及されるが，経験が重視されるので参加は容易であり，議論は長時間にわたることが多い。

　こうした活動は対抗的公共圏の観点からは以下のように整理できる。1995年まではイスラームが共和国モデルの脅威と認識されたのに対して，この時期は内務省主導の代表機関設立過程においてイスラームを宗教儀式の実践に限定する定義が進められ，社会改革を目指すイスラームがさらに非正当化されることへの対抗が中心になった。また，郊外での分断はグローバルに政治的・経済的・歴史的に構築されており，その周縁化はフランス，第2世代だけの問題ではないことを明るみに出した。そのために1996年までとは異なり，討議への参加者がムスリムに限定されずより多様性を増した。ただし，この討議もイスラームを介することを理由に強い公共圏と交錯しない。むしろ，強い公共圏が私的領域であるはずのムスリムアイデンティティのあり方に関与し始めている

ことに対して，公私分離の維持の立場から行政の介入を批判する。

### (3) 郊外での社会教育活動

リヨン大都市圏ムスリム団体ネットワークでは，中産階層の参加者の増加と参加団体の活動領域の拡大によって，1995年までと比べてより多様な活動を行うことになった。新たに加わった主要な団体は，郊外でエコロジー教育を行う「フランスの若いムスリム (Jeunes Musulmans de France)」や大学生の積極的な参加による学習支援，パレスチナ支援のための教育広報活動を行う「パレスチナ支援協会 (Comité de Bienfaisance et de Secours aux Palestiniens)」，さらには郊外の大学でのムスリムの活動を支援する「フランスの学生ムスリム」，郊外での若者のスポーツ活動や遠足を組織する「フランスのムスリム若者世代 (Jeunesse musulmane de France)」，礼拝所の提供やアラビア語やイスラームについての学習コースを提供するオスマンモスク，スカーフ事件で学校に行けなくなった女子生徒の支援を行う「フランス女性であり市民参加する女性 (Femmes françaises et musulmanes engagées)」である。注目すべきは，このネットワークには，ムスリム青年連合，フランスイスラーム組織連合系のオスマンモスクといった全国レベルでは対立するネットワークや組織が加盟し，大都市圏レベルでは社会教育を重視するという点において協力し合っていることである。活動の場の多様化は進んだが，対抗的公共圏としての中心課題は依然として郊外での第2世代の分断の自己責任化と劣等化への対抗である。

### (4) 社会教育活動と強い公共圏との交錯

政府はムスリム団体と強い公共圏との関係の制度化を1997年から進めていた。2002年にはフランスムスリム宗教実践評議会設立委員会が礼拝所面積に応じた選挙人数を礼拝所責任者に割当て，その選挙人による選挙によって地方レベルでの「ムスリム宗教実践地方評議会 (Conseil Régional du Culte Musulman)」が選ばれ，これが母体となって全国レベルでの宗教実践評議会メンバーが選ばれることが正式に決まる。そのために，礼拝所を運営しないムスリム団体は排除されることになる。一方，リヨン大都市圏ムスリム団体ネットワークのなかで例外的に礼拝所を持っていたオスマンモスクは，自分たちが大きな勢力にな

るということを理解すると，2002年にはネットワークから距離をとり始め，2003年の宗教実践評議会の設立に参加する。

ただし，宗教儀式の実践はあるがままに政府に受け入れられた訳ではない。たとえば，公立学校におけるムスリムの女性によるスカーフ着用は，政教分離原則から法的に承認されていたが，禁止を目的として2003年には公立学校での誇示的な宗教的標章を禁じる法律，いわゆるスカーフ禁止法の必要性がスタジ（Stasi, B.）委員会など公的な諮問委員会によって政府に提言された。

こうしたイスラームを行政の定める宗教儀式の実践に限定する方向性とイスラモフォビアの拡大に対して，リヨン大都市圏ムスリム団体ネットワークはムスリム団体として強い公共圏に直接主張を伝えるのではなく，政治社会改革を目指す世俗的な市民団体と協働することで，社会運動における従来の宗教・世俗という運動の区分を乗り越え，同じく政治改革を目指す自分たちの存在を正当化していく（CAMGL 1998）。こうした協働関係は，世俗団体にとっては郊外で影響力を増すといわれるムスリム団体との結びつきから，自分たちの郊外での活動の関与の深さを行政などに主張することにもなった。こうして，ネットワークは，とくにムスリムに対して提示される「世俗・市民（国民）／イスラーム」というカテゴリーに対して「ムスリム市民」や「共和国モデルの下でのイスラームによる参加」といった自己カテゴリーの有効性を対峙させる（Makri 2003）。実際に，大規模な非正規滞在者支援団体「シマッド（CIMADE）」などがムスリムであることを理由に市民運動としては支援を控えざるをえなかった非正規滞在者を，ムスリムと市民を対立関係で捉えないことで，ネットワークは世俗団体と協働して支援することができた。

その中心となったのは，アゴラがリヨン大都市圏ムスリム団体ネットワークと結成した「多様性からなる都市／郊外団地（Divercité）」である。ここでは公的補助金の申請において，リヨン大都市圏ムスリム団体ネットワークを組み込んだ申請書を作成し，リヨン市の諮問機関である人権委員会メンバーにスカーフを着用するネットワークのメンバーを推薦することで，従来の「世俗・市民（国民）／イスラーム」というカテゴリーを壊そうと試みた。しかしながら，着用女性の存在自体を女性蔑視とみなすフェミニズム団体をはじめとする強い抗議を前に，諮問委員会自体が活動を止めてしまうこともあった[17]。2003年

にはパリで開催された世界フォーラムの地域運動である，ヨーロッパ社会フォーラムヘリヨン大都市圏ムスリム団体ネットワークは参加したが，ここでも同じような批判を受けることになる（Peace 2008）。また，リヨン大都市圏ムスリム団体ネットワークもムスリム青年連合と同様，その郊外での社会教育活動について公的補助金を申請したが，多くの場合，恣意的な政教分離原則違反の解釈に基づいて拒否された。

　リヨン大都市圏ムスリム団体ネットワークの活動は，対抗的公共圏の観点からは以下のようにまとめられる。ネットワークは1995年までと同様に，①強い公共圏の「エスニックブラインドな平等概念」の下での実質的な不平等と，②イスラームに対抗的な社会的解釈による法律の恣意的な運用に加えて，新たに③イスラームを宗教実践に限定したうえで強い公共圏のなかに取り込もうとする傾向を批判する。そこでネットワークは他の対抗的公共圏としての世俗団体と協働することで，限定されないイスラームの有効性をアピールし，ともに「エスニックブラインドな平等概念」の実質化を目的として共和国モデルの強い公共性を変容させていく対抗性を目指した。ただし，この対抗性はグローバルな市民運動との結びつきに見られるように，ナショナルな範囲を超える。また，この対抗性は運動の拡大によって非正規滞在者の支援などにおいて成果を上げる一方で，イスラームの宗教儀式への限定に対抗することで行政のみならず世俗団体からも批判を受けることになった。

## 5. リヨン大都市圏ムスリム団体ネットワークの分裂と変容
：強い公共圏による私的領域であるはずのムスリムアイデンティティの定義に対する服従と抵抗（2004 〜 2010年）

### (1) リヨン大都市圏ムスリム団体ネットワークの分裂

　2003年に成立したフランスムスリム宗教実践評議会では，政府がこれまで依拠してきたパリモスクではなくフランスイスラーム組織連合が最大勢力となる。次期大統領選挙出馬を念頭に，サルコジ（Sarkozy, N.）内務大臣（当時）はこの連合との関係を個人的に深めていく（Geisser et Zemouri 2004, pp.103-120）。連合はサルコジ内務大臣の個人的な接近に応えるようになり，連合の会

議への出席を認めたり，ファーストネームでメディアを前に呼び合うなどその関係を強め，スカーフ禁止法案についても加盟団体に反対運動を禁じるなど，政府よりの発言を繰り返す。また，ラマダンに対しても否定的な立場をとった。結果的に，リヨン大都市圏ムスリム団体ネットワークから連合傘下のオスマンモスク，「フランスの若いムスリム」，「フランスの学生ムスリム」はついに離脱する。

　2002年に大統領に就任した右派のシラク（Chirac, J.）政権は，2004年3月15日に実際にはスカーフを着用するムスリムをとくに対象にするスカーフ禁止法を成立させることで，スカーフ着用を事件化した社会的な解釈にあわせて従来の政教分離原則の法的解釈を変更した。こうした方針はシラク大統領の「ナショナルな結合（cohésion nationale）」の強化方針と対応する。ただし，一方的にムスリムの排除が進んだわけではない。同年には「反差別および平等のための高等機関（HALDE）」が成立し，差別問題に積極的な法的取り組みも始まる。こうしたなかで，「フランス経営者団体（MEDEF）」が多様性を経営戦略として促進することを進めるなど，エスニックな多様性を政治家や経営者をはじめとするフランスの主導部などに積極的に反映するべきであるという議論も始まる。

　すなわち，一方でのイスラームの宗教儀式としての承認，社会における多様性の促進，反差別の強化と，他方での「ナショナルな結合」の重視，行政の考える宗教実践に限定されないイスラームの周縁化が同時に進行する。2003年までは，強い公共圏の「エスニックブラインドな平等概念」という法的前提の実質化のために，その誤った運用・社会的解釈や実質的不平等の拡大の修正が必要と考えられていた。しかし，スカーフ禁止法の成立によって，法的解釈がエスニックな特徴に基づく社会的解釈を否定するのではなく，これに従い，生徒のスカーフ着用という私的領域のムスリムアイデンティティのあり方を強い公共圏の問題として取り上げたことで強い公共圏の「エスニックブラインドな平等概念」が侵されたといえる。

　リヨン大都市圏ムスリム団体ネットワークは，ムスリムの女子生徒の排除を単に問題とするのではなく，まさに共和国モデルの「エスニックブラインドな平等」概念とそこから生じる公共圏の擁護の観点から，公立学校という出自か

ら自由にさまざまな生徒が集まり，共通の関心を作り出していくべき場が失われることを問題視した。そこで，ネットワークは「みんなの学校（Une école pour tou-te-s）」という市民運動のネットワークの設立に積極的に参加する。この運動はフェミニスト団体をはじめ，さまざまな世俗的団体とのネットワークを可能にした。しかし，リヨン大都市圏ムスリム団体ネットワークの運営会議において，「みんなの学校」や二重刑をはじめ宗教儀式の実践以外の争点に関与することや，女性ムスリムの問題を男性ムスリムも争点化することに批判が高まる。結局，リヨン大都市圏ムスリム団体ネットワークで中心的だったメンバーは，ムスリム青年連合の運営委員会のメンバーから外れる。

また，郊外という概念に対する関係も大きな問題となってきていた（CAMGL 2003）。かつては郊外での社会教育活動がその中心となっていたが，所得と年齢上昇に伴って郊外から転居するメンバーも多かった。そして，個人としての親密な関係から地域での信頼を勝ち得てきただけにメンバーの交代は容易ではなく，多くの郊外のムスリム団体が代表者の転居や新メンバーの中産階層化などを理由に活動を停止していく。こうしたなかで，リヨン大都市圏ムスリム団体ネットワークは2004年に活動を停止する。結果的に，そのメンバーはその具体的な活動における重点の置き方の違いからイスラーム教育を中心とするムスリム青年連合，宗教儀式の実践の制度化に加えてイスラーム教育を行うオスマンモスク，エコノミーを巡る教育活動を中心に行う「諸文化の間（Entrecultures）」，イスラモフォビアを巡る法的政治的闘争へと向かう「イスラモフォビアに反対するネットワーク（Coordination contre l'islamophobie）」と4つに分裂した。それぞれどのような対抗的公共圏を目指したのだろうか。

### (2) ムスリム青年連合

ムスリム青年連合は，郊外での社会教育活動の側面を失い，イスラーム教育を中産階層を念頭にメンバー向けとメンバー外向けに運営する。メンバー向けの活動としてハラカ，キヤムが中心であることは変わりがない。外部向けには，シャティビという200人規模の学校の運営を活動の中心とする。シャティビは，最長で3年間にわたる夜間と週末を利用したコースからなっている。講義は，①イスラーム法の解釈やクルアーン学，預言者の生活などについて学ぶことを

目的としているイスラーム学，②クルアーン解釈の規則を学ぶタウヒード，③アラビア語から構成される。理論的参照軸としてはラマダンがつねに中心になっている。

　対抗的公共圏として，団体はラマダンの解釈に依拠することで，分断や共和国モデルのイスラームを宗教儀式に限定する解釈に対抗する。とはいえ，その解釈は「正解」として教師役から一方的に伝えられ，個別の経験から共通の問題を構成していくという意味での討議の特徴は弱くなっている。また，この対抗性は強い公共圏との関係でいえば，活動は事務所内で行われ，補助金の申請や実際の社会運動などの形で実際に強い公共圏と交錯することはない。

### (3) オスマンモスク

　オスマンモスクは1990年に留学生を中心に設立され，彼らが運営を担っている。場所柄，貧困層が多いものの，活動として社会教育は重要視されない。活動において内部と外部の区別は基本的にないが，内容によって，礼拝所内部のもの，フランスムスリム宗教実践地域評議会に関するものと，学校と3つに区別することができる。まず礼拝所内部では，礼拝所の維持，数百人を集める礼拝の教導，とくにフランスイスラーム組織連合の上部団体によるイスラーム法の解釈の提示や，救貧活動，断食明けのお祭りなどを行う。

　次に2004年からフランスムスリム宗教実践地域評議会ではハラール食品の製造販売や墓地の整備，イマームの養成など宗教儀式の実践に関わる事項について主導権を発揮している。そのなかで，パリモスク系のリヨン大モスク，フランスムスリム全国連合系の組織と競合関係に入っている。最後に，2008年から「エティック（ETIC）」という学校を運営している。内容は，ラマダンの思想から距離をとっていることを除けば，ムスリム青年連合とほぼ同じである。

　対抗的公共圏として，団体は個別の経験をイスラームを介して市民に共通の問題として理解することを促すという点ではイスラームを宗教実践に限定する強い公共圏に対抗している。しかし，その具体的な現れは宗教儀式の実践に限定され，さらにスカーフ禁止法を含めて政府の決定に従うので，強い公共圏と交錯することはない。

### (4) 諸文化の間

「諸文化の間」は 2004 年にリヨン大都市圏ムスリム団体ネットワークの中心メンバー 6 人によって創立された。常時 10 人前後で運営される。活動に参加するのは中産階層が多く，また若者よりも中高年，そして女性が半数を占めるのが特徴である。メンバーや関心のある人向けにハラカやキヤムを持ち回りで自宅などで組織している。ほかに，これまでのラマダンのセミナーを引き継いでムスリム団体のメンバー向けのセミナーを開催する。ただし，新たに「エコノミー」をテーマとして取り上げており，とくにイスラームに基づいた生産，交換，消費のあり方についてエコロジー団体などと協働でセミナー，発展途上国との公正な取引を目指す「フェアトレード」運動や，生産者と消費者の直接的な取引を目指す「産直」の試みなどを組織している。参加人数はその活動の種類によって，20 人程度から数百人程度まで幅広い。

彼らによれば，イスラームに基づくエコノミーは，なによりも社会正義の実現した社会（現世にとどまらない）の形成を目的としている（Entrecultures 2009）。イスラームは利子や暴利を「イスラーム上の禁止される利子（Riba）」としており，またエコノミーの分野もハラム（イスラーム上の禁止行為）であってはならない。私有財産は認められるものの，水などの自然資源は対象外となる。また貧者は豊かな者の財産に対して「喜捨（Zakat）」として権利を持っている。他にも奢侈や資源の無駄遣いが禁じられる。こうしたエコノミーの理解から，彼らは，現在の主流のエコノミーを，人間の自然な必要に応じるのではなく広告などによって人間の欲望を作り出し，必要性と無関係に消費させ，利益を最大限化すること自体が目的となっているとして批判する。そこで彼らは「消費者」としてこのエコノミーに関与するムスリムに注目し，消費のあり方を変えることによって，とくにエコノミーの観点から社会を変革しようとする。ただし，参照されるのはイスラームの知識人だけではない。たとえば，哲学者のイリイチ（Illich, I.）も技術の発展が欲望を作り出し，結果的に人間の生活を貧しくするということを批判する点において，その重要な参照軸となっている。

この団体はどのような対抗的公共圏を形成しているだろうか。セミナーや遠足は各人が数人単位で自分たちの生活を振り返り，どのような問題点があったのかを考える親密圏として機能する。そして，消費という私的と見なされがち

な行動が，自分たちの周囲の環境をはじめ隣人や，さらにはグローバルな政治経済の仕組みとしての資本主義とつながっていること（公共性）を理解することを可能にする。こうして，強い公共圏が共和国モデルのイスラームに対抗的な社会的解釈を法的に正当化することだけではなく，私的領域に介入することに抵抗する。

　強い公共圏との関係でいえば，消費を巡る政治的決定が自分たちの日常にまで影響を及ぼすと考えているだけに，消費者としての自分たちの意識や行動の変化が強い公共圏に影響を与えると考えている。ここでも公的補助金の申請などはないが，世俗的なエコロジー運動との協働関係を継続し，社会運動を通じて強い公共圏と交錯し，グローバルな政治社会改革を訴える。

### (5) イスラモフォビアに反対するネットワーク

　この団体は2008年に設立され，リヨン大都市圏ムスリム団体ネットワークの主要メンバーの1人が代表を務める。当時，ベビーシッターとして働いていたパレスチナ人女性がその認定の更新のための講習を受けようとした際に，スカーフの着用を理由とした政教分離の恣意的な解釈によって講習を受けることができなかった。事件に対して女性を支援するために集まった50名程度の支援者が中心になって活動している。

　当初は団体を作るのではなく，既存の反差別団体に訴えることでこの問題の解決を図ろうとした。しかしながら，SOSレイシズム，「人権連盟（LDH）」といった伝統的な反差別団体はイスラモフォビアについては関与したがらなかった。これらの団体によれば，イスラモフォビアという言葉があらゆるイスラームに対する批判を封じ込める効果を持つという（Hajjat et Mohammed 2013）。そしてイスラモフォビアに特化した最大の団体である「フランスイスラモフォビアネットワーク（CCIF）」も，この事件を問題化することが当時の政治状況を鑑みて，新たな禁止法の呼び水になるのではないかと考え，積極的な支援を控えた[18]。こうした状況を背景に，イスラモフォビアに反対するネットワークは被害者の支援，法的な闘争を主たる活動としながらも，メディアなどで事件を多くの人に知らせると同時に，政策決定の場に関与する重要性を主張する。

　ネットワークは対抗的公共圏として，学校などの公的機関ですら見過ごされ

る「差別」の経験者が，その経験を私的経験として自己責任化するのではなく，法の下での「差別」，公的問題として提起することを支援する。強い公共圏との交錯では，法律を通じて，ムスリムアイデンティティを理由とした不平等な扱いを正当化する共和国モデルの社会的解釈に対抗する。しかし，その問題化は現在の法律を前提としており，法律自体がイスラームに対抗的であるとき，これに対抗することはできない。また，討議の側面は見られない。

　リヨン大都市圏ムスリム団体ネットワーク解体後の諸団体の活動は以下のようにまとめられる。まず，貧困層を対象とした郊外での社会教育活動を主として行う団体がなくなり，対抗的公共圏における討議の試みも「諸文化の間」以外では弱くなる。そして，強い公共圏との関係では，行政との交渉はより困難になり，反差別の制度化が進むなかで法的闘争の有効性が高くなっている。

## 6. 結び

　1980年代初頭，郊外での分断が政策課題とされるなか，社会党の支持を受けたブール運動は郊外の住民の要求を汲み取ることなく政策的支援も失い影響力を失う。1980年代後半から第2世代の問題は，貧困や失業などの分断の側面ではなく，ムスリムアイデンティティを理由とした市民アイデンティティの不足への警戒という治安の側面が注目される傾向が強まる。その際，共和国モデルは第2世代が身につけるべき市民アイデンティティの規範として機能した。

　1987年に創設されたムスリム青年連合は，ムスリムとしてロールモデルを提示し親密圏における討議を通してアイデンティティの側面に働きかけることで，分断のなかでの第2世代の自己責任化と劣等化に対抗しようとした。こうした試みは「エスニックブラインドな平等概念」に基づくべきはずの共和国モデルの強い公共圏の実際の運用・解釈におけるイスラモフォビアな側面を明らかにしたが，強い公共圏のあり方を変容させることなく，排除されてしまう。

　1996年以降，郊外の分断に再び注目が集まり，共和国モデルの強い公共圏の「エスニックブラインドな平等概念」の形骸化への批判と宗教儀式へのイスラームの限定が同時に進む。そのなかでムスリム青年連合などは分断の解決に取り組むと同時に，世俗的な対抗的公共圏とネットワークを組む。世俗団体と

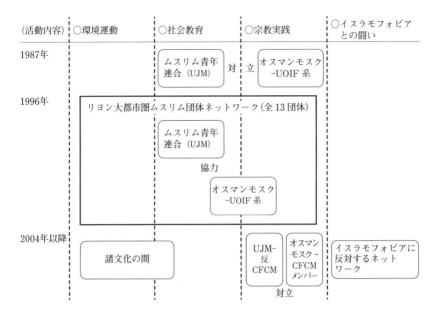

図 5-1 ムスリム団体の活動内容の変遷

出典：筆者作成

の協働は，行政がイスラーム＝宗教実践というカテゴリーを修正せざるをえない場面を作り出した。しかし，こうした対抗的公共圏の多くは個別の関係を重視する親密圏から成立しているために，実際の団体間の議論に参加した代表者が協働の話を持ち帰っても，自分の所属団体メンバーから激しい批判を受けることもあった。さらに，イスラームの宗教儀式への限定という形での政策的なムスリム団体の承認は，1998年までの全般的にイスラームが脅威と捉えられた時期からすれば，礼拝を中心とした団体にとっては支援を受けるチャンスにもなる。実際にフランスイスラーム組織連合などのムスリム団体は対抗性を捨てて強い公共圏を支えることになる。

2004年になるとフランスムスリム宗教実践評議会によるイスラームの宗教儀式への限定と「反差別および平等のための高等機関」設立による反差別の制度化が完了する。同時に，スカーフ禁止法に典型的なように，強い公共圏の法的前提としての「エスニックブラインドな平等概念」が否定され，公立学校の

あり方などが社会的解釈にとどまらず制度的にイスラームに対抗的に構成され始める。こうした状況を背景にリヨン大都市圏ムスリム団体ネットワークは分裂し，一方では強い公共圏との関係を断ちムスリム向けのイスラーム教育へ特化し，他方では強い公共圏との法的闘争，消費社会の批判運動を軸に世俗的な団体による対抗的公共圏とネットワークを組むことで強い公共圏へ働きかける。

しかし，消費社会批判にせよ，もっとも消費文化に侵されることを問題化していたのが郊外だったこと，ネットワークの正当性が郊外での社会教育活動の有効性にあったことを考えるとき，ネットワーク分裂後の諸団体も活動の正当性を失うことになる。「諸文化の間」はこの点に意識的で，現在の郊外での消費者運動を組織化しようと試みている。

また，法律が反差別の手段として有効性を高めるものだとしても，スカーフ禁止法の制度化や2010年のブルカ禁止法案成立に見られるように法律自体がイスラモフォビアな側面をもつ場合にはどうしたらよいだろうか。そして市民運動はナショナルな市民社会がイスラモフォビアであるがゆえにポストナショナルな市民運動に支持を求め始めているが，イスラモフォビアが存在するのは，フランスだけではない。そうだとすれば，一方では特定の集合的アイデンティティについての社会的解釈に抗して法的専門家による個人の普遍的な権利を基礎とした反差別の進展を促すことが，他方ではポストナショナルなものを含むより広範な対抗的公共圏と結びつくことによって強い公共圏に対抗していくことが求められている。

注
1) 本章では主としてフランスで社会化された移民出身者を第2世代と呼ぶ。また，移民出身者の大多数がマグレブ出身者であること，もっとも差別されるのが彼らであることから，本章ではマグレブ系移民出身者第2世代に限定する。
2) 本章ではイスラモフォビアを（実際のもしくは想定された）ムスリムアイデンティティを人種化し，周縁化する言動を生み出す社会的な過程として考える（Hajjat et Mohammed 2013)。具体的には「ムスリムは先生に向かない」といった発言や，モスクなどの施設の破壊などを指す。
3)「分断」とは単なる分離に加えて意識の上でも関係性が切れてしまう，社会

的基盤の喪失などの状態を指している（Donzelot et Jaillet 1999）。
4）討議についての定義は多数見いだせるが，たとえば田村（2008）は，①選好の変容，②選好における公私の区別，③論証など自己利益の観点を超える基準の設定，④異なる人々の間に共通の事柄への関心を喚起し，形成する活動であること，とまとめている。
5）本章の内容は2000年から筆者が開始したリヨン大都市圏東部における参与観察，創設期から2010年までのニューズレター「若いムスリム（*Jeunes Musulmans*）」および1994年以降は「ムスリムの存在（*Présence Musulmane*）」さらに運営委員会などの議事録や勉強会などの内部資料，運営委員会経験者27人との半構造化インタビューに基づいている。ムスリム青年連合をはじめ，ヨーロッパのムスリム系移民出身者の団体による公共圏形成の問題に関する研究はすでに複数存在するが，多くは時系列的な展開を追った研究ではない（Césari 1998; De Lavergne 2003ほか）。そのためにイスラームのアイデンティティと強い公共圏の言説の双方の相互変容を認識することができないために双方を固定的に論じてしまう傾向があった。ムスリム青年連合を時系列に追った例外的研究も存在するが，その内部構造の特性に注目しないために，ある時期からムスリム青年連合が単独ではなくネットワークとして機能し始めた点を見逃している（Boubeker et Paris 2006）。本稿は第2世代のムスリムが構成する公共性を主張する団体として，他のムスリム団体のモデルとしての機能を，組織構造においても言説においても，果たしたムスリム青年連合をそのネットワークのなかで分析する。具体的には創設からの27年間に注目し，時系列的にネットワークの言説や活動のレパートリー，活動家のリクルート方法の変化を再構成することで強い公共圏と対抗的公共圏の相互変容を把握し，どのような条件の下で対抗的公共圏が排除されずに強い公共圏を変容させることが可能なのかを検討する。
6）Ipsosホームページ（http://www.ipsos.fr/ipsos-public-affairs/actualites/2013-01-24-france-2013-nouvelles-fractures#ipsos-video）。
7）Ifop, *Enquête sur l'implantation et l'évolution de l'Islam en France*, juin 2011 (http://www.ifop.fr/?option=com_publication&type=publication&id=48).
8）二重刑とはフランスで社会化されたものの外国籍の者が，罪を犯し国内で刑期を終えた後に出身国へ送り返されることをいう。出身国に馴染めない彼らは悲惨な生活を送ったり，フランスに密入国したりすることもある。彼らは前科のために人権擁護団体も支援を控える傾向がある。
9）ただしフランスムスリム全国連盟は後に分裂する。
10）NPO，すなわち1901年法による非営利団体として成立した。メンバーにはソーシャルワーカーをはじめ，社会福祉分野で働く者が多かった。以下でメンバーや団体数は年によって変動するために概数となっている。

11) 地域団体は，当時，全国組織によって次々と支部化されていた。
12) 彼はムスリム同胞団の創設者のアルバンナー（al-Bannah, H.）の孫にあたり，この点でムスリム同胞団との類似性を見る者もいる。
13) 「親密圏」とは「家族にとどまらない具体的な他者の生への配慮，関心をメディアとするある程度持続する関係性」であり，その非対称な関係性，一定の被縛性においてアソシエーションなどの市民社会の中間団体と，その異種混交性において「共同体主義者」が描くような「共同体」と区別される（齋藤 2003）。彼らは否定的なイメージのイスラームを自ら選択したという点で，同じ困難を乗り越えたという仲間意識を持ちやすい。
14) Shura については Ramadan（2002）p.43 を参照。この点で個人が組織に優先する構造になっている。こうした傾向は NPO 一般に見られる（Ion 2012）。
15) 2000 年 1 月 30 日副代表とのインタビュー。
16) 2002 年 2 月 11 日代表とのインタビュー。
17) 2008 年 8 月 23 日 Divercité メンバー B とのインタビュー。
18) 2014 年 3 月 24 日代表とのインタビュー。

**参考文献**

Babès, L. (1997), *L'Islam positif*, Atelier.
Boubeker, A. et Paris, H. (2006), « « Les lieux communautaires » de l'islam rhodanien », *in* FASILD, *L'Exercice du culte musulman en France*, La Documentation française.
Bouzar, D. (2001), *L'Islam des banlieues*, Syros.
Brouard, S. et Tiberj, V. (2005), *Français comme les autres ?*, Presses de Sciences Po.
Brondiaux, L. (2008), *Le Nouvel esprit de la démocratie*, Seuil.
Collectif des Associations Musulmanes du Grand Lyon/CAMGL (1998), *Présentation*, 勉強会用文書．
CAMGL (2003), *Le Concept de quartier*, 勉強会用文書．
Césari, J. (1997), *Faut-il avoir peur de l'islam*, Presse de Sciences Po.
Césari, J. (1998), *Musulmans et républicains*, Complexe.
Chabanet, D. (1999), « La politique de la ville au défi de la participation des habitants à Vaulx en Velin », *in* Mabileau, A. (dir.), *Les Nouvelles politiques locales*, Presses de Sciences Po.
Conseil économique et sociale (2001), *L'Insertion des jeunes d'origine étrangère*, La Documentation française.
Donzelot, J. et Estèbe, P. (1994), *L'État animateur*, Esprit.
Donzelot, J. et Jaillet, M. C. (1999), « Fragmentation urbaine et Zones défavorisées », *Hommes & Migrations*, vol. 1217.

Dubet, F. (2001), *Les Inégalités multipliées*, L'Aube.
De Lavergne, N. (2003), « L'Islam, moteur de la citoyenneté », *Société*, no. 82.
Entrecultures (2009), *Éléments d'éthique musulmane en économie*, 勉強会用資料.
フレイザー, N. (2003)『中断された正義』御茶の水書房.
Frégosi, F. (2009), « Formes de mobilisations collectives musulmanes en France et en Europe », *Revue Internationale de Politique Comparée*, no. 16.
Geisser, V. (2006), « L'islamophobie en France au regard du débat européen », in Leveau, R. et Mohsen-Finan, K. (dir.), *Musulmans de France et d'Europe*, CNRS.
Geisser, V. et Zemouri, A. (2007), *Marianne et Allah*, La Découverte.
ハーバマス, J. (1994)『公共性の構造転換』未来社.
Haut Conseil à l'intégration/HCI (1991), *Pour un modèle français d'intégration*. La Documentation française.
Hajjat, A. et Mohammed, M. (2013), *Islamophobie*, La Découverte.
INSEE (2012), *Immigrés et descendants d'immigrés en France*, La Documentation française.
Ion, J. (2012), *S'engager dans une société d'individus*, Armand Colin.
Joppke, C. (2009), *Veil*, Polity.
Kepel, G. (1987), *Les Banlieues de l'islam*, Seuil.
Lapeyronnie, D. (1993), « De l'intégration à la ségrégation », *Cultures & Conflits*, no. 6.
Lapeyronnie, D. (1998), « L'ordre de l'informe », *Hommes & Migrations*, vol. 1211.
Makri, Y. (2000), « Notre contribution », *Présence Musulmane*, no. 11.
Makri, Y. (2002), *Notre vision*, CAMGL 勉強会用文書.
Makri, Y. (2003), *Quelle contribution citoyenne de la jeunesse musulmane de France*, CAMGL 勉強会用文書.
中野裕二 (2009)「移民の統合の『共和国モデル』とその変容」宮島喬編『移民の社会的統合と排除』東京大学出版会.
Open Society Foundations (2009), *Muslims in Europe*.
Peace, T. (2008), « L'impact de la "participation musulmane" sur le mouvement altermondialiste en Grande Bretagne et en France », *Culture & Conflits*, no. 70.
Pew Research Center (2011), *The Future of the Global Muslim Population: Projections for 2010-2030*.
Ramadan, T. (1994), *Les Musulmans dans la laïcité*, Tawhid.
Ramadan, T. (2002), *Musulmans d'Occident*, Tawhid.

Ramadan, T. (2003), « Les musulmans et la mondialisation », *Pouvoir*, no. 104.
Riboulon, F. (1999), *L'Intégration des franco-maghrébins*, Harmattan.
Simon, P. (1998), « La discrimination », *Hommes & Migrations*, vol. 1211.
齋藤純一（2000）『公共性』岩波書店.
齋藤純一（2003）「親密圏と安全性の政治」『親密圏のポリティクス』ナカニシヤ出版.
田村哲樹（2008）『熟議の理由』勁草書房.
Tchetche Apea, P. (1996), *Les Nouveaux acteurs associatifs et les formes de mobilisation collectives*, Mémoire de l'IEP de Grenoble.
Union des Jeunes musulmans/UJM (1991), *Une activité projetée pour l'année 1991-1992*.
UJM (1992a), *Le Bilan des activités*.
UJM (1992b), *Jeunes musulmans*, no. 11.
UJM (1993a), *Compte rendu du congrès annuel*.
UJM (1993b), *Past, Present & Future*.
Wihtol de Wenden, C. et Leveau, R. (2001), *La Beurgeoisie*, CNRS.
Wieviorka, M. (dir.) (1999), *La Violence*（田川光照訳（2007）『暴力』新評論）.
山元一（2014）『現代フランス憲法理論』信山社.

## コラム 2　歴史から排除される移民―知をめぐる抵抗と記憶の営み―

田邊　佳美

### 沈黙への問いかけとしての「移民の記憶」

『移民の記憶』というドキュメンタリー映画がある。アルジェリア出身の両親のもとリールで生まれた映像作家，ベンギギ（Benguigui, Y.）が 1997 年に発表した作品だ。フランスでは 1980 年代後半まで，移住という経験や現象は，個々の移民の思い出のなかにしか存在しなかった。歴史研究は移住や移民にほとんど目を向けず，移民自身もしばしば辛く複雑な過去の経験について口を閉ざしがちだった。ベンギギは当初，彼女の親世代と社会の沈黙に対する個人的な探求として「マグレブ移民の記憶」に関心をもったと語るが，「移民の記憶」は，個人の枠組みを越えた問いでもある。1980 年代からすでに，移民の子ども世代の芸術家や運動家，少数派の研究者たちの集合的な関心事として，「移民の記憶」の探求は始められていた。

### 記憶をめぐる権力関係と人種的境界

1980 年代を通して，移住や移民にまつわる過去をめぐっての個人や団体による探求や実践，すなわち「記憶の営み」は，歴史学者らが支配する過去についての知の枠組みに揺さぶりをかけた。移民史家として知られるノワリエル（Noiriel, G.）は，1988 年の著書『フランスの坩堝』で，仏歴史学が移民を正当な研究対象として扱ってこなかったと批判し，「移民の記憶」を国史の一部として承認すべきだと主張した。この後，移民史は徐々に仏歴史学の一分野となり，2007 年の国立移民史博物館開館の前後からは，公共政策にも組み込まれるようになる。

しかし，1990年代まで植民地支配をめぐる歴史研究がタブーだったフランスでは，植民地支配を想起させる旧植民地出身移民についての過去は周辺化の対象であり続けた。植民地支配を生きた移民の経験に加え，戦後多くの旧植民地出身移民が暮らした「郊外」の記憶の場，組合闘争における人種対立などが不可視化され続けた。

主流の歴史学的言説は，「科学」や「客観性」の名において歴史と記憶の差異を強調し，過去をめぐる言説の「書き手」としての権力を独占してきた。この権力関係のもとでは，「歴史」にそぐわない過去は排除されるか，その支配構造に組み込まれる。そもそも，「移民の記憶」が歴史から排除された背景には，植民地支配の歴史と連関した人種的境界の存在があり（Boubeker et Hajjat 2008），それはジェンダーや階級の問題と絡みながら，今日の社会科学と公共政策が「移民の記憶」を可視化するプロセスにも介在している。

つまり，「移民の記憶」の排除から承認への動きは，社会科学や公共政策が，既存の知をめぐる権力関係を維持しながら，移民やその子ども世代による自主的な記憶の営みを管理・支配する政治への移行と捉えられるだろう。

### 排除と支配に抵抗する記憶の営み

旧植民地出身移民やその子ども世代は，沈黙のなかに埋もれていた過去の掘り起こしと継承の営みを通して，「移民の記憶」をめぐる排除と支配の構造に抵抗してきた。

2013年には，1983年に約1か月半をかけてフランスを横断した反人種差別運動，『平等と反人種主義の行進』の30周年を機に，この出来事をめぐる記憶の営みが活発化した。現代史の1コマとして歴史に残らなかったため，80年代半ば以降に生まれた市民のほとんどは，この出来事を「知らなかった」が，2000年代初めから各地の市民団体で記憶の掘り起こしが進むと，行進の記憶の可視化は進んだ。20周年記念にはあまり関心を示さなかった政府も，2013年には記念行事への関与の姿勢を明確に打ち出した。上院での関連映画の上映会の主催やイベントへの助成など，政府は，行進の記憶を「平等と反人種主義

という普遍的メッセージがフランス社会に投げかけられた記念すべき出来事」として積極的に「承認」する姿勢を見せた。

しかし，行進の記憶の継承に早くから取り組んできた運動家や芸術家たちは，これを，国家が行進の記憶をめぐる営みの主導権を握り，脱政治化する動きだとして牽制した。彼・彼女らはとりわけ，運動の背景となった，当時の警察の人種差別的取り締まりやヘイト・クライムなど構造的な人種差別の問題を，当事者やその家族の証言から掘り起こし，展示や映像の形で再構築することで，行進の記憶を平和化させない姿勢を見せた。行進の中心人物だったジャイジャ（Djaïdja, T.）は，2013年12月，出身地での30周年記念式典に参加を打診してきた閣僚の訪問を断った。訪問拒否にさいして，彼は「30年前の運動の要求に対して，国家が有効な対策を取らなかったため，差別は今日も続いている」と発言し，記憶の「所有者」として，国家による記憶の支配に屈しない姿勢を見せた。

こうして，「移民の記憶」の担い手は，過去をめぐる権力関係において人種的な排除と支配に抵抗し，歴史の主体ないし「演じ手」になるだけではなく，批判的な歴史の「書き手」にもなろうとしている。

**このテーマに関連する文献**
ヤミナ・ベンギギ（1997）『移民の記憶——マグレブの遺産』ビデオプレス．
Boubeker, A. et Hajjat, A.（dir.）(2008), *Histoire politque des immigrations (post) coloniales : France 1920-2008*, Amsterdam.

# 第6章

## フランス教育制度における周縁化の構造
―早期離学者にみるエリート主義の伝統からの離脱・抵抗―

園山　大祐

## 1. はじめに

　本章では，フランスにおける「早期学校離れ（décrochage）」に関する研究に注目する。「早期学校離れ」は，すべての生徒に対して起こる現象であるが，同時にフランスでは社会階層の低い層により多くみられ，また外国にルーツがある生徒にみられるのも事実である。1990年代以降に，こうした学校から不適応を起こす生徒，あるいは不登校，中途退学の問題は，校内暴力や非行問題といった社会問題とも重ねられながら議論されるようになった。2000年代になると，より郊外や移民と重ねられながら，教育病理現象として焦点があてられることになる。しかしこうした現象は，1960年代から70年代の脱学校論の議論を呼び覚ますようなことでもある。以上はベルトワン（Berthoin, J.）大臣による義務教育の16歳までの2年延長（1959年1月6日付のオルドナンス），フーシェ（Fouchet, C.）大臣による中等教育コレージュ（CES）の創設（1963年），そしてアビ（Haby, R.）大臣のもと1977年からの統一コレージュの実施，さらには技術バカロレアコースの設置（1968年）や職業バカロレアの設置（1985年）による中等教育の大衆化政策に対する疑問から発している。その意味において，早期離学者のイメージが移民や外国人と重ねられることは，社会一般にみられる排外主義の傾向にも重なる危険を孕んでいる。むしろ，「早期学校離れ」と

は，教育制度の構造的・本質的な問題からくると考える。本章では，その意味で「早期学校離れ」問題を題材にフランス中等教育の学校内部構造から排除されていくのは誰なのか，そのメカニズムに注目してみたい。この点は，本書のテーマである社会的弱者である「移民」の排除を考えるうえで参考になろう。また，第1章で述べられた「業績至上主義」と，それを測る評価制度に巻き込まれた，ヨーロッパ連合（EU）をはじめとする，中途退学者を出さないための数値目標の設定に注目することは排外主義を考えるうえで重要な視点である。

　この問題は，戦後までの階層別の複線型の教育制度を，いかに庶民階層に開かれた単線型の民主的な中等教育制度にするかということから始まる。残念ながら歴史家プロ（Prost 1986; 1992; 2013）が明らかにしてきたように，初等教育から中学校への移行は，中学校の単線化とともに逆に富裕層に有利なものへと展開していく。つまり，ラテン語やギリシャ語を基盤としたエリート型の中学校とそうでないものとの区別が強化され，庶民階層には開かれた制度にはならなかった。

　こうした伝統的な中等教育にみられたエリート教育からの脱皮は，戦後の一貫した課題であり，1977年に分岐型の中学校が完全に統一課程に単線化されたが，教員文化をはじめ，すぐに修正されたわけではない。現在においてもエリート教育の伝統による弊害が，「教育爆発」とともに，不登校，逸脱行為，校内暴力，脱学校，反学校文化，いじめといった教育病理現象を浮上させている。16歳前後を境に欠席が増え，学校と疎遠になり，最終的に無資格で卒業を待たずに辞めていく中途退学者が現れ始める。とはいえ，1990年代まで，社会現象とはならず，国民教育省もこの問題に対して本格的な対応はしてこなかった。社会学において「早期学校離れ」に注目したのは，90年代以降である。中等教育の大衆化による学歴インフレを受けて，そのなかで階層間格差の問題が浮上してくるなか[1]，学業困難な児童生徒（en difficulté, en échec scolaire）[2]，複数回の留年といった学校不適応（enseignement inadapté），学校から疎遠になる生徒（en rupture scolaire）[3]，脱学校化する生徒（déscolarisé）[4]，そして無資格で退学する生徒（abandon scolaire, sortie sans diplôme）[5]に関心が向けられるようになる。こうした問題は，1960年代からブルデュー（Bourdieu, P.）をはじめ，中等教育の大衆化，教育制度の単線化に対し教育社会学研究は警笛を鳴

らし始め，階層間の不平等の再生産の問題として，制度内部に隔離や差別化がおき，「内部における排除」を生みだすと指摘されてきた[6]。具体的には選択教科の創出，外国語の選択科目[7]や，職業コースの多様化などが，進学コースへの振り分けの冷却機能[8]を働かせ，結果，一部のエリートにしか開かれない理系バカロレアを頂点としたピラミッド式のヒエラルキーが維持された中等教育制度として分析されてきた[9]。また，過度な資格社会化による細分化された職業資格とその学校も問題かもしれない（Millet et Moreau 2011）。今回の「早期離学者（décrocheurs）」の現象は，イリイチ（Illich, I.）の『脱学校の社会』における学び（教育）の制度化に対する批判，学校の装置からサービスを受ける受動的な人間，画一的な消費（労働）者となることへの批判，そしてむしろ自律的な人間とより相互親和的（convivial）[10]な社会の形成を目指すための非学校化のすすめへの甦りと感じるのは筆者だけだろうか[11]。イリイチは，その著書のなかで現代の教育の危機として，「公的に定められた学習をどんな方法で実施するかということよりも，むしろ個人の学習すべき内容や方法を公が決定できるとする考え方そのものの検討が必要なこと，（……）中途退学者や，中途退職者の割合，とくに中学校生徒の中途退学者と小学校教師の中途退職者の割合の大きいことを考えてみれば，国民が全く新しいものの見方を求めていることがわかる」としている（Illich 1970=1977, p.125）。

さて，こうした教育病理現象として「早期学校離れ」という用語を使用するようになるまえに，フランスではいくつかの用語が研究者によって使用されている。1980年代は，「学業失敗（échec scolaire）」の研究が多くみられる。その後，教育行政では「不登校（absentéisme）[12]」に注目がおかれ，研究では「学校と疎遠にある（rupture scolaire）」といった表現が使用されたり，2000年代になると国民教育省主導で全国規模な調査（Glasman et Œuvrard 2004; 2011）が実施されるが，その時は「脱学校（déscolarisation）」が使用されている。「早期学校離れ」という用語は，2009年に初めて法律が制定されてから行政用語として普及している。また，この無資格で早期に離学している若者の把握と対策は，フランスで早くから関心を持たれていたというよりは，むしろEUの政策あるいは北米のドロップアウト研究に追従した形である（Bernard 2011）[13]。

ところで，フランスにおける早期離学者数は，国民教育省評価予測成果局

(DEPP) の統計と,国立統計経済研究所 (INSEE) の統計では若干対象が異なる。DEPPでは,毎年中等教育を無資格で約14万人(フランス本土では12万2千人)が退学しているとされ,INSEEではフランス本土のみで18歳から24歳の若者で資格水準第Ⅴ[14)]以下の者が62万人(2012年)いるとしている。こうした若者の無資格者にEUおよびフランスが関心を示し,政治問題化されるようになったのは,経済,社会との関係による。人材の育成機能を持つ学校がその役割を果たし切れていないため,こうした早期離学者は経済的にマイナスとなる。ある調査では,こうした若者の生涯にかける社会政策費は1人当たり20万から30万ユーロと見積もられている(Rapport de diagnostic 2014)。事実,早期離学者が失業するリスクは高い(Céreq 2012)。また彼らが非行に走る危険も高まるとされ,法務省を中心に社会治安に対する関心が高い。こうした早期離学者が特定の学校,校種,地域(優先教育地区)に多いこと,またこれらが郊外に多いことも社会的な排除との闘いとして,とくに2005年秋の「暴動」以来関心を高め,政治問題化してきた。

つまり,早期離学問題とは,教育制度上の排除・隔離のメカニズムないし,格差の維持・再生産の問題として対応が迫られ,経済の生産性という視点と社会政策の負担との関係から関心が寄せられ,また社会的な治安という観点からも政治問題として喫緊な課題として考えられている。ここで参考になるのが,イリイチの言葉を借りれば,「学校化された世界では,幸福への道はいわば消費者についての指標で舗装されているのである」(Illich 1970=1977, p.83)。イリイチは,人の成長,あるいは学習を測定できないものとして考え,「想像力に富む努力においてのみ他人と競い,また,人の歩き方をまねるのではなく,人の歩んだ道を辿ることができる」(*Ibid.*, p.82)とする。この点で,早期離学者を測定し,補習的な学校(学習)へ再度呼び戻そうとする政府,EUの平準化政策には批判的に注視する必要があろう。

## 2. ヨーロッパ連合の影響

実は,EUでの使用語も,最初は「中途退学(drop out)」,後に「早期学校離れ(early school leavers)」となり,フランス語でも初めはその訳語は「中途

退学（abandon）」から「早期学校離れ（sorties précoces, décrochage）」とされた。フランス語の「早期学校離れ」の意味は，「取り外し，撤退，中断，後退，低下」という意味である。「軍の退却」などネガティブな意味もあるが，英語のドロップアウトに近い「abandon」より「早期学校離れ」には，「職を得る（décrocher un emploi）」といったポジティブな意味にも使える用語である。また décrocher（興味を失う，やる気をなくす，辞める）に対し，raccrocher（結びつける，関係づける，引きとめる，復帰させる）という動詞もあり，復学する意味にも使い勝手の良い用語である。

　EUでは，1995年の教育訓練白書『教えることと学ぶこと』より，若者の社会的排除との闘いとして関心を寄せている。事実，白書を通じて，当時の教育訓練科学研究開発担当（1994～1999年）であったクレッソン（Cresson, É.）は，「第2の教育機会（セカンド・チャンス・スクール）」として南仏に職業訓練と学校教育の交互教育を実践する学校を創設している（Institut de la Méditerranée 1997）（詳細は後述）[15]。社会的排除との闘いは，2000年のリスボン理事会において2010年に向けた包括的な経済・社会政策が提案され本格実施となる。そのリスボン戦略では「より多くのより良い雇用の創出」を目指すべく，「教育と訓練2010」という呼称で「早期離学者のEU平均を10％未満にする」ことが到達目標として掲げられる。この達成状況は毎年生涯学習研究センター（CRELL）がモニタリングを行い，年次経過を報告している。こうした裁量的政策調整（OMC）が新たな統治モデルとなり，緩やかな圧力を各加盟国に与えていることは間違いない[16]。

　最近では2011年6月28日に早期離学者の減少を目指した勧告がだされている。EUにおける早期離学者の定義は「18～24歳の若者で，中等教育を修了できず，教育・訓練を受けていない者」となっている[17]。イギリスにおけるニート（NEET）に近い定義である。

　2000年時点で18％に達していた早期離学率も，2005年から2013年の間に，ほとんどの加盟国で減少がみられ，なかでもポルトガルとキプロスにおいては顕著な減少がみられる。2013年現在，クロアチアの3.7％からスペインの23.5％まで国家間の隔たりがある。EU平均は11.9％である。EUでは，2009年に『教育・訓練における欧州協力のための戦略枠組み（ET 2020）』の到達目

標として 2020 年までに EU 平均 10% を目標にしている。10% 未満の国は 18 か国である。2020 年に向けた各国の数値目標をすでに達成できている加盟国は 11 か国（チェコ，デンマーク，ドイツ，クロアチア，キプロス，ラトビア，リトアニア，ルクセンブルク，オーストリア，スロベニア，スウェーデン）である。フランスは，2005 年の 12.2% から 2013 年の 9.7% に減少したものの，2020 年の 9.5% という国家目標値はまだ達成できていない（Eurydice & Cedefop 2014）。

しかし，こうした国際比較には，十分な注意が必要である。たとえば，2003 年に約半数の早期学校離れがみられたマルタは，2012 年にはその半分以下に減少している。こうしたことが 10 年未満で達成できたのには，理由がある。それは，単純な数値の読み替えという「操作」にある。つまり，イギリスの教育制度の影響を受けたマルタは，高校 1 年の終わりに受ける中等教育一般修了証（GCSE）を早期離学の基準とされていた高校 2 年以上の教育課程に満たないにもかかわらず，後期中等教育段階で取得できる資格という理由で国際教育標準分類「ISCED3C 短期」の資格に読み替えたため，早期離学者数が半減した。

マルタ当局によると，2010 年度時点において，こうした GCSE 取得者を ISCED3 に含めるかどうかで早期離学者における 10% の増減がみられるとしている（Lefresne 2014）。これは教育改革をせずして数値を改善したことになる。これこそが OMC による数値の独り歩きに翻弄された教育政策と言える。

また，フランスなどは職業研修の平均日数が 19 日と短いため，EU の調査前に 4 週間の教育・訓練を受けていないことになり，早期離学者とカウントされる。つまり，EU の早期離学者に数えられている若者のすべてがニートではないとしている。これも，国際比較の基準と各国の慣習との違いと言える。

ルフレヌ（Lefresne, F.）は，EU 加盟国における国際比較より次のような傾向を指摘している（*Ibid.*）。早期離学率が EU 平均以下の北欧，東欧諸国は，一般的に就学率が早くから高かった国であり，教育の選抜制度が後期中等教育段階までほとんどない地域という特徴がみられるとする[18]。低い離学率の国々は，早くからの前期中等教育制度の単線化の実現と，後期中等教育における職業教育の充実（社会的な評価が高い）によるとしている。事実，55 歳から 64 歳の世代における後期中等教育修了率が EU28 か国で 64.6% に対し，バルト諸国

や北欧,そしてドイツを含めた東欧諸国の平均は7割を超えるとしている。これに対し,地中海諸国（ギリシャ：47.1％,イタリア：42.4％,スペイン：35.2％,ポルトガル：19.8％など）は半数以下という。フランスは59％と中間国に位置し,アイルランドやベルギー同様に戦後に就学率を上げた地域である。以下にみるフランスは,その点では,分岐型の教育制度を重視したエリート型の選抜試験によるコースの多様化を重んじてきた点が,このような国際比較からも課題として浮上してくる。

そのため,職業資格を認定している職業高校の位置づけが単線型を重視してきた地域とは異なり,スティグマ化された歴史があり,後述するように,早期離学者にとって普通高校や中学校の普通コースから離脱することは,屈辱的な進路決定でもある。なぜなら,こうした職業資格に向けた教育に対する蔑視は,バカロレアの種類の多様化以前から存在するからである。前述したプロ（Prost 1992, pp.68-97）によれば小学校から中学校への進学を開放した際に,古典語を重視した高校進学を前提とする中等教育コレージュ（CES）と,職業コースあるいは高校への進学が予定されていない普通教育コレージュ（CEG）の統合において,1965年まで続いた同じ中学校内にAからDまでの学科による序列がその後も維持され,教授資格も区別されていたことによる。伝統的なエリート主義の前期中等教育段階におけるトラッキング[19]の効果がいまだに影響を及ぼしている。こうした内部における排除の構造は,現在においても,中学校の選択時にどの外国語（古典語を含め）を選択するか,あるいはどのような選択教科が用意されている中学校なのかによって,その中学校の価値づけがされている。教員の定期異動がないフランスでは,異動にも,こうした中学校のヒエラルキーが意識されている。とくに,管理職（校長・教頭）において顕在化する。EU諸国においても,フランスはとくにエリート型の中等教育の伝統がいまだに国民意識に残っているといえ,職業系のコースに積極的に進学することはほとんどない。次節にみるように職業高校出身者に離学者が多いのもこうした理由からである。ルフレヌの言うように,教育制度の歴史による違いが早期離学者の多少の背景にあることも忘れてはならない。

## 3. フランスにおける早期離学者の特徴

　以下，早期離学者の特徴についてフランスの事情を 2014 年 3 月の報告書（Rapport de diagnostic 2014）に基づいて詳しくみていきたい。

　まず，早期離学者とは誰なのか。この回答は意外と難しい。学校からの逃避は，一般的に遅刻，欠席，不登校，暴力・暴言行為あるいは学業成績に現れ始めるが，一様ではない。そのため正確な統計をとるのが難しい。国民教育省（DEPP）の定義としては上述したように 16 歳以上の無資格で学校を離れた人を指し，毎年約 17%（14 万人：海外領土含む）が該当する。INSEE は，無資格早期離学者（sortants précoces sans qualification）としていて，18 〜 24 歳の若者の 11.6%（62 万人）を対象とし，EU にもこの数値を提出している。「早期離学者」の定義は，2010 年 12 月 31 日付のデクレ（Décret no. 2010-1781），教育法典 L.313-7 に定義される。国民教育省においては，2011 年 1 月 31 日付の通達（no. 2011-0018）において「教育の義務―欠席との闘い」が示され，同年 2 月 9 日付の通達（no. 2011-028）において「早期離学との闘い」が提出され省庁間情報交換システム（SIEI）が設置された。その調査結果より，徐々に早期に学校を離れていく生徒の特徴が明らかとなっている。

　たとえば学力面においては，中学 1 年の学力調査における数学の結果が最下層（10 分の 1）にあった生徒の約半分は離学している（Afsa 2013）。同一社会背景においては，移民の出自を持つことはなんらリスクを高めるものではない。しかし，彼らの成績の問題は，初等段階から始まるため，就学前教育からの一貫した支援体制が必要とされている。むろん，その逆に離学者のうち 5 人に 1 人は成績の良い生徒であったとされているためすべての離学者が学業失敗を経験しているわけではない。また経済・社会面では，非富裕層出身者（34% が労働者層の父親を持ち，10% が管理職の父親を持つ），一人親家庭（27.6% が離学），母親の学歴が低い（初等教育証以下の場合 30.3%）とより離学率が高まる。しかし，報告書では，こうした経済・社会面の問題だけではなく，教育・進路や医療・健康などの問題も含めた複層的で継続的な理由が考えられるとしている。離学は，ある日突然やってくるというよりも，その過程に注目すべきである。

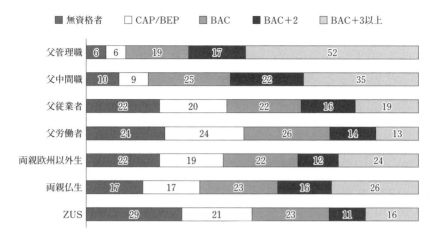

図6-1　若者の出身階層と資格（単位：%）

出典：Céreq 2012, p.15

　この研究の第一人者であるナント大学のベルナール（Bernard 2011, pp.70-80）は，その過程には3段階あるという。まず学業困難な時期（第Ⅰ期）がある。次にその困難が学校からの逃避，欠席，不登校の時期（第Ⅱ期）がある。そして第Ⅲ期は学校外における居場所（地域の若者集団への仲間入り）の形成期である。

　第Ⅰ期における学業困難は，保育学校から始まる例もあるという。ただ統計的には，小学校から中学への移行期（とくに中1プロブレム），さらには中学から高校入学，そして高1から高2への進路決定期に訪れ，その多くは職業高校への移行に当たる。職業系の中等教育段階が最後にいた学校というのはもっとも多く総離学者の約半数（49%）を占めている。普通・技術高校出身者は28.2%である。中学段階は17.1%である。そのほか5.8%である。年齢では16歳が24%，17歳が19%，18歳が22%，19歳が19%，20歳が10%，21歳以上が6%となっている。男女比では，男が57%，女が43%である（Rapport de diagnostic 2014）。

　離学者の多くがなんらかの形で，欠席しがちであることが特徴として挙げられるが，この欠席の時期も年間を通して1月（2学期）から増えていく傾向があり，この第Ⅱ期に早期発見，早期対応が必要であるとされている。さらに，

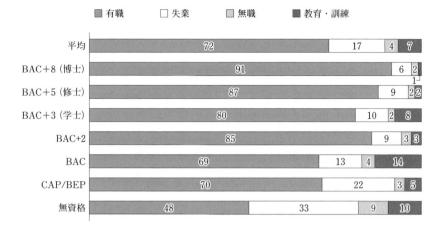

図6-2 最終資格取得から3年後の状況（単位：%）

出典：Céreq 2012, p.47

　暴力・暴言や，ハラスメント，保護者との関係など児童生徒を取り巻く環境を適切にかつ小まめに把握することが求められる。

　親の職業と若者の学業達成（最終資格）の相関は高く，父親の職業が高いほど高学歴取得となる（図6-1）。また両親の生まれが欧州以外である場合，取得学歴が無資格あるいは高校2年までに取得できる資格にとどまり，大学進学が難しくなるとされる。最終資格取得から3年経過したときの状況が低学歴であるほど失業や無職あるいは，教育・訓練の再挑戦が必要となることが判明している（図6-2）。

## 4．早期学校離れへの対応

　現在フランスの学校では，以下のような体制をとっている。まず保育学校より高校までさまざまな学習の個別支援（補習学習，教育成功個別プログラム（PPRE），教育成功プロジェクト（PRE），チューターなど）が用意される。また休暇期間にも学校を開放して補習授業が用意される。中学や高校のオープンキャンパスなどもある。そして保護者向けの講座，説明会（Malette des parents

ほか）などもある。補償教育が施される優先地区の学校では小中連携委員会が設置され，中1プロブレムや個別支援計画書の作成などが共同で行われるようになっている。中学には，特別なコースや学級（「中学付設適応普通教育・職業教育科（SEGPA）[20]」，再編入校，復帰準備中継措置など）がある（図6-3）。高校では，マ・スゴンド・シャンス（Ma seconde chance），ミクロ・リセ（Micro-lycée)，ポル・イノヴァン・リセアン（Pôle Innovant Lycéen，略称PIL），リセ・ド・ラ・ヌーヴェル・シャンス（Lycée de la nouvelle chance）など新たなタイプの小規模校にて革新的教授法のもと教えられている。これらとは別に学校の外には，SIEI，旧ミッション・ローカル（ML，現「学校離れと闘う地域担当部」MLDS），社会生活参入契約（CIVIS），社会奉仕活動，企業研修などが用意され，さらに18歳以上の年齢向けには，セカンド・チャンス・スクール（E2C），雇用・都市・防衛省管轄の職業参入公立教育機関（EPIDe），などに受け入れ先がある（図6-4）。

　こうした離学者の把握には，国民教育省，雇用省，保健省，法務省，内務省，農業省の連携および，地方自治体との情報交換が重要となる。そのためにSIEIを設置し，教育機関を含む省庁自治体間の情報交換に努め，離学後早期に発見することが目指される。国民教育省は，全国535か所の情報・進路相談所（CIO），全国5,130か所にある学校離れと闘う地域担当部と訓練資格雇用網（FOQUALE）と学校の三者間で連携をとることになっている。20万人の早期離学者に対して，18万人と連絡がとれていて，そのうちの半分に対して解決を見いだせている。解決策としては，約半数は教育・訓練機関に戻っている。3割は学校離れと闘う地域担当部のなんらかのプログラムに参加している。約1割は社会奉仕活動を行っている。8％がミクロ・リセ（Micro-lycée）などの革新的教授実践校に受け入れられるか企業研修に参加している。3％は，公的な訓練機関と契約を取り交わすことができている。

　ここでは，一例として2012年度，全国13大学区に16校設置されている再編入校（ERS）について述べる。これは，13歳から16歳の生徒で複数校で退学処分を受けた生徒を受け入れる目的で開設している。最大1校20名まで受け入れることができる。復帰準備中継措置と異なるのは，寄宿制である点で，基本的には24時間体制で生徒を預かる。期間は半年が基本であるが最大1年

まで登録ができる。パリ市にはないため，セーヌ・サン・ドニ県のある ERS を 2012 年に訪問した。インタビューによると，もともと 15 歳で来校する生徒が多いため，ほとんどが義務教育段階の最終年齢である 16 歳まで本校に在籍することになる。在籍する 8 名の生徒のうち 6 名と話すことができたが，いずれも複数の学校の規律委員会の決定で退学となっている。また復帰準備中継措置を経験している生徒もいた。訪問した学校は，敷地内に中学を持つため，同年齢層の中学生と一緒の寄宿舎で寝泊まりする環境にあり，また学力に応じて通常の学級で授業を受けることも可能となっているため，そうした環境が彼らの心を開き，自分の進路を徐々に前向きに考えられるようにしている。彼らの取り巻く家庭環境および居住地域の環境が，彼らの健全な成長を妨げている点が本人らのライフストーリーおよび教員から聞かされた。自分たちとは無縁な恵まれた家庭環境の生徒と恵まれた学校環境に初めて接していくなかで，自分の将来についてしっかりとした計画が形成されていく様子がみられた。とはいえ，教員いわく，彼らが中学校の最終学年や職業高校に復帰することはほとんど非現実的であると断言していたのが印象的である。むしろ職業訓練所 (CFA) に向けた準備を 1 年掛けて行う方が彼らの学校嫌悪を再発させず，また家庭環境の改善が見込まれにくいなか自宅から通学し，なんらかの職業資格を取得後に自立する道がもっとも近いという。

　もう一例としては，協会（アソシエーション）立学校として，雇用省と自治体が支援して設置したセカンド・チャンス・スクールがある。1994 年に設立された本協会は，マルセイユ，ミュルーズ，セーヌ・サン・ドニ，シャンパーニュ・アルデンヌの 4 つの学校を統括している。生徒は訓練生としての身分が与えられる。クレッソンが白書『教えることと学ぶこと』(Commission Européenne 1995) のなかで発案し，1997 年にマルセイユ市に最初の学校が設立している。クレッソンは，現会長である。国内で定められた憲章もあり，共通の質が保証され，教育機関への編入あるいは雇用時の共通認識が形成されている。2010 年時点，24 の協会が 62 校を束ね，14 の地方，32 の県に普及している。約 9,000 人の訓練生が通っている。約 1 人あたり 5,300 ユーロの経費がかかる。地方および県が最大の出資者であるが，欧州社会基金 (ESF) や，自治体および企業の支援も欠かせない。

入学時の平均年齢は，20.3歳であり，後期中等教育未修了者（第Ⅴ資格水準＝高校2年生）が93％に上る。女性が52％と若干多い。困難都市地区出身生徒が44％となっている。また6割がいずれの職業経験もない。21％は1年以上就職活動を継続している。1％は障がい者である。また10％はフランス国籍を持たない。入学者の8割が教育と研修を終了する。とはいえ卒業生の6割しか，何らかの社会参入ができていない。うち22％は職業資格を取得し，37％は，職に就いている。残りの4割は進路が決まっていない。職業訓練は，平均して約6ないし7か月にわたる。また，全国スポーツ大会などを通じて全62校の交流なども行われている。

　パリのセカンド・チャンス・スクールにおけるヒアリングから判ったこととして，教育目標としては，フランス語と数学のレベルを前期中等教育レベル（DNB）としており，基礎学力の保障を最優先していること。これは，フランスの中学4年生で落ちこぼれる生徒が多いこと（入学者の15％）や，高校で取得可能な職業資格（CAP，BEP）レベルが5割以上ということが反映されている。こうした教育と企業研修を2ないし3週間おきに交互に受ける。

　パリ校では，2010年では835名の応募に対し，375名を受け入れている。毎月約24名が入学する。2009年より119名の増員である。入学条件は，書類審査と面接による。約半数が自治体（パリには4か所）の旧ミッション・ローカルを介して入学している。そのほかひとづてや，インターネット情報を頼りにして入学した者となっている。出身地区はパリの生活保護率の高い18区，19区，20区あるいは郊外からが55％を占める。

　訓練先は，各自の進路計画に応じて自ら企業を訪問し，交渉することになっているが，学校の提携先企業が受け入れるケースもある。おもな企業として鉄道会社，地下鉄，郵便局，電力会社などがある。これまでに約200から300の中小企業と連携している。2010年度の訓練生の結果は，約63％が社会参入し，36％は失敗に終わっている。63％のうち，18％は資格を取得している。失敗とされる中身は，26％が中退となっている。本校から退学になったものは3％である。

　以上の取り組みより，現時点で確認されていることは，こうした改善策には限界があり，対応の遅延が課題であることである。またより早期の発見および

適切な進路指導が必要である。なぜなら，学校離れが早いほど，学校への復帰が難しいからである。学校嫌悪，自尊感情の低さ，スティグマ化された評価，自信喪失など教育上のマイナスな側面が積み重なるためである。さらに年齢とともに家庭の不和，保護者からの信頼，離婚・再婚など社会生活上の困難が深刻化する。このような生徒自身の回復，学校への信頼，期待の取り戻しのために学校のあり方を見直し始めている。たとえば，成績評価の点数化をやめ，文章で説明するようにする。また「職人リセ（Lycée des métiers）」などを設置し，生徒の希望する進路に向けたより柔軟なコースを用意する。企業研修の積極的な体験を早くから行うことで生徒の将来設計を持たせ，勉学に対する関心を高める。あるいは職業高校等の職業系中等教育機関への体験入学なども行う。

　SIEIに登録された早期離学者の代表的な進路先は，成人を対象とした生涯学習機関（GRETA），職業訓練所（CFA）である。近年は，高校の付設するような教育機関を設置している。ミクロ・リセ（16～25歳，普通バカロレアを目指すMicro-lycée 93と，普通・技術バカロレアを目指すMicro-lycée 94とSénartがある），リセ・ド・ラ・ヌーヴェル・シャンス（ヴィルユルバン市，18～25歳）などがある。たとえば，パリでは革新的高校（PIL）が新しく革新的な教育実践のモデル高校として設置された。16歳以上で，3か月以上離学状況にある生徒を対象とする。シャンチエ・エコル（Chantier-école，アヴィニョン市のルネ・シャー高校（Lycée René Char），16～18歳）では，すでに数年の離学状況にあり，社会的な困難を抱えている若者が条件となっている。3か月の復学に向けたプログラムが用意され，職業適格証（CAP）あるいは職業訓練コースに振り分けられる。「すべての子にエリートな中学・高校」（グルノーブル市，CLEPT）では，15～23歳を対象に，6か月以上の離学経験があり，中学の最終学年ないし，普通高校への復学を希望する若者を対象とし，普通バカロレアの取得を目指す。

　すぐに復学が困難だと判断したときは，社会奉仕活動（16～25歳）も選択肢の1つである。9つの分野（連帯，健康，教育，文化とレジャー，スポーツ，環境，記憶と市民性，国際開発と人道支援，緊急支援）から選択でき，6～12か月の奉仕活動に参加できる。週6日（24時間）の活動で，月570ユーロの報酬が与えられる。2012年には2万人の若者が参加している。早期学校離れの若者

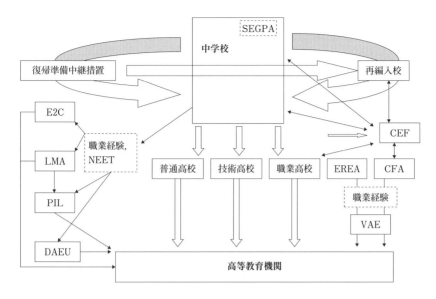

図 6-3　中学生の進学・離学・復学のメカニズム

出典：筆者作成

には，週3日（21時間）に短縮され，残りの2日間（12時間）は学校で学習する。国立教育職業情報機構（ONISEP）ではネット上（パソコン，スマートフォン，チャットに対応）に進路相談のサイト「マ・スゴンド・シャンス（私の第2の機会）」が閲覧できるようになっている[21]。

このほか，雇用・都市・防衛省管轄のEPIDeが2005年より全国に18か所設置され，自尊感情の取り戻しを目的に，寄宿制による学習と職業訓練に向けた準備を8か月から最大24か月で行う。18～25歳を対象に，1学級15名以内の少人数指導となっている。約3,000人が登録している。

一部国立遠隔教育センター（CNED）の活用も進められている[20]。

また職業参入を目指す者は，国民教育省管轄の参入総合担当部（MGI）を経由するが，2011年の同報告書では，年間59,256人の相談件数（出自：中学37％，普技高校13％，職高48％ほか）があり，復学24％，MGI自身による研修39％，契約付訓練6％，地方研修生6％，就職2％，そのほか3％，この他の受入先を探している11％，対処法が見つからない9％とされている。MGIのおもな対

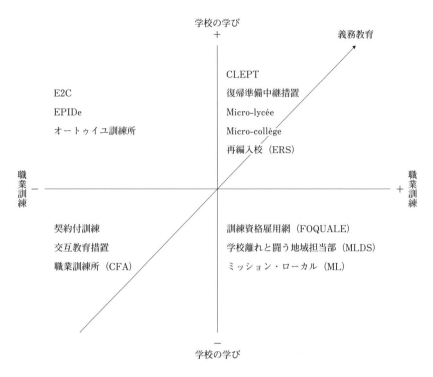

図6-4 早期学校離れとの闘いに向けた措置

出典：Berthet et Zaffran 2014, p.51

処法は資格に向けた準備86%，資格取得に向けた機関への登録9%，就職支援5%である。大多数の大学区（教育行政単位）では，MGIの進路指導後，教育・訓練機関に復学している（41〜100%）。

以上にみてきたように，中学校からの進路には多様化がみられ，さまざまな方法を活用して1人でも多くの生徒のニーズに応えるべく，教育と訓練機関を用意している（図6-3参照）。

図6-4に示されているように，義務教育年齢はもちろんのこと，その後の無資格者に対する再チャレンジのシステムが構築されようとしている。まさにはじめにで述べた脱学校化の逆の路線を辿っている。教育と訓練の場をさらに広げ，16歳以上の若者にもフォーマルな教育で対応しようとするのは資格社会

であるフランスならではなのかもしれない。

 とはいえ,若年失業率の高いフランスでは,社会保障費の負担を含めて就学前教育からの手厚い教育サービス化は必至といえる。そのようななかでも,教育のイノベーションによる「ミクロ・リセ」,「すべての子にエリートな中学・高校」,「セカンド・チャンス・スクール」などは,とてもユニークな教育実践であり,筆者がそこで見た若者は自分の進路と向き合いながら,着実に目標に向けて歩み出している姿が印象的であった。彼らは,一様に自分の居場所を見つけたと言い,引きこもりがちであった自分を振り返りながら,将来の生活に向けてアイデンティティを取り戻しつつあるという。これら教育・訓練はフォーマルな教育というより,生徒の自主性に働きかけるような柔軟で緩やかな学習計画を見守る制度となっている。教員も職業高校の免許を持った人が多く,エリート主義的な高校教員というよりは,職業高校に必要なポリヴァレントな(2教科の免許を持つ)教員であり,また企業における勤務経験などもある教員が求められている。さらにこうした学校が小規模であることは大きな要素である。各大学区に1校の設置を目指している。

## 5. おわりに

 ここまで早期離学問題について述べてきた。早期離学者には,男性,外国に出自がある,郊外に暮らす,家庭の問題を抱える,学校に適応できなかった,留年経験,学業失敗,非行などの要因がみられた。また,中等教育の大衆化による教育期間の延長による問題や,若者の雇用問題などもこうした早期離学者を吸収できない社会基盤として考慮する必要があろう。
 早期離学者対策として2009年より本格的に政府が取り組み始め,その内実も研究者によって明らかにされつつある。その結果,彼らの居場所としての職業訓練や学校教育の整備がされつつある。新しいタイプの教授法(革新的教授法,チューター制度,差異化教授法),または学校(Micro-lycée, E2C, PIL, CLEPT, ERS)の創設や,職業訓練として交互教育や,企業研修がある。あるいは防衛省の協力の下に行われている研修も用意されている。さらに早期離学の防止策として2歳児からの着実な就学前教育の開始や,保護者を対象とした教育が施

されている。

　こうした対策の効果はみられる。早期離学者数の減少，あるいは人数を把握し，ケアしていること自体は前進と言える。しかし，本章の最初に述べたように，前期中等教育段階における庶民階層や移民にとって見えにくい「隠れた」選抜のメカニズム（学校選択，選択教科，外国語の選択など）は，文化資本および社会関係資本を持った一部のみに通じた学校制度文化であり，階層の再生産が継続されるシステムとなっている。義務教育の延長と後期中等教育の大衆化によって，早期離学者と呼ばれる学校不適応が起きているなら，中等教育制度内における包摂のあり方が問われる。トラッキングのメカニズムを高校まで遅らせたように見えるが，実は中学校内部に新たなトラッキングが形成されている。上記にみた取り組みは，いずれも新たな学校の設置等であり，メインストリームの改革にはならない。学校で不適応を起こす若者にとって，必要とされる魅力的な学習・訓練機関とは何か。すべての子どもに対応した教育を施すため，多様化した生徒に応じた教育方法こそが必要であり，彼らの能力の違いが引き出される教育機関を提供しなければならない。早期学校離れの減少はこうした不平等なメカニズムに気づき抜本的な対策をとる機会と言える。

　なかでも，近年注目されているのが，教授法の見直しである。これまでパリ第8大学の研究グループ（ESCOL）が実施してきた読み書きの教授法の見直しを始め，ボーチエらとシャルロ（Bautier et Rochex 2001; Charlot 2001）などがイギリスのバーンステイン（Bernstein, B.）に倣って，中等教育の大衆化に伴って増えてきた学業失敗の原因とされる初等教育段階における不可視的な教授法（pédagogie invisible）の欠陥に対応しようとしている点はもっと注目されてよいだろう。こうした学業失敗者は，中学入学後にも発見されることが多い（Bautier et Rochex 2001; Bonnéry 2007）。小学校段階では，比較的静かで成績も平均的な生徒であるとする。しかし，中学に進学すると，抽象度が高くなり，「限定（制限）コード」しか持たない生徒の成績が一気に下がり始め，元々学校にそれほど関心がなかったり，家庭の教育アスピレーションが低いと遅刻，欠席が目立ち始め，ゆくゆく長期欠席になり，さらに留年を繰り返すという。問題行動に現れやすい男子生徒とは違い，みえにくい離学者のなかでも女子生徒にこうした傾向があるとされている（Esterle-Hedibel 2007）。また，美容師な

ど人気がある職業コースでは,選抜が行われるが,成績が不十分なおとなしい生徒の場合,高校への進学に際して希望する専攻コースに行けないことも少なくなく,こうした生徒に離学する傾向もあるとされている。

　最後に,より公正な教育の実現に必要なことは何かを考えるのに経済協力開発機構(OECD)の提案を参考にしたい(OECD 2007)。より公正な教育を目指すための10の提言は,4つの概念(1〜4),3つの実践(5〜7),3つのリソース(8〜10)で構成されている。

1. 早期な進路選択を回避する
2. 学校選択を最小限にする
3. 後期中等教育では,魅力的な交互教育を用意する
4. 第2の機会を用意する
5. 留年者数を減らすために,早期に発見し,支援を用意する
6. とくに非富裕層の子どもの学習支援のために保護者と学校の関係を強化する
7. 通常学級にマイノリティ(移民,障がい者など)をインクリュージョンする
8. すべての子どもの教育のレディネスのために幼児教育の充実を図る
9. もっとも必要とする生徒と地域により積極的な是正策を行う
10. 公正なための具体的な数値目標を設定する

　以上にみられるように,フランスの教育制度における格差,不平等の問題を是正するのにも参考になると考える。すでに一部は取り入れられているが,まだ不十分である。後の2012年にまとめられたOECDの報告書においても,フランスの教育の不公正さが指摘されている(OECD 2012)。早急な立て直しが必要であることは間違いない。2012年に誕生したオランド(Hollande, F.)政権においても,ペイヨン(Peillon, V.)国民教育大臣とポー＝ランジュヴァン(Pau-Langevin, G.)学業達成担当大臣のもとで,「共和国の学校再生協議会(La concertation pour la refondation de l'École de la République)」を開催し,2013年7月8日に「共和国の学校再生のための教育基本法」が公布された。早期離学や学業失敗を課題として新教育基本法が作成されたのは記憶に新しいところで

あり，本章で示した小規模で新たに設置された中等教育機関には，イリイチの目指す自律的な人間とより相互親和的な非学校化がみられるため，今後一般の公立学校への波及効果に期待したい。

**略語**
* BAC：バカロレア資格（大学入学資格試験）
* BAC+2：バカロレア取得後 2 年（短期高等教育修了者 DEUG, BTS, DUT, DEUS など）
* BAC+3：バカロレア取得後 3 年（学士号）
* CEF：閉鎖的教育施設（法務省管轄）
* DAEU：大学編入資格
* EREA：地域圏職業訓練校
* LMA：成人のための市立高校（パリ市）
* VAE：経験知識認証
* ZUS：困難都市地区

**注**
1) ちなみに，1950 年のバカロレア取得者は同一年齢層の 4.8%，60 年 11.3%，70 年 20.1%，80 年 25.9%，90 年 43.5%，2000 年 62.8%，2010 年 65.1%，2014 年 77.3%（速報値）。この間，留年率も減少している（たとえば，小学校 5 年間を 1 回以上の留年経験者：60 年 52%，70 年 45.4%，80 年 37.3%，90 年 27.7%，2000 年 19.5%，2010 年 13.2%）。2013 年 7 月 9 日法 37 条では，留年は例外とされている（教育法典 L. 311-7 の修正）。
2) たとえば Bautier et Rochex (1998), Bautier (2009), Best (1997), Junghans (1997), Henri-Panabière (2010), Ravon (2000), Terrail (2013) など。
3) Millet et Thin (2005) を参照。
4) Glasman et Œuvrard (2004=2011) を参照。
5) たとえば Caille (1999), Douat (2007), Esterle-Hedibel (2006), Poulet-Coulibando (2008), Rapport de l'IGEN (1998), Robert-Bobée (2013) など。
6) たとえば Bourdieu (1966; 1992), Bourdieu et Saint-Martin (1970), Œuvrard (1979) などがある。
7) フランスでは，小学校から外国語を学び始める。中学では第 2 外国語の選択となるが，英語以外における外国語の選択には，言語ヒエラルキーが存在する。つまり，エリートコースの象徴としてのドイツ語と，より一般的な選択としてのスペイン語がある。

8) 冷却機能（クーリングアウト）とは，どれだけ高い学歴を得たいか，あるいはどのような職業に就きたいかといった強い気持ち（アスピレーション）に対し，それをなだめ，すかしながら冷却することを意味する。ここでは，普通高校理数系コースへの集中，競争の過熱を抑える意味で，校種，コースの多様化による冷却機能を指している。
9) おもに，以下の社会学研究がある。Bourdieu (1966), Bourdieu et Saint-Martin (1970), Bourdieu (1992), Wagner et Warck (1973), Œuvrard (1979), Broccolichi (1995) ほか。ここ10年では Thélot et Vallet (2000), Dubet et Duru-Bellat (2000), Duru-Bellat (2002), GRDS (2012), Observatoire de l'enfance en France (2003), Terrail (2002; 2004) などがある。
10) イリイチの『自由の奪回』のなかで述べるところによれば，「相互親和とは，『産業社会の生産性とは対立する』もので，『人々の間，および人々とその環境の間での自律的で創造的な交流』のことであり，『一人一人の人間が相互に依存することの中に実現される個人の自由』」のことだという (Illichi 1970=1977, pp.222-223)。
11) 日仏教育学会の2013年度大会の基調講演で来日したミュレール (Muller, F.) によれば，フランスで進めている革新的教授法による教育実践の促進は，こうした学校に不適応を起こした生徒らが開花できる学校（教育実践）である。園山 (2012b) に詳しい。たとえば，以下の文献にみられる中学や高校が代表的である。Broux et De Saint-Denis (2013), Goémé, Hugon et Taburet (2012), Marty (2012), Institut de la Méditerranée (1997)。
12) フランスにおける不登校の定義は，「月に半日の無断欠席が9回（合計4日半）ある場合」を指す。中等における全国平均は3.9%（2012年度）。一部 (10%) の職業高校では，13.2%の生徒が欠席の常習犯とされる学校間の格差が存在する。*Note d'information*, no. 02 (DEPP 2014)。
13) アメリカでは，Dorn (1996) による研究が有名である。ヨーロッパの比較研究として，Lamb *et al.* (2011) がある。また2014年にEUも報告書 (Eurydice & Cedefop 2014) を作成している。
14) 資格水準の第Ⅴとは，職業適格証 (CAP)，職業教育免状 (BEP) の最終学年（高校2年修了）あるいは，普通・技術・職業高校2年生で退学した人。第Ⅳ水準は中等教育段階のバカロレア（高校3年修了）を未取得の人。第Ⅲ水準はバカロレア取得後2年間学んだ人。第ⅡとⅠは，バカロレア取得後3年以上の人。
15) 後に2001年より「セカンド・チャンス・スクール (E2C)」基金を立ち上げ，会長を務める。2012年現在，フランス全土に107校あり，1万3千人が学ぶ (http://www.fondatione2c.org/srt/e2c/home)。
16) 坂本昭・園山大祐 (2013) に詳しい。

17) 国際教育標準分類（ISCED 1997）で言う，前期中等教育段階（ISCED2）あるいは，後期中等教育段階の短期課程（2年以上）（ISCED3C 短期）において未修了の者を，ここでは無資格中途退学として「早期学校離れ」と呼ぶ。
18) Lamb *et al.*（2011）の国際比較研究にも同様の指摘がある。
19) 教育社会学におけるトラッキングとは，どの学校に進学するか（たとえば普通高校，技術高校，職業高校），あるいは学校内のどのコースに入るかによって，その後の進路選択の機会と範囲が限定されることを意味する。
20) 統一コレージュ内に，こうした特別な学科が用意され，約3％の生徒が在籍している。彼らの多くはすでに2年以上の留年を経験している。4年間の中学校生活を経て，不本意な形で職業高校や見習い訓練機関ないし，労働市場あるいは中途退学へと追いやられる危険にある。まさに中学校内における周縁化された学科であるが，これについては別稿に譲る。
21) マ・スゴンド・シャンスの掲載サイト（http://masecondechance.onisep.fr/#accueil）。
22) 国立遠隔教育センターの掲載サイト（http://www.cned.fr/）。

**参考文献**

Afsa, C.（2013），« Qui décroche ？ », *Éducation et formations*, no. 84, MEN, pp.9-19.
Bautier, É. et Rochex, J.-Y.（1998），*L'Expérience scolaire des nouveaux lycéens*, Armand Colin.
Bautier, É. et Rochex, J.-Y.（2001），« Apprendre : des malentendus qui font la différence », *in Les Sociologues, l'école et la transmission des savoirs*, La Dispute, pp.227-241.
Bernard, P.-Y.（2011），*Le Décrochage scolaire*, PUF.
Berthet, T. et Zaffran, J.（2014），*Le Décrochage scolaire*, PUR.
Best, F.（1997），*L'Échec scolaire*, PUF.
Bonnéry, S.（2007），*Comprendre l'échec scolaire*, La Dispute.
Bourdieu, P.（1966），« L'école conservatrice », *Revue Française de Sociologie*, vol. 7, no. 3, pp.325-347.
Bourdieu, P.（1992），« Les exclus de l'intérieur », *Actes de la recherche en sciences sociales*, vol. 91-92, pp.71-75.
Bourdieu, P. et Saint-Martin, M.（1970），« L'excellence scolaire et les valeurs du système d'enseignement français », *Annales. Économies, Sociétés, Civilisations*, 25$^e$ année, no. 1, pp.147-175.
Broccolichi, S.（1995），« Orientation et ségrégations nouvelles dans l'enseignement secondaire », *Sociétés Contemporaines*, no. 21, pp.15-27.
Broux, N. et De Saint-Denis, É.（2013），*Les Microlycées*, ESF.

Caille, J.-P. (1999),  « Qui sort sans qualification du système éducatif ? », *Note d'information*, no. 99.30, MEN .
Céreq (2012), *Quand l'école est finie...Enquête 2010*, Céreq.
Charlot, B. (2001), *Le Rapport au Savoir en milieu populaire*, Anthropos.
Charlot, B., Bautier, É. et Rochex, Y. (1992), *École et savoir dans les banlieues... et ailleurs*, Armand Colin.
Commission Européenne (1995), *Enseigner et apprendre vers la société cognitive. Livre Blanc*.
DEPP (2013), *Note d'information*, no. 13.24, MEN.
DEPP (2014), *Note d'information*, no. 02-février 2014, no. 9-avril 2014, no. 29-juillet 2014, MEN.
Dorn, S. (1996), *Creating the Dropout*, Praeger.
Douat, É. (2007), « La construction de l'absentéisme scolaire comme problème de sécurité intérieure dans la France des années 1990-2000 », *Déviance et Société*, vol. 31, 2007/2, pp.149-171.
Dubet, F. et Duru-Bellat, M. (2000), *L'Hypocrisie scolaire*, Seuil.
Duru-Bellat, M. (2002), *Les Inégalités sociales à l'école*, PUF.
Esterle-Hedibel, M. (2006), « Absentéisme, déscolarisation, décrochage scolaire, les apports des recherches récentes », *Déviance et Société*, vol. 30, 2006/1, pp.41-65.
Esterle-Hedibel, M. (2007), *Les Élèves transparents*, Septentrion.
Eurydice & Cedefop (2014), *Tackling Early Leaving from Education and Training in Europe*.
Glasman, D. et Œuvrard, F. (2004, 2001), *La Déscolarisation*, La Dispute.
Goémé, P., Hugon, M.-A. et Taburet, P. (2012), *Le Décrochage scolaire*, Scéren.
GRDS (2012), *L'École commune*, La Dispute.
Henri-Panabière, G. (2010), *Des « héritiers » en échec scolaire*, La Dispute.
Illich, I. (1970), *Deschooling Society*, Harper & Row (東洋・小澤周三訳 (1977), 『脱学校の社会』東京創元社).
Institut de la Méditerranée (1997), *L'École de la deuxième chance*, L'Aube.
Junghans, P. (1997), *La Fracture scolaire*, Syros.
Lamb, S. *et al.* (2011), *School Dropout and Completion*, Springer.
Lefresne, F. (2014), « Réduire les sorties précoces : un objectif central du programme « Education et formation 2020 » », *in* INSEE, *La France dans l'Union Européenne*, Collection Insee Références, édition 2014, pp.59-69.
Marty, P.-J. (2012), *Un projet... pour innover dans les collèges*, Delgrave.
Millet, M. et Moreau, G. (2011), *La société des diplômes*, La Dispute.
Millet, M. et Thin, D. (2005), *Ruptures scolaires*, PUF.

Observatoire de l'enfance en France (2003), *Les Oubliés de l'école*, Hachette.
OECD (2007), *En finir avec l'échec scolaire*, OECD.
OECD (2012), *Équité et qualité dans l'éducation*, OECD.
Œuvrard, F. (1979), « Démocratisation ou élimination différée ? », *Actes de la recherche en sciences sociales*, vol. 30, pp.87-97.
Poulet-Coulibando, P. (2008), « Les sorties précoces en Europe », *Éducation & formations*, no. 78, pp.175-192.
Prost, A. (1986), *L'Enseignement s'est-il démocratisé ?*, PUF.
Prost, A. (1992), *Éducation, société et politiques*, Seuil.
Prost, A. (2013), *Du changement dans l'école*, Seuil.
Rapport de diagnostic (2014), *Évaluation partenariale de la politique de lutte contre le décrochage scolaire*, MEN.
Rapport de l'IGEN (1998), *L'Absentéisme des lycéens*, Hachette.
Rapport IGEAENR (2013), *Agir contre le décrochage scolaire*, no. 2013-059, juin 2013
Ravon, B. (2000), *L'« Échec scolaire »*. *Histoire d'un problème public*, Réflexions du temps présent.
Robert-Bobée, I. (2013), « Les jeunes sortants sans diplôme : une diversité de parcours », *Éducation & formations*, no. 84, pp.41-50.
園山大祐（2012a）「戦後教育の『民主化』と『隔離化』」『学校選択のパラドックス』勁草書房，第1章，pp.1-26.
園山大祐（2012b）「フランスにおける学力，学業格差是正に向けた取り組み」『フランス教育学会紀要』第24号，pp.39-49.
坂本昭・園山大祐（2013）「ヨーロッパ教育の形成と発展過程」近藤孝弘編『統合ヨーロッパの市民性教育』名古屋大学出版会，第1章，pp.20-40.
Terrail, J.-P. (2002), *De l'inégalité scolaire*, La Dispute.
Terrail, J.-P. (2004), *École, l'enjeu démocratique*, La Dispute.
Terrail, J.-P. (2013), *Entrer dans l'écrit. Tous capable ?*, La Dispute.
Thélot, C. et Vallet, L.-A. (2000), « La réduction des inégalités sociales devant l'école depuis le début du siècle », *Économie et statistique*, no. 334, 2000-4, pp.3-32.
Wagner, K. et Warck, R. (1973), *Les Déshérités de l'école*, Maspero.

【付記】本章は，日仏教育学会2013年度研究大会にて報告した内容を基に加筆修正を施している。

## コラム3　ムスリム移民家族と第2世代

村上　一基

**移民の家族と排外主義**

　移民の家族はさまざまな批判にさらされてきた。その1つとして，子どもをきちんと育てることができないというものがある。大都市郊外の社会的困難を抱えた地域における子どもの非行や犯罪，不登校や学業不振の問題に関して，学校教職員などの教育関係者や政治家，メディアは，親が子どもの教育を放棄していると批難してきた。なかでもイスラーム系移民の家族は，大家族や一人親家族（とくに母子家庭），一夫多妻といった家族構造，さらに親のフランス語能力や文化背景の違いから，とりわけ問題視されている。

　移民家族のジェンダー規範もまたフランス社会のそれとは対立的ないし異質なものとされてきた。公立学校における女子生徒のスカーフ着用の問題に象徴されるように，女性の「従属」と統合を通じた「解放」に関する議論は1980年代以降，幾度となくなされてきた。

**複数の文化が交差する場としての家族**

　フランスは戦後の高度経済成長期にマグレブ諸国を中心とした旧植民地の国々から多くの移民を受け入れてきた。1970年代の石油危機による経済不況のため，労働移民の受け入れは停止されたが，家族の合流は認められており，労働者としてやって来た男性移民は彼らの家族を呼び寄せ，定住した。そしてそれに伴いマグレブ諸国，近年では西アフリカ諸国出身のムスリム移民第2世代のフランス社会への統合が重要な問題の1つとされるようになった。そこでは学校だけでなく家庭での教育の役割が重要視され，家族が依拠する出身社会

の伝統や家庭の崩壊が子どもの統合を妨げているなどと批判されてきた。

　しかしながら，移民の家族は解体しているわけでも，家族生活が欠如しているわけでも，さらに子どもを放任し，教育を放棄しているわけでもない。むしろその過剰なまでのつながりの強さに特徴づけられる。親の多くは家族を外部から守られた唯一の「砦」とし，子どもを厳しく管理し，地域の若者に影響されて非行や犯罪に関わらないように注意を払う。

　また移住を経験した親は子どもが将来，安定した生活を送るために学校で「成功」することが重要であると認識し，社会的に上昇移動してほしいと願っている。とりわけ家族再結合でやってきた女性たちにとって，ホスト社会で子どもをきちんと育てることはもっとも重要な使命である。しかしその一方で，フランス語の読み書きや教育システムに関する知識不足などの困難から学校教育に対して受動的な姿勢を示す親も多くいる。家庭教育の基礎をなし，積極的に行われるのはむしろ文化ならびに宗教の伝達である。彼・彼女らは自分たちのルーツを伝えることなどを通して，家族のつながりや連帯を強めようとしている。すなわち家庭では子どもの社会的な統合と出身社会の文化の維持という2つの目標の間のバランスが模索されている。家庭内におけるジェンダー規範に関しても日々の交渉と妥協の積み重ねである。それは出身社会からそのままの形で移植してきたものではなく，そのジェンダー規範をもとに移住，そしてフランスでの生活のなかで編み出されてきたものである。子どもたちは，このような複数の文化を，家族との関係性や自分たちの社会における（とくに周縁的な）地位のなかで，ときにはゆらぎも経験しながら生きている。

### 家庭教育とイスラーム

　ムスリム移民の家庭教育でもっとも重要なものは宗教の伝承である。家庭内ではラマダンや1日5回の祈祷，ハラール食品の選択など日常的にイスラームが実践されており，宗教の教えを伝えたり，クルアーン学校に通わせるなどイスラームに重きを置いた教育がなされていることが多い。親世代とは異なり，移民第2世代が（親の）出身国の文化や慣習を排除した「純粋」なクルアーン

解釈にもとづく宗教を模索しようとすることもある。だがそれは育った家族,そしてそこでの教育と必ずしも切り離されたものではない。彼・彼女らは親から伝承されたイスラームを家族のつながりの1つとして保持するか,もしくはより「純粋」な独自のアイデンティティとして解釈し直しながら探求している。

若者の間でみられるイスラームへの傾倒は,外部からは統合を拒否する姿勢として捉えられ,「テロリスト」や「原理主義」などとも同一視されてきた。だが,「過激派」に賛同する若者はごく少数であることには注意が必要である。彼・彼女らにとってイスラームは日常生活の基本原理であり,アイデンティティを構成する重要な要素として,社会化の過程や家族や地域,社会での経験を通して構築され,選択されている。

家族において文化や宗教の価値を高めることは,単なる伝統の維持として統合を妨げるものではない。家族は人びとに拠り所を与えたり,自尊心をもたらすなど,社会的な統合を補完し,その後ろ盾となるものである。

**このテーマに関連する文献**
Delcroix, C. (2013), *Ombres et lumières de la famille Nour : Comment certains résistent face à la précarité*, nouvelle édition, Payot.
Scott, J. W. (2007), *The Politics of the Veil*, Princeton University Press(李孝徳訳 (2012),『ヴェールの政治学』みすず書房).

# 補　論

## コンヴィヴィアリズム
―高まる排外主義を乗り越えるために―

マルク・アンベール
平野　暁人 訳

## 1. 排外主義とは世界人権宣言に対する冒涜である

　われわれ人類は，競合する集団同士の血で血を洗う領地争いを何千年にもわたって繰り返しながら少しずつ地球全域をその手に収めてきた。国境をもって1つの集団がまた別の集団と分かたれるわけだが，別の集団とはすなわち競合する相手であって，日常の慣習，文化，場合によっては宗教にいたるまで異なった人々の集まりを指す。競合する集団はとかく奇妙で異質な存在，そして競合するからには危険の元凶であり，悪の権化のようにみなされがちになる。この，異質な存在とみなされる競合集団に対しあからさまに向けられる敵意を指して「排外主義」と呼ぶ。

　協力し合って国境を安定させようという動きや，それに伴い地域住民の自決権が徐々に尊重されていった経緯，さらには時の権力を握っていた諸大国の号令のもと19世紀後半から盛んになった民主的国民国家の建設などといった要素が重なり，わずかずつ恒久平和を理想として唱える国際世論や国同士の垣根を越えた組織の萌芽がみられるようになった。国際連合，いわゆる国連は192の加盟国を擁し，今日ではこれらの国々が世界の領土を分け合っている。加盟国はみな等しく1948年に発布された世界人権宣言を批准しており，この宣言は誰もが享受すべき権利を明確に述べるとともに，とりわけ外国人に対するありとあらゆる差別，つまり排外主義に異を唱えるものである。

同宣言の2条は，「すべて人は，いかなる事由による差別をも受けることなく，この宣言に掲げるすべての権利と自由とを享有することができる」と謳っており，なかんずく「出身国」による分け隔ては認められない，と明言している。また同2条2項は「さらに，個人の属する国または地域が独立国であると，信託統治地域であると，非自治地域であると，または他のなんらかの主権制限の下にあるとを問わず，その国または地域の政治上，管轄上または国際上の地位に基づくいかなる差別もしてはならない」と続く。13条では「すべて人は，自国その他いずれの国をも立ち去り，および自国に帰る権利を有する」として移住について明らかに好意的であり，14条「すべて人は，迫害を免れるため，他国に避難することを求め，かつ，避難する権利を有する」は避難場所を求める人々をはっきりと肯定している。

　普遍主義とは排外主義の対極を意味するものである。したがって排外主義は本来，消滅していなければならないはずだ。まして，わたしたちみんなに共通する人間性がいまや学術的見地から確立されているのだからなおさらだろう。この世には独立個人の集まりから成る一種類の人種しかなく，1人ひとりが特異な存在にして固有のDNAをもっているのだ。しかしながら，いまなお相手によって態度や見る目を変える者も少なくなく，ときに敵意をもって同じ人間を差別したりする。その根拠は性別，肌の色，体つき，文化，宗教，そして出自の違いにまで至る。

　人権思想発祥の地フランスも例外ではなく，国内に暮らす外国人，移民系の人々，あるいはこれから来ようとしている人々に対する発言やさまざまな差別に排外主義の高まりがうかがえるばかりか，暴力沙汰まで発生している。といっても無論すべてのフランス人にあてはまる話ではなく，それどころか多くの人々が排外主義に憤り，そうした姿勢や行為に抗して，なにより被害者である外国人を助け，守ろうと活動している。こうした活動自体はなくてはならないものだが，なかなか悪の根源を叩くまでには至らず，目先の要因を取り上げ，排外主義的な，あるいは排外主義を誘発する個別の事例を解明しようとするのが精一杯なので，その成果には限界があるといわざるをえない。

　また，排外主義の高まりは多岐にわたっている。事はフランスのみならず地球上のほぼすべての国に及んでおり，いまや世界的な問題である。したがって

排外主義だけを特殊な，個別の性質をもった現象として切り離すのではなく，他のいろいろな，全世界規模で立ち向かわなくては解決できない問題の数々と併せて捉えなくてはならないだろう[1]。そしてまた，排外主義の高まりは現代における人間としての在りかたを，ひいては，わたしたちの人間性の進歩を問うものである。世界はいま，1948年の世界宣言へと至った精神とは裏腹に，人間性剥奪のプロセスに入ってしまったといえる。なんとかこの退歩のプロセスをひっくり返さなければ人間性そのものが破滅へと引きずり込まれかねず，すでに数多くの研究者がその兆しを認めている。排外主義の高まりはそうした人間性剥奪のプロセスに欠かせない要素として，いわば相乗効果を生んでいるのである。

　したがって，排外主義の高まりを乗り越えるための条件は1つしかない。世界を人間性剥奪へと続く小路から解放してやるべくあちらこちらで動き出した反撃作戦が互いに連携してより一層の力を発揮すること。つまりパーコレーションの段階にまで到達すること。それこそコンヴィヴィアリズム運動が生ぜしめようとしているものなのだ[2]。はたして世界から人間性が剥奪されつつある根底にはなにがあるのか。人間性を守り抜くにはどんな方法があるのか。そしてコンヴィヴィアリズムはその方法たりえるのだろうか？

## 2. 世界から人間性が剥奪されつつある根底にはなにがあるのか

　この「根底」を理解するには，人間性そのものの歴史に深く分け入り，それがどんな風に生まれたのか，人間はどのようにして大きな類人猿のなかから抜きんでて，世界を人間らしくしていったのかに改めて考えを巡らせる必要があるだろう。

　種としてのヒトの個体はそもそも，同種の別個体に対しすんなり共感や好意を抱けるようにはできていない。むしろ互いに反目し殺し合う傾向が強く，したがってヒトとヒトとの関係が命のやりとりから和平を旨とするそれへと取って代わられるまでにはかなりの時間を要した。なるほどホモ・ファーベル（homo faber）が地球上に姿を現したのは何百万年も前のことではある。そしてそれ以来，多種多様なヒトが他の類人猿たちと一線を画し，技術を開花させ，

向上させて,火を操ったりそれなりに複雑な言語を使いこなしたりして暮らしていた。けれどそれでも,聖なるものという概念の導入あるいは誕生が,ヒトという種の進化の歴史における空前絶後の転回点を生ぜしめた——ジラール (Girard, R.) の説にしたがえば——と思しき時期からはまだわずか10万年しか経っていないのである。当然ながらその時期を祖先崇拝の黎明期と位置づけるべきだろう (Girard 1972)。また芸術においても同様であることは,フランスやその他の地域に現在も残っている,装飾を施された洞窟の存在が証明している。

　これが人間性の,あるいは人間性の獲得というものの真の始まりである。人間たちはお互いを共同体のメンバーとして認識し合い,身内の死を重んじるとともに,目にはみえない世界の存在を思い描いた。その世界が共同体の暮らしに何らかの意味を与えた可能性もあるだろう。だからといって彼ら黎明期の人々が,己の存在がもつ権力や影響力を行使したり,名誉欲を満たしたりするための諍いを起こさなくなったわけではないが,この転回点を境に政治的なものは信仰を支えとし,争いをなくせはしないまでも大量殺戮を激減させ,いわば制度としての犠牲にとどまれるようになった (Godelier 2007)。それまでの時代との劇的な断絶が人間性の始まり,世界が人間性を獲得していく始まりである。モース (Mauss, M.) は,社会の秩序は人間が「殺しあわずに対立する」段階を必然的に経由すると盛んに説いている。文化人類学的見地からの実に大胆な仮説である (Mauss 1902-1903)[3]。

　なるほど確かに,その後ヨーロッパで生み出されたいわゆる「近代」によって人間は大きな一歩を踏み出した。それ以降,各共同体の内部に関していえば有力な宗教が定着し,いくらか平和にもなった。しかしそれでも大量殺戮は繰り返され,とくにキリスト教徒とイスラーム教徒,またカトリックとプロテスタントの対立が顕著だった。やがて合理性が「啓蒙」をもたらし神秘的なものを葬り去ってしまった後は,宗教の権威は「世界への幻想」もろとも低下していった[4]。

　これを受けて社会の秩序は政治的自由主義を基に構成されるようになった。そこには基本的人権という理想,民主主義をはじめ,それまでの進歩の成果が数多く含まれており,1948年の世界人権宣言もその1つである。ところがや

がて物質主義的な構造が人々の関心を覆い尽くしてしまい,「近代」と競合するイデオロギーを次々に生み出してゆく。(経済) 自由主義, 社会主義, 無政府主義, 共産主義である。これらはいずれも, 技術および経済面でのパフォーマンスに軸をおく社会の推進に一役買う結果となった。かくして, 個人と個人のあいだに合意を成り立たせ, 対立やもめ事を抱えてはいても同じ1つの社会に共存させておくという機能を備えているはずの政治が, 第2次世界大戦以降どこの国でもほとんどあたりまえに, もっぱら経済成長のための政策を断行することにばかりかまけるようになってしまった。われわれの社会はいまや経済成長という夢に支えられ, 礎を固められている。

　しかしながらその夢は広がるほどに競争を, 技術と経済をめぐる狂騒的なレースを社会の内側に, あるいは1つの社会とまた別の社会とのあいだに勃発させ, 過去に闘われてきた戦争の数々に勝るとも劣らない負の影響をもたらした。競争の果てに, より強い者はより弱い者に対しますます強権的に振る舞うようになり, また自然があらゆるものの下におかれたのである。人間による人間の搾取。機械による人間の搾取。人間と機械による自然の搾取。それらすべてが一体となって人間性の破壊と, その剝奪へとつながりかねないプロセスを引き起こしているのである。

　かくして経済成長という夢はエントロピーの脅威を煽り立てる存在に成り果てた。人間社会の礎を固めるものは——かのモースの仮説に応えるならば——反す刀で人間社会を破壊してもいるのである。あまつさえその礎自体にも亀裂が入っている。というのも経済成長はもはや夢以外のなにものでもないからだ。高度に工業化された国々の成長がしだいに鈍ってきているのがその証拠だろう[5]。われわれの人間性はこのようにして袋小路にはまりこみ, 世界中のリーダーたちは恐慌にあわてふためいて行き当たりばったりの対応を繰り返す。この五里霧中ともいうべき状況のなかでコンヴィヴィアリズムのマニフェストは, もはや残された選択肢がたった1つであることを明確に示している。一連の成長政策を, また同様に成長政策一辺倒の古臭いイデオロギーを乗り越えるのだ。

　再び世界を人間らしくするために立ち上がらなくてはならない。すなわち未曾有の闘いを通して, 想像力を変革し, 新たに考え抜かれた理想のもとに社会制度を整え直し, しかるべき土台の上に人間性を改めて据える (Castoriadis

1975)。これこそ件のマニフェストの提言であり,永久成長の虚妄で糊塗するような手段に頼らずとも社会のつながりを,また個人と個人の協力関係を織り上げる牽引力となれるはずの理想,すなわちコンヴィヴィアリズムなのである。

### 3. コンヴィヴィアリズムとはどんな解決策なのか？

コンヴィヴィアリズムとはさまざまな説を取り入れた多遍的な教えを指す。これに近い発想として,20世紀はじめの日本で宗旨を異にする知識人たちのもとに展開されたプロジェクトがあり,1912年の設立時には渋沢栄一も発起人の1人に名を連ねていた[6]。最盛期には日本のみならずアメリカ,ヨーロッパを股にかけ数千人の賛同者をも集めたが,ある時点から頭打ちとなり,発足後約30年で潰えてしまう[7]。西洋に存在するいくつもの宗教や,仏教,神道,儒教などからの「いいとこどり」を通じて「人間性の獲得に寄与する」新たに共通の思想信条のようなものをもたらそうと試みたこの混合主義は「帰一教会」,英語では The Association Concordia と名づけられた[8]。

今日われわれの提唱している「コンヴィヴィアリズム」にもこの帰一教会に通じる面がいくつかあるが,より正確な定義を期して,マニフェストからその一部を引用しておこう。「コンヴィヴィアリズムとは,自然の資源には限りがあることをしっかり自覚したうえで,世界をどう大切にしていくかについて,またその世界の一部であるわれわれ人間の在りかたについて,ともに心を砕きながら人間同士が競い合い協力し合って生きていけるような原理原則を真摯に希求している既存の教えすべてを指す名称である。宗教,非宗教の別は問わない。既存の教えに新たなものがさらに加わってそれまでのものを根底から覆そう,あるいは超克しようとするのではなく,既存のもの同士が互いに問いを投げかけ合う運動といえる。その大本にあるのはいつ起こるともしれない惨劇を前に一刻の猶予も許されないという危機感である。長く受け継がれてきた1つひとつの教えからとくに優れた部分を採り上げ,なんとしても守ってゆこうとする試みである」(Alphandéry *et al.* 2013, p.25)。

混合主義には多遍主義的な面があり,それが証拠にコンヴィヴィアリズムはすべてを解決する完全無欠で普遍的な教えではなく,地球上のさまざまな人間

集団がもつ文化的特性に合わせていくつもの形をとり，いろいろなバージョンに対応できるよう求められるものである。とはいえ，学説としての基盤を共有するために確認しておくと，コンヴィヴィアリズムが確立を志す社会秩序は以下に述べる4つの原理に則っていなければならない。私にはこの4つが，あらゆる人間と人間の間に，また人間と自然の間に広げられた相互依存宣言（これはマニフェストの副題でもある）における骨子を成すように思われる。マニフェストを引用しながら簡単に紹介していこう[9]。

　　**共通の人間性という原理**：皮膚の色，国籍，言語，文化，宗教，財産，性別あるいはセクシュアリティの一切によらず，人間性とは唯一無二のものであり，社会を構成するひとりひとりの名のもとに尊重されなければならない。

　ここでは言明されていないが（ただし同テクストの他の箇所で触れられている）すべての源として自然があり，人間はその娘，天地万物にみなぎる生命の娘であって，自然はただ敬うほかなく，それはすなわち私にいわせれば生命そのものへの敬意なのである。

　　**共通の社会性という原理**：共通の社会性という考えかたを通じて主張したいのは，われわれはなによりまず社会を形成する生きものであり，人間にとっていちばん大切なのはお互いの関わり，すなわち社会的な関係性なのであって，これは純然たる個人主義的な在りかたとは相容れないものだという点である。

　それはまた，さらにいえば，人間は「われわれ」という形を成し，集団を作り上げ，ともに管理すべき「公益」を有すると自覚しているということでもある。

　　**個体化の原理**：上述した原則を遵守する限りにおいて，コンヴィヴィアリズムは，特異にして変化する個性を誰もができるだけ主張できるようにして

くれる。個体化には存在する力と行動する力を認識し発展させるための闘いを経ることが不可欠である。ただしこうした闘いは時として人間を諍いに陥れるだけでなく，この世界の暴走，身の程知らずな行い，傲慢さの根源にもその存在があることを忘れてはならない。

**節度と創造性を備えた対立の原理**：人は誰でも生まれながらにして自分だけの個性を主張したいと望むようにできているのだから，ときに対立して当たり前だろう。ただしそれはあくまでも，共通の社会性という，競合関係を破滅ではなく実り豊かなものにしてくれる枠組みをゆるがさない範囲に限られる。対立，競合関係は，集団や政治と人間から成る共同体，そして公益に資するためにこそ発揮されるべきであって，それらを損なうためではないのである。一般意思は民主的な方法で形成されるようにしなければならず，全体の利益を守る共通の法として提示されるのが重要で，人はみな男女を問わず自らの個人的な要求にこの法を優先させなくてはならない。

このマニフェストにはこれだけの壮大な志が込められている。人類の進化をしかるべき路線へと戻すこと，またそのためには永続的な成長ではなくコンヴィヴィアリズムを志向するよう人間をシフトさせること。言い換えれば，プラクシスの法則のもとに「お互いを，そして自然を労わりながらともに働く」姿勢を心がけること[10]。これは途方もなく急進的な発想にして，変化を可能にする意志の力であり，それを支えているのは，人間性剝奪のプロセスが始まっている今このときにあって，われわれにのしかかっている危機の数々から身をかわすにはそうするしかないのだという確信に他ならない。この知的攻勢が実を結んだ暁には，もはや排外主義の巣食う余地などなくなるはずだ。

　実をいえば，排外主義に抗して地道に闘っている人たちの大半，ならびに世界中でもかなりの人数がすでにコンヴィヴィアリズムを十全に実践しながら暮らしている。コンヴィヴィアリズムはいまや男女を問わず多くの人々，とりわけ，個人であれ何らかのグループや団体のなかであれ，人間性を核とし，かつ自然を敬う社会を築き上げようとがんばっている人たちの心の底に縮ねられているのだ。市民社会に溢れるイニシアティヴがそのなによりの証しだろう。彼

ら彼女らは外国人を迎え入れ，その人たちのために場所を譲り，差別はしない。これこそ共通の人間性という思想の表れである。ただしこれは現段階ではまだ群島というか，さまざまなオアシスから成る列島のようなものとして世界に点在し，世間一般の人間性剝奪現象が引き起こす広汎な砂漠化を食い止めているだけに過ぎない。

けれどそのオアシスこそが，コンヴィヴィアルな社会を築き上げるためのヒント，足がかりになっている。したがって，砂漠の侵攻を食い止め，人間性剝奪と排外主義が描く上昇カーブをひっくり返すうえでこれ以上ないチャンスであるその足がかりを活かしていかなければならない。とりわけ地域レベルで展開されている外国人の待遇に関する膨大な数のイニシアティヴなどはその好例であり，本書においても取り上げているところである。かくしてわれわれは，より生きやすく，支えていきたくなるような未来の社会を，お互いと自然とを労わりながらともに働ける社会を構築してゆくのだ。

注
1）国境をまたいでの移民が増えている件についても同様である。1962年の時点で世界の移民総数は6,500万人，それが現在では2億5,000万人以上に達している。
2）多種多様なネットワークを取りまとめる「市民勢力の三部会（États généraux du pouvoir citoyen）」を中心とした，市民社会発の非公式な色合いの強い動員形態。2013年，知識人約60名によってマニフェストとともに掲げられたこの旗印のもとに，2014年5月，150を超える団体が結集することを決めた（Alphandéry et al. 2013）。このマニフェストはカイエ（Caillé, A.）を中心に2010年，東京の日仏会館で開かれたシンポジウムを受けて発信されたものである。シンポジウム開催の呼びかけはアンベール（Humber, M.）が音頭を取り，とりわけフランス側の参加者であるラトゥーシュ（Latouche, S.），ルノー（Renault, M.），ヴィヴレ（Viveret, P.）とともに行った。また，マニフェストの起草にはフランス以外の国の知識人も参加した。
3）当該論稿の初出は『社会学年報（L'Année Sociologique）』1923-1924年，第2シリーズ所収。その後，Mauss（1963）に採録。
4）ウェーバー（Weber, M.）はシラー（Schiller, F.）のこの表現を援用している。Weber（1905）を参照のこと。
5）ゴードン（Gordon, R.）は，あと数年なら高度成長の期待がもてる国もいく

つかあるが，いずれにせよ経済成長の鈍りは普遍的な傾向である，と示している。Gordon（2012）を参照のこと。この鈍りは，生産性の向上と物質的なゆとりとをもたらしうる抜本的なイノベーションが枯渇したことによるものである。したがって生産ならびに物質的ゆとりのレベルの「キャッチアップ」は——中国やその他数か国がやっているような形であればできないこともないかもしれないが，とはいえ——地球資源の枯渇のみならず，成長の潜在的な可能性の枯渇にまでぶちあたる。最近，サマーズ（Summers, L.）とクルグマン（Krugman, P.）は，世界が百年に一度の停滞期に入ったという見方を裏付けた。クルグマンのブログも併せて参照のこと。"Secular Stagnation, Coalmines, Bubbles, and Larry Summers", November 16, 2013 3：47 pm（http://krugman.blogs.nytimes.com/2013/11/16/secular-stagnation-coalmines-bubbles-and-larry-summers/?_php=true&_type=blogs&_r=0）．

6）数年後の1923年にクローデル（Claudel, P.）と日仏会館を設立した人物。

7）早くも1930年代半ばにはみられた軍国主義の台頭により少しずつ運営が難しくなり，1942年に解散。

8）欧米の言語で読めるものは次のとおり。Kenjo, T., "Religion and Morality: Shibusawa Eichi's writings in connection with Kiitsu Association (the Association Concordia)" (http://www.princeton.edu/~collcutt/doc/Kenjo_English.pdf). Omori, H. (2009) "Liberal religious education in Japan from the Jinzo Naruse's perspective", in Wilna, A. *et al.* (eds.), *Religious Education in a World of Religious Diversity*, Waxman Verlag, pp.101-115. 成瀬仁蔵は帰一協会の設立者の1人である。

9）この宣言に際しては筆者が草稿を執筆し，これはマニフェストの準備段階で討議にかけられた。第1稿は完成と同時にサイト（http://lesconvivialistes.fr）に上げられている。さらに，追って寄せられた材料も併せて修正し，その後出版した拙著に収録されている。Humbert（2013）参照。次のURL（http://www.altersocietal.org）も参照のこと。

10）これは先述した拙著の副題である。

## 参考文献

Castoriadis, C. (1975), *L'Institution imaginaire de la société*, Le Seuil.

Girard, R. (1972), *La Violence et le sacré*, Grasset（古田幸男訳（1982），『暴力と聖なるもの』法政大学出版局）．

Godelier, M. (2007), *Au fondement des sociétés humaines*, Albin Michel.

Gordon, R. (2012), "Is U.S. Economic Growth Over? Faltering Innovation Confronts the Six Headwinds", *National Bureau of Economic Research*, n° 18315, août 2012.

Humbert, M. (2013), *Vers une civilisation de convivialité*, Éditions Goater.

Alphandéry, C. et al. (2013), *Manifeste convivialiste ; déclaration d'interdépendance*, Le Bord de l'eau (http://www.lesconvivialistes.fr).
Mauss, M. (1902-1903), « Essai sur le don. Forme et raison de l'échange dans les sociétés archaïques » (有地亨訳 (1962), 『贈与論』勁草書房).
Mauss, M. (1963), *Sociologie et anthropologie*, PUF (有地亨訳 (1973), 『社会学と人類学』弘文堂).
Weber, M. (1905), *Die protestantische Ethik und der "Geist" des Kapitalismus*, Archiv ffc Sozialwissenschaft und Sozialpolitik (梶山力・大塚久雄訳 (1955-62), 『プロテスタンティズムの倫理と資本主義の精神』岩波文庫).

# 第Ⅱ部

## 排外主義との闘い
―地域レベルで民主主義を取りもどす―

# 第7章

## 参加と反排除
―ブルターニュにおける取り組み―

ミッシェル・ルノー
平野　暁人 訳

## 1. はじめに

　外国人居住者の統合は政治的な側面抜きには語れない。依然投票権すら認められていない彼ら彼女らが一方で公共政策の策定に参加しているという事実がその最たるものである。本章では，「外国籍市民」たちを公共政策の策定に参加させるべく活動する地方公共団体の取り組み「外国籍市民に関する諮問委員会」を扱う。まだ設置されて間もない同委員会だが，これまでとは違った市民権の行使を実践してみせている。

　フランスでは1789年の革命により，あらゆる市民は権利において平等である，という考えかたが認められ，次いで1793年憲法によって，「フランスでの定住期間が1年を超える外国人のうち，フランスに職をもち自活している者，またはフランスに財産を取得している者，または配偶者がフランス人である者，または養子をとっている者，または高齢者を養っている者，または人類に多大なる貢献をしたと立法府から認められた者」という条件のいずれかに当てはまる外国人すべてに市民権が与えられた。ここから明らかなように市民権をめぐる概念とは広く開かれており，普遍主義的で，一種の互恵性に基づいたものである。いわば（国家や公益，あるいは他の市民に）資する者，（時間や労働を）提供する者だけが権利，すなわち市民権を獲得できるのである。

しかしながら，そうした憲法発布時の理想は現実とはかけ離れているといわざるをえない。権利上の平等が謳われているその裏に，生活環境をはじめ社会資本や知的資本，経済状況，その他さまざまな格差に基づいた事実上の不平等が隠されているからだ[1]。とくに，「不可視化され（invisibilisés）」，社会の隅に追いやられて，権利の平等を定めた制度の論理とは相容れない経歴をもつ人々にとって，これら不平等の要素の意味するところは大きい。そして，それよりさらに切実な問題を市民権に関して抱えているのが，1793年憲法で言及されている諸条件を満たしているにもかかわらずその恩恵に浴していない外国籍の居住者たちだろう。

EUはこの矛盾した状況を，「居住市民権（citoyenneté de résidence）」という概念によって法的に表現した。なるほど確かに多くの人々が，働き，時間を提供し，社会全体の成熟に貢献していながらも公的・政治的な領域に関与する手立てを奪われたままになっているのではないだろうか。近年のフランスにおける政治の動きはそうした状況を一切省みず市民権と国籍とを極めて密に結び付けており，フランス国籍の取得は難しくなる一方である。

そうしたなか，居住市民権を推し進めようとする自治体レベルでのさまざまな取り組みが存在している。本章ではその全体像を網羅的に扱うのではなく，イル・エ・ヴィレンヌ県議会が参加型民主主義政策の一環として近年設置した「イル・エ・ヴィレンヌ県に居住する外国籍市民に関する諮問委員会（CCCNE）[2]」を中心に取り上げるものとする。流れとしてはまず同県の諮問委員会の仕組みについて，とくに前述のCCCNEに焦点を当てる形で一通り紹介し，続いてことさら大きな意味をもって作用する「言葉の力」について触れたのち，最後にCCCNEの設置を，公共政策の性質における1つの変化である「他人を気づかう＝ケアの政治（politique du soin）」という枠組みのなかで捉え直してみたい。

## 2．イル・エ・ヴィレンヌ県に居住する外国籍市民に関する諮問委員会
：民主的な問いかけのための新しい場

CCCNEは2011年，イル・エ・ヴィレンヌ県議会が推進する参加型民主主義政策の1つとして創設された。2011年の県議会選挙において示された「市民との約束（pacte citoyen）」のロジックの一環に位置づけられる制度である。

かつて与党[3]が交代して同県が大きく左に振れた際，参加型民主主義を前面に押し出す方針が打ち出されたことに伴い先行する7つの諮問委員会が2005年に設けられており，さらにこれを補完する形でその後の選挙に基づきCCCNEを含む2つの委員会が新たに設置された。

　これらの委員会は市民の種々のアソシエーションが県政に関与していく際の手続きとして主軸の一端を担っており，透明性を促進すること，民主主義をいっそう高め，県の議決内容や公共サービスの質を向上させることなどを公的な目標として掲げている。また，県議会議員たちが多角的に検討できるよう材料を提供することもこれに含まれ，委員会が媒介となって議員（与野党問わず）と「市民社会（société civile）」出身のメンバーとの交流を行う。後者は県内でさまざまな活動に取り組む人々の代表という位置づけであり，CCCNEの場合でいえば移民関連の問題に取り組んでいる組織（アソシエーション，公共機関，参入支援組織，有識者など）がこれにあたる。

　具体的な活動内容は各委員会がそれぞれ決定するが，委員会の活動領域に関わる特別な政策（たとえば，高齢者・障がい者に関する広域計画に基づく施策）や，あるいは全諮問委員会に関係する「横断領域」の範囲に含まれると判断されるもの（たとえば，県とコミューン間協力公施設法人との間の契約の更新や，優先権を認められる人々の問題など）については県議会からの諮問の対象となる場合がある。

　各諮問委員会は勧告という形で地域の公共政策に貢献し，議会がこれを毎年検討する。これらの勧告ならびにそれに対する県議会の対応はすべて年次報告書に記載される。ヒアリングも毎年，複数回実施され，県議会の運営する委員会のうち各諮問委員会の上部機関にあたる委員会（CCCNEであれば「連帯委員会（commission solidarité）」）がそれぞれ担当する。

　諮問委員会を構成するメンバーは次の4つの委員枠（collèges）に分類される。議員枠，さまざまなアソシエーションや法人組織の枠，「有識者」枠，そして最後に「住民」枠で，これは参加型という趣旨を強化し，より開かれた委員会にするために2013-2014年度から改定された諮問委員会憲章を受け，最近追加された。

　CCCNEは，庇護申請者，身寄りのない外国籍未成年者の受け入れ，緊急時

の宿泊施設提供といった課題が地域社会の前面に現れ始めていたなかで困難な船出を余儀なくされた。これら先行する個別の問題に「汚染」されず公正な考察を加えるにはどうするべきか。そうした観点から外国に出自をもつ，あるいは外国籍をもつ人々により本格的に参加してもらうことがなんとしても不可欠となった。については，1983年の設立以来さまざまなコミュニティに属する複数のアソシエーションをまとめ上げ，外国人および外国に出自をもつ住民層の支援やカウンセリングにあたったり，社会への統合を促進したりといった活動を行ってきた「レンヌ異文化間アソシエーション連合（UAIR）[4]」に協力を要請し，同連合のメンバー数名が「有識者」枠で諮問委員会に参画する運びとなった。

また，とりわけ会合を準備する際など，相手方の代表者と協議して事を進められる環境を整えるべく，新たな委員長選びも重要な課題として浮上した。委員長の選出にどれだけの時間をかけるかは委員会に一任し，落ち着いて進められるよう，また委員会のメンバーなら誰でも立候補できるよう計らった。その結果，UAIRの代表を務めるトゥシャール（Touchard, D.）が立候補の末，委員長に任命された。

この時点でさまざまなテーマが挙げられた[5]。

①会合の開催周期について（それまでは各委員会の自主性に任されていたため。CCCNEは3か月に1回，年間で計4回の開催で合意した）
②委員会の名称をどうするか（これについては次節にて詳しく述べる）
③外国人や外国に出自をもつ住民に関わる活動を行っているアソシエーションや諸機関と可能な限り広汎に連携していく必要性について
④問題群（あるいはいくつもの異なる問題群）を検討し，CCCNEの事業における具体的な機軸を打ち建てる必要性について（各委員会の役割は，県議会に対し実際的な勧告や提言を行うことである。こうして最初の機軸が採択された）
⑤委員会がどんな機能を果たしうるかを考えるに際して，県内だけでなく，県外で実現されている取り組みにも目を向け，そこからヒントを得ることの重要性について（地理的な近さから，「外国人の市民権に関するナント市評

議会 (CNCE)[6]」 (Konaté 2008) によるナントの事例が参考にふさわしいと判断され，委員会の会合内で CNCE のメンバーに対しヒアリングを実施することで合意した）

⑥委員会のメンバーが――他の委員会の経験や形態にヒントを求めるという意味で――「現場」へ足を運び，重要な活動を牽引している，あるいは委員会がより豊かな見解を培っていく一助となりうる施設や人員と直に接触できるようにすることの重要性について（原則として年間最低1回は視察を行うとの案で合意した）

続いて，委員会が今後どのような活動を行っていくか，その方向性をテーマとした最初のディスカッションでは，いくつもの議題が挙げられた。

「移民の歴史について，たとえば県の記録資料館と提携して博覧会を開いてみるのはどうだろうか。実際に UAIR ではレンヌ市立記録資料館と同趣の企画を実現させている」
「雇用と参入を統一テーマとして。県議会の試みを紹介することも活動の一環として捉えていいのではないか」
「教育についても取り組むとともに，教育諮問委員会と合同で話し合う機会も得られるとよいのでは」
「外国人および外国に出自をもつ高齢者について。トゥシャール氏より，同テーマを扱うにあたりさまざまな取り組みを行ってきたジロンド県やイゼール県の例が挙げられた。現存の各コミュニティがどのように変容してきているか把握することも喫緊の課題と見受けられる」

一連の議論を通じて最終的に浮かび上がってきたのは，人口の高齢化というコンテクストにおける外国人高齢者の問題である。この問題は比較的見過ごされてきた観があり，その特筆すべき理由として，長く受け継がれてきたしきたりにより，高齢者の世話を公的なレベルではなく私的な問題に閉じ込めてしまっている点が挙げられる。またこの傾向は，高齢者・障がい者に関する広域計画に基づく施策の設置へ向けて県が推し進めている準備作業とも符合する。

第7章 参加と反排除　　173

さて次節では，以上の事実関係の外観を踏まえたうえで，この「装置」によってもたらされた分析的問題のいくつかに触れてみたい。

## 3.「言葉の力」

諮問委員会発足後，まず議題に上がったのが会の名称についてだった。一連の議論には，①「外国人」であること，②その外国人であるという「身分」と「装置」の設置との関係，という2点によってもたらされている問題の核心がありありとうかがえる。

かくして，2012年12月に（創設当初の紆余曲折を経て）委員会の「仕切り直し」ともいうべき会合が開かれた際，UAIRの委員長を務めるシャトミ（Chatmi, A.）は，外国人ならびに外国に出自をもつ住民たちは都市共同体の主体的な一員でありたいのだ，と力説し，さしあたり委員会にシンプルな名前を付けるところから始めようと提案した。シャトミによれば，権利へのアクセスはその先への入り口になりうるもので，県議会の権限に属する（と同時に当該諮問委員会の活動の中核に在るべき）分野ではそれがいっそう顕著である[7]。したがって，共通の意義を見出したうえで一丸となって事にあたるのが重要なのである[8]。ここで確認しておくと，県が運用する政策の策定に参加する，というのが全委員会に共通の原則であり，枠組みをなしている。そうした機関としての役割が，いずれ委員会に参加するかもしれない層の住民たちならびに広く一般の人々にもすんなり伝わるような名前を選ばなくてはならない。以上の点を踏まえて議論を進めていくといくつか不可欠な要素が明らかになった。それは，①外国に出自をもつ人材（外国の国籍をもっている人だけでなく）に加わってもらうこと，②だからといってレッテル貼りにつながるような名前を選ばないこと，③形式（名称）と実体（委員会による考察，見解の内容および実際の活動）をきちんと一致させること，である。

これらの議論からみえてくるのは言葉それ自体のもつ「力」であり，また社会から疎外されたり色眼鏡でみられたりといった状況下に置かれている人，あるいは自分が「勘定」に入っていないという感覚を抱いているかもしれない人の耳に言葉がもたらしうる特別な響きである。たとえば，「市民（citoyens）」

と「住民 (habitants)」という用語をめぐってこんな議論が起きた。市民権という用語を狭義に捉えるなら、外国人は完全な市民とはいえず、投票権の問題もその一角に過ぎない。そうなると、市民と外国人とがイコールでないかもしれないにもかかわらず、市民という言葉しか冠していない委員会を立ち上げてよいものだろうか。

一方、住民（あるいは「居住者 (résidents)」）という概念なら市民権の定義に付いて回るそうした限定的な側面を免れる利点があるものの、こちらはこちらで行為の集積よりも身分それ自体に根ざしている印象を受ける。市民権からは責務と行為の集成が連想されるのに対し、住民という身分はどちらかといえば「そのようにされている」感じがあり、受け身である。それなら「市民」の方が、都市共同体の成員、権利と義務といったものと同義であるという点で適切だろうとの結論にいたり、最終的には「居住市民権」という考えかた——議論の最中には出てこなかった概念ではあるが——に行き着いた。以下にその過程で挙げられた候補の一部を記しておけば、「イル・エ・ヴィレンヌ県における外国に出自をもつ人々に関する諮問委員会」「外国に出自をもつ市民に権利を開く諮問委員会」等々である。最終的に決定した名称は合議に付されることとなり、結局、後日開かれた会合の席でようやくある名前が採択されたのだった。それが「イル・エ・ヴィレンヌ県に居住する外国籍市民に関する諮問委員会」である。「名前」や「言葉」といったものが、パフォーマティヴな性質をもつさまざまな特性や表象と結びついているのが見て取れるだろう。言葉は現実や状況、人物に形を与えるのであり、オースティン (Austin, J.) の初期の表現を借りれば「何かを言うとはすなわち何かをなすことでもある」となる (Austin 1970)。

言葉とは存在のありように深く根を下ろしており、名称をめぐる一連の議論は、「外国人」であることそれ自体によってもたらされている問題の核心を如実に物語っている。かくして、さまざまな不平等や権利へのアクセスの問題が最重要事項として現れてきたのである。これらはまた「傷」を負わされたという感覚にもつながり、しかもその感覚は時として深く根を下ろす。バトラー (Butler, J.) が力を込めて指摘している通り、言語活動もまた生身の身体とつながっているのである。「事は相手の生理的な幸福を脅かしかねない言葉や言

い方があるというだけにはとどまらない。言葉の受け取り手の身体もまた，文字通りの意味で，他人の言い方ひとつで屈強にもなれば脆くもなるのである」(Butler 2004, p.25)。

　「権利へのアクセス」の問題は，市民権のありようや，一個の人格にどれだけの尊厳が認められているのかを如実に示す鏡なので，そこでどのような対応がなされるかは，とりわけ高齢化していくお年寄りの問題を考えるうえできわめて重要なポイントとして浮上した。行政機関と初めて接触した際に嫌な思いをした人ほど，権利に訴えようとしない傾向にある。あそこで心無い扱いを受けた，あの人たちから「ぞんざいな口を利かれた」といった気持ちが刷り込まれてしまうからだ。なかにはそのときのトラウマからもう2度と行政には頼りたくないという人たちまでいる。ひどい対応で自尊心やアイデンティティが損なわれた，というパターンは頻繁に耳にするところである。

　また行政機関とのやりとりは，それまでの，ただでさえ苦労の多かった道のりと重なるため，いっそう辛く感じられてしまう。彼ら彼女らの出身国の行政機関は往々にして民主的とは程遠く，そうした相手とやりとりしてきた経験からそれでなくても警戒心が増しているところへ，相手からの行き届かない対応や言葉遣いを受けてますます頑なになってしまうのだ。しかもそうした過去の道のりというものは人により千差万別で，四角四面の制度的論理とはその性質からいってそもそも相容れないのである。

　他方，権利へのアクセスが敬遠されることで，そうした困難にみまわれている人々や境遇自体を目に見えなくするプロセスも生まれてゆく。これは移民にかぎらず，疎外と隣り合わせの状況下で暮らす人々すべてに関わる問題である。条件の上では平等であるはずだという気持ちがあるだけに，不平等な扱いがかえって辛く感じられ，敬遠という態度につながりかねない。上述の「目に見えない」という表現は会合のたびに繰り返し聞かれた。これはとりもなおさず，高齢となった移民の実態がきちんと把握されていないこと，そもそも接触しづらい存在であるうえ，従来型の受け入れ窓口にもほとんど姿を現さないという傾向に帰着する。彼ら彼女らの文化に馴染まないから，あるいはそうした場所が多文化仕様になっていないからなど理由はさまざまだ。

　ではこの「目に見えなさ」を乗り越えるためにはどうすればよいのだろうか。

UAIR では数年前から協同で活動している「トピック（Topik）」という団体とともに，人々が自由に思いのたけを吐き出せる場として，「聞き合う木」を意味する「アルブル・ア・パラーブル（Arbre à Palable）」を開設した。フランスではよく知られているのだが，アフリカにはそれぞれの村もしくは界隈ごとにこの「アルブル・ア・パラーブル」があり，住民たちはそこへ集って，なにか問題となっていることがあればみんなで話し合えるようになっている。そこに持ち寄られるアイディアを具体的な企画や建設的な価値観へと発展させること，お互いから学び合うこと，ひいては平和的な営みを広めることなどがこの「仕組み」の狙いである。こうした経緯から UAIR は「アルブル・ア・パラーブル」を高齢者たちとともに設置し，CCCNE では委員会としてその現場の視察へ行けるようにする旨が決議された。

　「アルブル・ア・パラーブル」ではみんなが交代で発言でき，とりわけ高齢の参加者が孤立して寂しい思いをしないで済むようになっている。2014 年 4 月には CCCNE のメンバーらが UAIR の施設へ足を運び，高齢者を対象とした回に出席した。当日は，CCCNE のメンバーであり「アルブル・ア・パラーブル」の案内役も務めるワルー（Warou, F.）から運営方針について詳細な説明もあり，さまざまな側面をもつ高齢移民たちの社会における位置づけをテーマに文化の垣根を越えて和気あいあいと意見交換したり，お互いの話に耳を傾け合ったりする場となった。以下にその一部を示しておく。

① 歴史と記憶をテーマとした取り組み（例として，奴隷制を扱った催し，あるいはブラジル舞踊「カポエイラ（Capoeira）」のアフリカ起源説を追ってみる，など。これらはいずれも，2014 年 3 月にレンヌで開かれた「トラベリング・リオ・フェスティバル」の一環として企画された「有色人種」のフランス社会における位置づけをめぐる討論会でたたき台とされたものである）
② 諸権利の申請支援（年金，介護，給付金など）
③ 文化活動の活性化（さまざまな地域に固有の音楽，歌，ダンスなど。ブルターニュ地方も含まれる）

　「アルブル・ア・パラーブル」が定める原則の 1 つとして，社会における境

遇や地位，出身国，宗教などに関係なく誰でも自由に発言できること，またお互いに敬意をもって耳を傾け，一切の価値判断を行わないこと，というものがある。ちなみにこの日の出席者は約 30 名，うち数名は入居先の高齢者施設から職員付き添いのもと参加していた。

　参加者たちは順番に口を開き，自らの経歴，権利へのアクセスを試みたときのこと，家庭環境の変化や滞在許可証の更新，あるいはその両方に際し悩みの種になるのはどのようなことか，などについて思い思いに語った。以下に参考としていくつか記しておく。①社会権へのアクセスが難しい，②共済組合の手続きが煩雑でなかなか申し込めない，③行政機関やサービスがいろいろありすぎる，情報がうまく得られない，④権利や住居を得られるかが滞在権および滞在許可証の有無に左右される，⑤フランス語の習得に関連する悩み。

　もちろん大切なのは理解しようとする姿勢，ならびに理解してもらおうとする姿勢であり，これは先述の「言葉の力」により生まれるものである。UAIR はサン・シールの高齢者施設と協定を結ぶことで，同施設の居住者と，外国に出自をもちフランス語に難のある高齢者とが気軽に交流できる機会を設けている。

　そうしたアプローチの紹介に加え，このときの視察をきっかけとして CCCNE との共同作業も生まれた。CCCNE のメンバーらが「アルブル・ア・パラーブル」の参加者を招き，次のような現状について思うところを述べてもらったのもその一例として挙げられる。外国籍の高齢者もしくはその家族，あるいは両者ともに，県の在宅支援やその関連機関とほとんどコンタクトをとらずに暮らしているが，彼ら彼女らが「目に見えなく」なっているのはなぜなのか。この問いに対し参加者らが挙げた要因には以下のようなものがあった[9]。

「こういう状況は想定していませんでしたし，親にとっても子どもたちにとっても，他人が親の面倒を見るというのは想像しがたいことなんです。（……）もっと下の新しい世代になるとまた違ってくるかもしれません」
「サービスにかかる費用と支援に関する情報，両方ともに問題があります。私の場合でいえば，ホームヘルパーさんに渡す時給を県が負担してくれる支援制度があるなんてこと自体，誰も教えてくれませんでした。（……）そも

そもの収入が少なすぎて、家計を一通り賄ってしまったらもう外部サービスを頼んでお金を払おうなんて考える余裕はないです」
「高齢者がいったん子どもに住まわせてもらうようになったら、たとえば住居相談のような形で外部の人間が干渉するなんてとても考えられません。なにしろ子どもの家ですから」
「遠慮みたいなのもありますよね。外から来る人たちはいろんな国の文化について教育を受けてないから、生活習慣を理解してくれないんじゃないか、なんて不安になっちゃうんですよ」
「親の面倒をみる子どもが複数いて、その子どもたちのなかで意見が割れている場合とか」
「施設の方に空きがなかったり」

また、次のような指摘にも同意の声が多く寄せられた。フランスでは家族が散り散りに暮らしており、子どもたちがすでに親のそばには住んでいないケースも多いため、否が応でもサービスに頼らざるをえない。人生の最期のときまで自宅を離れたくないと願う人々にその意を遂げさせてあげられるような方策を施すことが、県議会にとって今後の課題の1つとなってくるだろう。かくして話題は「他人を気づかう＝ケアの政治」へと及んだ。CCCNE自体もまた、その一端を担う装置となりうるはずだ。

## 4.「他人を気づかう＝ケア」の政治とは？

諮問委員会は参加型民主主義の見地から導入されたものだが、それにとどまらず、公共政策というものの意味するところを根底から見直し、一連の不平等に関する問題を細部に至るまで注視するという役割を体現しているように思える。すなわち自治体の住民が身を置いている「現実の」生活環境にいっそう目を向けるということ。同時に「寄り添い合う社会」の到来と切り離せない「ケア」という概念も重要になってくるだろう。「ケアの多様性と力学を別の言葉で表現すれば、寄り添うこと、そして好意である。つまり社会は「好意的である」義務を、いってみれば社会自身、ひいてはその成員である各個人を好もし

く意識する義務を負っているのだ。そして国家の方は監視や傍観ではなく「寄り添おうとする」姿勢をとらなくてはならない。1人ひとりに手を差し伸べ，温かく支援してくれる国家，実行力をもち，不具合を調整してくれる国家（……）それこそが未来にあるべき国家の姿であり役割である」（Guérin 2011, pp.116-117）。

　デューイ（Dewey 2011）が先鞭をつけた実践的見地においては，「他人を気づかう」ことが社会生活の中心的な要素の1つになるとされている。CCCNEが高齢化する外国人というテーマを採用したところにもやはり，「他人を気づかう」という見地が，文化的多様性と密接した側面を盛り込むことでより時宜に適った形で表れているといえよう。単なる言葉遊びではなく，好もしく意識する（bien veiller）と好もしく生き，死する（bien vieillir）とは分かちがたく結びついているのである。

　そうした「他人を気づかう＝ケア」の政治は，私たちの社会をその血脈で潤そうと狙っている排除の論理ともつながっている。これを踏まえて，ゲラン（Guérin, S.）の主張を参照しておきたい。「人と人との社会的な結びつきは，助け合い，サービス，他者への配慮，お互いの気遣いといったものを通して成り立っているが，そこにはまた贈与，協力，他者に寄り添うことなども含まれている」（Guérin 2010, p.168）。したがって，さまざまな個々人の行動や複数の人間による共同作業，多彩な制度，機関，対策のあれこれすべてが好意的な社会を支え導いてゆくヒントになりうるのであり，そこでは「他者嗜好（goût de l'autre）」（Lasida 2011）が社会的な結びつきの肝になっているのだ。不可視性ならびに孤独の問題を前に，ラズィダ（Lasida, E.）はコルティナ（Cortina, A）から借用した「絆（alliance）」の論理（その対極にあるのが「契約（contrat）」）を改めて提示している（Cortina 2005）。絆とは，対話を通じて，お互いの不完全さを認め合うことにより培われるものである。他者を抜きにして自己がありえないのは人類学的にも明らかであり，「他人を気づかう＝ケア」の政治，他者に関心と好意を向ける政治の原点といえるだろう。

　絆をめぐっては他者に共感する能力（Lasida 2011, p.116）も併せて重要になってくる。先述の「アルブル・ア・パラーブル」やCCCNEでの議論を介して共有された痛ましい表現や嬉しい言葉もそうした絆の産物にほかならない。対

話の場におかれることで参加者たちは，自らを取り巻く困難な状況を社会的な角度からアンケート調査するプロセスに取り組むことになる（Dewey 1975, p.54）。最初のうちはとりとめのない話ばかりだったり感情的になりがちだったりしても，しだいに「自分にとって譲れないものは何か」が各人の口から聞かれ始めるのだ。そうして段階を踏みながら，それぞれが自分の生き辛さ，うまくいっていないところ，満たされなさを生みだしている事や物について因果関係を明らかにし，現状に照らして選択しうる可能性を一緒になって探ってゆく。そのうえで解決へ向けて具体的な目標と適切な手段を見極めるのである[10]。

「アルブル・ア・パラーブル」という取り組みからは，こうした形のアンケート調査――当該ケースではCCCNEと共同で行われた――が，公共政策の改善，および外国に出自をもつ高齢者を日々悩ませている「困難な状況」の解決を目指すうえでどのように作用するのかがありありとみてとれる。参加者たちは対話を通じて「誰かの立場に立ってみる」機会を与えられるわけだが，これを「誰かの立場を乗っ取る」あるいは，「誰かの立場を代弁する」とはきちがえてはならないのであり，逆に「誰かに立場をあけわたす」ことで，どうすれば他者を理解できるのかを学ぶのである（Hache 2011, pp.48-49）。

このように，参加型民主主義に基づいた一連の仕組みは新たにいくつもの視点をもたらすと同時に，その1つひとつについて話し合う機会を設けることで，他者から学び，また他者を「目に見える」存在にして「勘定に入れ」られるようにしてくれる。当該ケースの諮問委員会のような制度的措置は，複数の議論の場を通して具体像のみえてきた「他人を気づかう＝ケア」の政治という観点にしっかりと立脚したものといえよう。

CCCNEが選んだ外国人あるいは外国に出自をもつ高齢者というテーマは上で述べた事柄と見事に呼応している。高齢化はとかく国にとっての負担や衰えという角度から扱われがちだが，一方でそこから継承し豊かになれる機会が，すなわちより好意的な社会を実現するチャンスが秘められているのだ（Guérin 2010, p.169）。そして中央政府の腰が引けている以上，地方公共団体とそこに属するアソシエーションとが，より活気に満ちた，コンヴィヴィアルな社会の実現を考えるという喫緊の課題を引き受ける機関となる[11]。

## 5. 結論

「イル・エ・ヴィレンヌ県に居住する外国籍市民に関する諮問委員会（CCCNE）」はこれまでにも他の自治体で導入されてきた同種の取り組みの系譜に連なるものである。私が思うに，CCCNE はそれ自体，「寄り添い合う社会」および「他人を気づかう＝ケアの政治」――特別弱い立場にある者，疎外されている者，目に見えなくされている者といった存在にとりわけ目を向けてゆくことを旨とする――が出現したことの帰結として位置づけられるのではないだろうか。政治や民主主義をめぐる通り一遍の考えかたや抽象的な概念とはかけ離れたところで CCCNE は，身近な「物事」に市民を積極的に参画させる装置として誕生した。なお，「物事（chose）」という語はこの場合，アッシュ（Hache, É.）が指摘している通り，「（……）語源に遡った意味合いにおいて，つまりみんなにとっての事件（affaire），それなりの数の人々を巻き込み一堂に会させる事件として」用いることができるだろう（Hache 2011, p.177）。当該委員会はその性質からしてあらゆる市民に声を与え，多様な視座へ自らを開いていくという展望に根差している。そしてそれにより外国籍をもつ市民たちは「公的活動の参加型製作所」（Fournieau *et al.* 2012）に貢献できるのである。

注
1）このことは，社会学者モリヨン（Morillon, A.）が「トピック（Topik）」に関して行った指摘にも通ずるものである（Morillon 2007）。
2）Comité consultatif des citoyens de nationalité étrangère habitant en Ille-et-Vilaine.
3）フランスの地方議会は議院内閣制型の制度をとっている。県の場合，県議会議員選挙により選出された議員の互選により県議会議長が決まり，県議会議長が県の行政府の長を兼ねる仕組みである。これは，地域圏（région），コミューン（commune）でも同様である〔編者注〕。
4）Union des Associations Interculturelles de Rennes.
5）これらの材料に関しては，一部は筆者が委員会の活動に参加した際に見聞したものであり，そのほかは会合の議事録から得ている。間違いや脱落につ

いてはすべて筆者の責任に帰されたい。
6) Conseil Nantais de la Citoyenneté des Étrangers.
7) ここで簡潔に確認しておくと，社会福祉に関わる分野（補助，社会手当，活動連帯所得など）はとりわけ県議会の管轄である。
8) これらの材料はとくにこの会合の議事録から採用しているもので，筆者も出席していた。
9) CCCNE の 2014 年 4 月 11 日会合議事録より。
10) この形式にするにあたっては，Dewey（2011）にヒントを得た。
11) たとえば Humbert（2013）など。

**参考文献**

Austin, J. (1970), *Quand dire c'est faire*, Seuil, traduction française de : *How to do things with Words*: The William James Lectures delivered at Harvard University in 1955, Ed. Urmson, Oxford, 1962（坂本百大訳（1978），『言語と行為』大修館書店）.
Butler, J. (2004), *Le Pouvoir des mots. Discours de haine et politique du performatif* (1997), Éditions Amsterdam（竹村和子訳（2004），『触発する言葉――言語・権力・行為体』岩波書店）.
Centre d'analyse stratégique (2012), *La Participation des habitants : trois pistes pour rénover la politique de la ville*, *La note d'analyse*, n° 278, septembre.
Code, L. (1995), *Rhetorical spaces: essays on gendered isolation*, Routledge.
Cortina, A. (2005), *Alianza y contrato* (2001), Editorial Trotta.
Dewey, J. (1975), *Démocratie et éducation* (1916), A. Colin（松野安男訳（1998），『民主主義と教育 上・下』岩波書店）.
Dewey, J. (2011), *La formation des valeurs* (1939), La Découverte.
Fournieau, J. M. *et al.* (2012), « La portée de la participation du public sur un territoire : études des transformations de milieux, de dispositifs et de représentations », *Programme de recherche : Concertation, Décision et Environnement*, Ministère de l'Écologie, du Développement durable, des Transports et du Logement（http://www.gspr-ehess.com/documents/rapports/RAP-2012-CDE-V1.pdf）.
Fung, A. (2006), "Varieties of Participation in Complex Governance", *Public Administration Review*, vol. 66 supplément, December, pp.66-75.
Guérin, S. (2010), « Expérience du don et du care, société de service et personnes âgées », *Gérontologie et société*, 2010/4, n° 135, pp.167-186.
Guérin, S. (2011), « Du care à la société accompagnante : une écologie politique du concret », *Écologie & politique*, 2011/2, n° 42, pp.115-134.
Hache, É. (2011), *Ce à quoi nous tenons. Pour une écologie pragmatique*, La

Découverte.

Humbert, M. (2013), *Vers une civilisation de convivialité*, Éditions Goater.

Konaté, A. (2008), « Nantes : les étrangers ont la parole », *Altermonde*, Hors-série n° 5, « Pays de la Loire, l'effervescence solidaire », juillet.

Lasida, E. (2011), *Le goût de l'autre*, Albin Michel.

Morillon, A. (2007), « Intégration, accès aux droits des immigrés et lutte contre les discriminations en Bretagne et Pays-de-la-Loire », Les rendez-vous ResO Villes, Centre de ressources politique de la ville Bretagne-Pays de la Loire, février 2007.

Renault, M. (2013), « Prêter attention-Une approche transactionnelle des démarches d'élaboration participatives d'indicateurs sociaux », *Séminaire « Construction et Représentations du Bien Être »*, MSH Alpes, Grenoble, 3-4 décembre.

# 第8章

# 異文化間共生および市民権に関するルーベ市委員会
―進化を続ける参加型民主主義機関―

マチルド・ドゥ・リル
フロランス・ジャニ゠カトリス
平野　暁人 訳

## 1. はじめに

### (1) ルーベ市の特徴

　ルーベ市はフランスの北部に位置しており，フランス国立統計経済研究所（INSEE）の調べによれば人口は2009年の時点で約95,000人，うち18.6%が移民により構成されている。フランス全体で移民の占める割合は8.5%なので，この数値は2倍にあたる[1]。ルーベに暮らす移民がこれほど多い背景には，ルーベ市が位置するノール県やパ・ド・カレ県の炭鉱，あるいはルーベの紡績産業など大規模な産業化で知られてきたこの北部地方に，19世紀と20世紀を通じてたびたび流れ込んできた移民の波がある。

　そうした移民の存在に加え，ルーベ市のもう1つの特徴として挙げられるのが所得の際立った低さだ。貧困世帯の割合は46%で，基礎自治体としてはフランス中でもっとも高い[2]。失業率は成人人口の4分の1を超え，2000年代終わりには28.7%[3]に達した。これらネガティブな要素が1つの都市に集中している現実は，「社会的市民権（citoyenneté sociale）[4]」という概念そのものに問いを投げかけている。フランスの福祉国家（État social）としての機能の衰えが，一部の市民たち，なかんずくもっとも貧しい市民たちから社会に参画す

る能力を削りとっているのである。

　また，経済面での貧しさに加えて，格差の度合いが群を抜いているのもルーベ市の特徴であり，都市として地域社会に連帯をもたらす能力が問われている（表8-1参照）。

**表8-1　不平等が顕著な上位3都市での税込み・社会保険給付前の収入**

| 都市名 | 人口 | 平均月収（ユーロ） | 最裕福層上位10%の最低月収 | 最貧困層下位10%の最高月収 | ジニ係数 |
| --- | --- | --- | --- | --- | --- |
| ヌイイ・シュール・セーヌ | 60,501 | 3,708 | 10,726 | 992 | 0.53 |
| パリ | 2,234,105 | 2,087 | 5,607 | 489 | 0.50 |
| ルーベ | 95,028 | 795 | 2,065 | 4 | 0.48 |

注：INSEE, 2010年調べ。人口10,000人以上の市町村（海外県を除く）対象。「ジニ係数」は所得分配の不平等さを測る指標で，係数の値が1に近いほど不平等が大きいことを指す〔編者注〕。
出典：「不平等監視機構（Observatoire des inégalités）」の記事（Http://www.inegalites.fr/spip.php?article 1790）より筆者作成。

### (2) 共生が問われる場所

　したがって，ルーベ市は幅広く多様な文化を内包しており，これは潜在的な豊かさのしるしでもあるのだが，経済的には依然として貧しいままであるといわざるをえない。社会的連帯（cohésion sociale）や「共生（vivre ensemble）」をどうやって実現していくかについてはすでに数年にわたり市の最優先課題の1つとして議員からも市民団体からも指摘されている。

　2011年に設立された「異文化間共生および市民権に関するルーベ市委員会（CRIC）[5]」は移民の統合をテーマに掲げる，市の審議会である。ルーベ市で活動する複数のアソシエーションを含むさまざまな要素からなっており，市内に暮らす多種多様な移民およびその後続世代に対し，市としてどの程度まで取り組んでいるかを市自らが公表できるようにするための参加型民主主義に基づく機関とみなされている。ルーベ市によって導入されたこのCRICという仕組みは政府が特別に関心を寄せている2つの大きなテーマを結びつける役割を担っている。1つは国内の移民の統合について，もう1つは参加型民主主義機関についての問題である。

### (3) 本章の構成

CRIC を対象として行った研究[6]により，フランスの大きな都市に暮らす移民系住民の存在をすくい上げるうえで当該参加型民主主義機関が担う役割を問うことができた。本章ではまず，この「参加型民主主義機関」という仕組みの起源をみてゆく。ちなみに，現在の CRIC は 2011 年発足だが，その前身として「移民系住民に関する議会外委員会（CEMPI）[7]」があり，こちらはすでに 1970 年代にはルーベ市に誕生していた。次に，CRIC は「積極的参加要請（impératif participatif）」——市民と協議するのは議員の至上命令である——というロジックのなかに組み込まれており（Blondiaux 2008, p.15），近年の同委員会の改組がそれを示しているという点について述べる。そして最後に，移民系住民の高齢化という観点に絞って CRIC を検討してみたい。これについては高齢の移民系住民を対象に活動する CRIC のワーキング・グループの取り組みをたどることがそのまま，CRIC という参加型民主主義機関の射程と限界とを見定める作業につながるだろう。

## 2. ルーベ市の移民系住民に関する参加型委員会の成り立ち

CRIC が現在のような市の審議会という形になったのは 2011 年以降だが，前身として 1976 年創立の CEMPI があった。CRIC の成立には異なる 2 つの力学が反映されている。

第 1 に，フランス国内において徐々に浮上してきていた，「共生」をめぐる問いの表れであるという面。この問いは，突然降ってわいたものではなく，それどころか長い時間をかけて成熟させた賜物である。そもそも CEMPI は，ある市議会議員の主導のもと，ルーベ市の文化的多様性（diversité culturelle）を積極的に評価しよう，また普通選挙（大統領選挙ならびに地方選挙）に参加できないせいで市政の外に置かれている外国人住民の存在をすくい上げようという意向に基づき創設された。この問題意識を理解するにあたっては，移民統合に関するフランスの法的および政治的なコンテクストに立ち戻っておく必要がある。フランスでは 1998 年からようやく，外国人にも地方選挙への投票権が認められるようになった。しかしながらこれは EU 加盟国の国籍保有者に限定さ

れた権利である。しかも彼ら「ヨーロッパ系外国人」は選挙人名簿に登録することはできても，行政府（市長，助役）には加われない[8]。一方，EUに加盟していない国から来た人々は当時から今にいたるまで選挙に参加する権利を与えられていないままである。このように国家レベルでも地方レベルでも市民権の埒外に置かれた外国人移民は，ときに権利よりも義務の方を多く負っているように見受けられ，したがって市民権の概念そのものの在りかたが問われるとともに，政治学の専門家たちからは「2級市民」（Hassenteufel 1996）という形容がなされるようになっていった。

第2に，CEMPIも，2011年に改組されて誕生したCRICも，「参加型民主主義」を目的とした措置の導入の一環として位置づけられるが，フランスにおいて同趣の措置が発達していくのは2000年代以降のことである[9]。そのはるか前の1976年に創設されたCEMPIが当時目指していたのは，移民としてやってきた居住者の代表者たちと公共機関とが意見を交換し合う場を創り出すことだった。行政当局が移民系住民のコミュニティを代表する団体に協力を仰ぎ，さまざまな移民系住民との仲介役を務めてもらうというやりかたは，フランスでは以前から頻繁に行われてきた。設立当初，CEMPIはアルジェリア，イタリア，モロッコ，ポルトガルの各コミュニティを代表する4つの団体から構成されていたが，新たな市民団体がいくつも加盟してくるのに伴い徐々に規模を拡大し，2000年代末には約20の団体を擁するまでになった。後にCRICもその力学をしっかりと受け継ぎ，同じように複数の団体で構成する形をとってゆく。

CEMPIからCRICへの改組は「参加する権利（droit à participer）」（Blatrix 2009, p.98）を推進する一環として実施された。この権利の実践についてはだんだんと制度が整ってきており，ことに生活環境および都市政策（politique de la ville）の分野で顕著である。

以上のように，CRICはそれぞれ「共生」と「参加型民主主義」とを推進する2つの力が重なり合った局面にあって，「移民系の人たちのよき暮らし」という，ルーベ市にとって核となる問いに答えるべく設立されたのだった。

## 3. CRIC の設置と地域レベルでの積極的参加要請

　2011 年の CEMPI から CRIC への改組は，市の参加型民主主義機関については全体を立て直そうという意向に則って行われた。というのもルーベ市役所は既存の諸機関（CEMPI，住区評議会ほか）が有効に機能しているかどうかの見直しにかかっており，これは 2008 年 3 月に実施された市議会議員選挙の第 2 回投票において棄権率が 60% という記録的な値に達したのを受けてのことだった[10]。ここ数年，代議制民主主義の危機が多くの識者から叫ばれているが，その兆しの 1 つとされているものこそ，さまざまな選挙にみられる棄権者数の増加に他ならない[11]。選挙の棄権率が上がればその選挙で選出された議員の正統性にも傷がつき，公益を担うに足る存在とはいえなくなってしまう。フランスの政治学者ブロンディオ（Blondiaux, L.）は，参加型民主主義の実践をいろいろな形で導入することは当局にとって「積極的参加要請」の範疇である，と指摘している（Blondiaux 2008）。同様に政治学におけるさまざまな研究でも，国と地方，両方の公共政策から「締め出されている」あるいは「忘れ去られている」と感じている層が複数存在しているのでは，という仮説が散見されつつある。これは彼ら彼女らの社会的市民権にかかわる問題であるのみならず，実際の票の構成にも影響する可能性があり，2014 年 3 月の地方選挙で一連の極右政党が占めた比重の大きさなどはその顕著な表れである[12]。

　2011 年に行われた CRIC への全面改組はそうした積極的参加要請に応える機会になったと考えていいだろう。あえて市の審議会という形態が望まれたのも成果を出そうとする姿勢の一環である。ルーベ市の助役として青少年および異文化間共生に関する問題を担当する女性に話を聴いたところ，自分が CRIC のメンバーに期待しているのは現実に即した提案であって政策的な判断はその限りではない，と明言した。

> 「私としては，CRIC は直接なにかを変えようとするのではなく，提言する勢力としてのあり方に専念することで活きてくると思います。そういう意味で私があそこに期待しているのはなんといっても現実の状況に即していられ

るところ。政策的な判断は求めません。それはあちらの仕事でも役割でもないでしょう。市民のアソシエーションなんですから」

　審議会を置くという民主主義あるいは参加型民主主義をめぐる環境の変化は，もちろん CEMPI から CRIC への改組だけにとどまらない。CEMPI 時代から加盟していたアソシエーションのボランティア職員が高齢化してきたことへの対策として，CRIC は新たに他の団体へも門戸を開いた。これはとりわけ移民系住民に固有の課題や問題をよりよく把握するための措置という側面が大きかった。

　かくして 2011 年の時点で CRIC を構成する団体は約 40 を数えた。これらのアソシエーションはまた，大きく 2 つの委員枠（collèges）に分けられる。外国人コミュニティ，もしくは外国に出自をもつ人々のコミュニティを代表する団体は第 1 委員枠，主として権利へのアクセスおよび異文化間共生の促進に取り組む団体が第 2 委員枠となる。なお，「異文化間共生（interculturel）」という用語は交流における相互性，また文化と文化の関係における複雑性（Clanet 1993）という概念を併せて理解すべく導入されたものである。そして最後に異文化間共生，参加型民主主義および団体活動を担当する市議会議員たちもメンバーとして委員会内に席を有している。

---

### 性質の異なるさまざまな団体の集合体：CRIC[13]

　CRIC は，その目的，規模，組織構成，活動年数，ときに文化にいたるまで幅広く異なったアソシエーションから成り立っている。

　CRIC を見渡すとルーベ市で活動するアソシエーションの全体像が把握できる。ただし内部はタイプごとに大きく 2 つの委員枠に分かれる。第 1 委員枠は大部分が前身である CEMPI 時代からの加盟団体で構成される。以下はその一例である。
・「アルジェリア人労働者団体（ASTRAL）」：アルジェリア人労働者の行政上の手続きを支援する目的で 1992 年に創設された団体。後に，故国に埋葬してほしいと願って亡くなった人たちの遺体を送り届ける活動に特化した。

- 「ノール県カメルーン人団体（ACAN）」：カメルーン文化の振興，および団体メンバーが市民として溶け込めるよう尽力している。
- 「ポルトガルの家」：複数ある施設にさまざまなスポーツの同好会，ポルトガル語の授業，伝統舞踊のグループ，またポルトガルの名物料理が食べられるレストランなどが設置されている。

第2委員枠はCRICの設置に伴い加わったアソシエーションで構成されており，活動はいっそう多岐にわたる。
- 「SERVIR」：行政手続き（滞在許可証の申請や帰化申請に必要な書類の準備など）の支援，権利へのアクセスに関する法律相談窓口の常設，文化関連イベントの開催。
- 「世代と文化」：世代や文化を異にする人同士の交流促進を目的としたさまざまな活動を展開。とりわけ学生や外国人の若者に部屋を貸したいと希望する高齢者の共同生活のセッティングに力を入れている。その他，移民労働者の集会所への出張イベント，高齢の移民たちに想い出を語ってもらい記録する活動など。
- 「ノール県およびパ・ド・カレ県国際黒人女性会議（《Rifen》NpdC）」：サハラ以南およびカリブ方面からの移民女性を対象に，経済面，文化面，社会面での取り組みの実施に関して支援する。

以上の団体はいずれもCRICに所属し，ルーベ市における異文化間共生および市民権をテーマにいろいろなイベントを実施しながらともに活動している。

CRICの設立をきっかけとして加わった団体は，それぞれ移民問題に対して政治的にいっそう深く取り組む姿勢をもっているばかりでなく，より専門的なアプローチを備えてもいる。「人権連盟（LDH）」や「シマッド（CIMADE）」といった，地域での知名度がたいへん高くフランス国内での活動がとくに目立つ団体と接触をもつようになっていったのも，「移民系住民の益に資する機関」としての正当性を確立する目的があったとみてまず間違いないだろう。新たに加わった団体はそれまでよりさらに専門的な方法論や新しい能力，知識といったものを活動に持ち込んだ。またCRICとしてもそれを活用して種々の取り組み（たとえば他所の自治体が地域社会の結束を深めるために実施している企画）に目を配ったり，共通の見解を構築したり，社会政策や都市政策に提言を行えるようになった。

また一方で，CRICが「従来型の」代表機構（Blondiaux 2007, p.121）を補完するような形で市民参加を制度化しようとする流れに乗ったのも明らかである。CEMPIからCRICへの改組をもたらした積極的参加要請においては，さまざまな参加型手続きのパフォーマンスが，行政活動のパフォーマンスと並んで問われるようになった。

## 4. 高齢に達した移民たち：ルーベ市にとくに顕著な課題

　CRICには，審議会として自主的にテーマを設定しワーキング・グループを立ち上げる裁量が認められている。2013年，CRICはこれを行使する形で「高齢に達した移民の支援」をテーマとしたワーキング・グループの設置を提案した。人選に際してはCRIC所属のメンバーから希望者を募った。
　高齢に達した移民の支援が課題となる背景にはルーベ市の特異な人口構成がある。孤立，健康状態など，1人ひとりが抱えている問題自体は広く高齢者一般にみられるそれとなんら変わりない。ただし移民の場合，経歴がより複雑であったり，より大きな経済的・社会的格差が見受けられたりするケースが多いだけに，問題はより深刻である。専門家と議員による意見交換の場では，「言語の壁」や文化の違い，職歴，自らの権利についての理解不足，といったことが「望ましい」形で社会に溶け込むうえで障害になっていると指摘されている。
　この問題は国家レベルでも地域レベルでも，行政当局にとって等しく最重要課題の1つでありながら，最近になってようやく自覚されるようになってきた観がある。というのもフランスの移民政策においては，移民労働者の「帰国神話」が長らく支配的だったからである。60年代の大規模な移民の波とともにやってきた人々が引退する年代に差し掛かるなか，移民の高齢化対策はルーベ市という移民のメッカにあってとくに深刻化した。現在，移民の第1世代にあたる人々の大部分は引退する年齢に達している。かくして，2009年の時点でルーベ市在住の移民は60歳もしくはそれ以上の人たちが4分の1近くを占める。
　先述したワーキング・グループの担当する仕事は，CRICならびに行政当局にとって徐々に最重要課題の1つとして映るようになっていった。この種のワ

ーキング・グループを立ち上げたのは CRIC にとって同グループが初めてだったが，これにより CRIC は高齢に達した移民たち特有の問題に提言を行える有力な存在として自らを確立することに成功した。やり方としては，ルーベ市に暮らす高齢の移民たちが何を必要としているのか分析し，そこから具体的な対策の手掛かりを割り出す。その際，調査の対象となる公的機関，非営利団体をリストアップするのだが，ここで留意しておきたいのは，このワーキング・グループでは，すでに挙げた「積極的参加要請」と決定的に異なる部分として，移民高齢者の現状に関しても，彼らが必要とするものに関しても，対象者に直接話を聴きに行くという旨の言及がなされなかった，という点だろう。件の機関や団体が彼ら彼女ら，およびその要求の代弁者という位置づけになっているのである。

「高齢に達した移民の支援」ワーキング・グループが関係諸機関へのアンケート調査に難儀していたころ，当の移民たちやその周辺で活動に従事する人々の発言を直接，公の場で聴く機会が訪れた。というのも，ルーベ市では毎年「友情と市民権のフェスティバル」というイベントを開催しており，CRIC もこのフェスティバルの一環として「異文化間共生の日」を企画し，多様なワークショップを設けて移民に関わる問題に具体的に触れられるよう計らったのである。2013 年には「高齢に達した移民たちの現実と問題」と題し，参加者同士がそれぞれ同テーマについて自分の知っていることをブレインストーミング方式で出し合うという試みがなされた[14]。

ブレインストーミングを活用したこのワークショップには高齢の移民たち自身も参加したため，当事者の視点による意見をたくさん耳にすることができた。またディスカッションの際には政治的な発言も聞かれた。少なくとも，フランスの法制度について，高齢者を悩ませているもの，という角度から言及してみせたのは彼ら彼女らだけであった。例として，滞在許可証にかかる費用とその有効期限の短さ（6 か月），故国への帰還が容易ではない現実などが挙げられた。さらに，同ワークショップをきっかけに，ルーベ市で保健衛生や社会福祉の分野に従事する 3 つの組織の代表者たちとの意見交換も行われるようになった。こちらは高齢に達した移民を相手に働いていてとくに苦労することはなにか，が話題とされ，そのなかには言葉の壁や，文化の違いを正しく踏まえることの

難しさなどが原因になっているケースもあった。

　この「異文化間共生の日」は参加型民主主義を推進していくうえで中心的な機会になっていると思われる。市民間の交流もより密に，そして，他と比べておそらくはより建設的な形で行われた。また市長を含む議員たちも出席したため，住民たちには，とりわけ市民権に関する事柄について，地域，政治，社会それぞれの観点から直に質問できる良い機会となった。

## 5. 結論

　人口の18.6%を移民が占めるルーベ市の市政において，移民の統合は最重要課題の1つである。CRICの活動は市の統合政策の適正さを裏づけている。CEMPIから「異文化間共生および市民権に関するルーベ市委員会（CRIC）」への改組を通じて，異文化間共生が活動の鍵として設定されたといえるだろう。2008年の市議会選挙で選出された執行部はCRICを組織としてさらに強化してゆく決定を下した。あくまで諮問的（consultatif）という制限に変わりはないものの，議員たちからは政策によっては意見を聞かせてほしいと期待されているほか，ルーベ市で展開される各種イベントに際してCRICが仕切り役を演じることについても承認を得ている。

　CRICとは，メンバー間で意見を闘わせ，何がみんなにとって共通の利益になるのかを導き出すための討議の場と考えられている。討議のための機関，それはとりもなおさず，あらゆる参加型民主主義機関のメンバーはみな等しく「共通の利益（bien commun）」について多角的に考察できる能力を備えていることが行政当局より求められる，という意味であり，CRICのケースに即していえば「よりよい共生」がそのテーマとなる。異文化間共生や差別の撤廃に取り組んでいる人々で構成されたCRICが市にとって統合政策の方向性を決めるうえでのバロメーター的役割を果たしてゆく可能性も考えられるだろう。また議員たちもCRICのおかげで移民や統合といった問題に精通した人材と意見をやりとりしていけるようになる。CRICの制度化が道具として利用されてしまっている面はあるものの，社会の一員になりたい／してあげたいという願いを，そして市民には「共生」をめぐる問いに提言を寄せる存在となるだけの力があ

ることを，議員たちに改めて意識させるような機会にも事欠かないはずだ。


注
1 ）統合高等審議会（Haut Conseil à l'intégration）の定義によれば，移民とは「外国の地で外国人として生まれ，のちにフランスで居住するようになった者」を指す。したがって，外国の地でフランス人として生まれた後にフランスで生活するようになった者は含まれない。
2 ）不平等監視機構，2009 年 INSEE 発表データ（http://www.inegalites.fr/spip.php? article1619）より。
3 ）2009 年の INSEE 発表データ（http://www.insee.fr/fr/bases-de-donnees/esl/comparateur.asp? codgeo=com-59512）より。
4 ）社会においてしかるべく独立した個人としての自分を確保するために不可欠な最低限のリソースと権利のこと。これが確保されなければ政治における市民権は行使できない。政治的市民権と対をなすもの。
5 ）Conseil roubaisien de l'interculturalité et de la citoyenneté.
6 ）この調査は CHORUS-ANR ILERE（日本学術振興会・フランス国立研究機構：共同研究「地域における外国人支援と排除に関する日仏比較研究」）の一環としてドゥ・リル（De Lisle, M.）の指揮のもと進められた。ルーベ市における 6 か月間の実地調査，そして 15 人に対し行った半構造化面接の 2 パートから構成されている。当該研究は CRIC 所属メンバー，市職員，ルーベ市議会議員を対象に行った面接を基にした。
　「半構造化面接」とは，あらかじめ仮説と質問事項を設定するが，会話の流れによって質問の変更や追加をすることで回答者の自由な反応を引き出す面接法のこと〔編者注〕。
7 ）Commission extra-municipale des populations immigrées.
　なお，「議会外委員会（commission extra-municipale）」は，市議会内に設置される委員会とは別に設置される任意の委員会のことで，議会や市長の付属機関である審議会とも異なる〔編者注〕。
8 ）EU 市民権は EU 市民の居住基礎自治体への参政権を含む。ただし，フランスでは上院にあたる元老院（Sénat）議員選挙が間接選挙で実施され，首長が選挙人団となることから，EU 加盟国の国籍を有する外国人は，コミューン議会選挙の投票権と被選挙権を有するが，首長と助役に就くことはできない仕組みとなっている〔編者注〕。
9 ）とりわけ，いわゆる「近隣民主主義」法により 80,000 人以上の住民を擁する市町村には 2002 年より住区評議会の設置が義務づけられた。これは市民による諮問機関であり，当該地区の政策に関わる多種多様な問題を扱う。

10) 2014年にルーベ市で行われた最新の市議会議員選挙でもこれに近い傾向が確認され，棄権率も同程度だった。第1回投票の棄権率は61.58%，第2回投票が55.59%。なお当該選挙が行われたのは調査期間終了後であり，この結果がCRICにどのような影響をもたらしたかについては関知していない。
11) 2014年の市議会議員選挙の際，投票率の上昇のみをひたすら目標に掲げていた団体が複数あったという点にも留意しておきたい。メンバーたちは「戸別訪問」を行い投票の大切さとメリットを分かってもらおうとしていた。
12) 参考までに記しておくと，2014年のルーベ市議会議員選挙第1回投票における国民戦線の得票率は19%であった。
13) CRIC, Les membres du CRIC, 2011 (http://fr.calameo.com/read/00005313707ca8492f8c8).
14) なお，その他のワークショップのテーマは次の通りである。「外国人参政権と被選挙資格」「移民女性の自立の原動力としての団体活動参加」「ルーベ市のロマについて」「市民のあからさまな視線に晒される深刻な疎外状態について」。

**参考文献**

Blatrix, C. (2009), « La démocratie participative en représentation », *Sociétés Contemporaines*, n° 74, pp.97-119.

Blondiaux, L. (2007), « La démocratie participative, sous conditions et malgré tout. Un plaidoyer paradoxal en faveur de l'innovation démocratique », *Mouvements*, n° 50, pp.118-129.

Blondiaux, L. (2008), *Le Nouvel esprit de la démocratie. Actualité de la démocratie participative*, Seuil.

Clanet, C. (1993), *Introduction aux approches interculturelles et en sciences humaines*, Presses Universitaires du Mirail.

Hassenteufel, P. (1996), « L'État-Providence, ou les métamorphoses de la citoyenneté », *L'Année sociologique*, vol. 46, 1/1996, pp.127-149.

# 第9章
## サン・パピエ支援とローカルな市民権
―フランスのローカルネットワーク組織にみる実践の研究―

アントワーヌ・ケレック

平野　暁人　訳

1. はじめに

　フランスではここ数年，サン・パピエと呼ばれる非正規滞在者の置かれている状況がメディアや政治など公の場でしきりに取り沙汰されている。1996年に起きたパリのサン・ベルナール教会占拠は，そうした決起行動のなかでももっとも大きく報道されたケースと思われ，またこれをきっかけとして，フランスに住んでいながら非正規滞在という行政上の身分のせいでそれまで沈黙を余儀なくされていた層の一部が公の舞台に引き上げられた。一連の決起行動を通じ人々は衆目に身をさらして自らの声を発し，要求を口にして，サン・パピエの多くが底辺層を含め定職に恵まれず，なによりもつねに人目を忍んで暮らしているという。

　こうした数々の動員に倣う形で，2004年，学校教育の世界に現れ，徐々に構造を整えていったのが「国境なき教育ネットワーク（Réseau éducation sans frontières, 略称 RESF）」である。現在では，さまざまな集団，アソシエーション活動，労働組合，そして政界や市民からの支援によって成り立っている。RESF の出現は教育の現場（保育学校，小学校，中学校，高等学校）で公教育に携わっている人たちが，非正規滞在の生徒たちに対する国外退去措置をはじめ，学校へ通っているサン・パピエの子どもたちにあてがわれている待遇全般に抗

*197*

議して実施した動員の延長線上にあるといえる。直接の由来となったのは，市民として，あるいは公教育を預かる者として，国外退去義務（obligations de quitter le territoire français）に脅かされる生徒たちをそれぞれの職場において守ろうと決起した教員や行政職員たちによる取り組みである。最初期の，まだRESFとして組織される前の諸委員会はパリ郊外の学校施設で発足し，その後は急速に地方都市へと広がっていった。これらの委員会により未成年の生徒たち（3〜18歳）が行政ならびに社会においてどんな身分に置かれているのか，また公教育に携わる人々の一市民としての取り組みについても，国家レベルでも地域レベルでも目に見えるようになった。

2004年，「サン・パピエ状態の未成年就学者を正規滞在者に」という設立の辞を掲げて，RESFは創設された。公的な活動目標としては当初から，当該生徒たちに極力身近なローカルネットワークを，学校施設を拠点としてフランス中に張り巡らすことにあった。第1段階では，どの地域のRESFも，市民のもつ勢いをたばねて組織化し，国内全域で恒常的な活動を行うことにねらいを置いた。また比較的歴史の浅い勢力であることを逆手にとり，サン・パピエ支援を行う他のアソシエーションを相手にRESF独自の新しい立ち位置を押し出していった。その独自性は，動員が自発的に行われている点や，あくまでも「市民の」取り組みであるという点にまず窺える。しかしそれでは，RESFはローカルな市民権（citoyenneté locale）を築き上げていく過程のどの部分に，どんな形で寄与しているのだろうか。また，もともとは任意で個別に行われていた救援活動を恒常的な形にする，という難題にどう立ち向かったのだろうか。

以上の疑問点について，本章ではノルマンディーのローカルRESFのみを対象に行ったモノグラフをもとに明らかにしていく。調査にあたっては，そうした「取り組み」の場における同ネットワークの日ごろの様子，組織の仕組み，活動家相互の関わり，現場での具体的な活動などの観察が行われた。また同時に常任メンバー，支援の対象となっている家族，サポート委員会（comités de soutien）のメンバーや地元の議員に対しかなり掘り下げた内容のインタビューも実施した。構成としてはまずネットワークという形態の編成と日ごろの活動について検討し(2)，これを踏まえ，サン・パピエ支援に特化したアソシエーションという分野へ新顔の勢力が参入していく際に起きてくる問題点を論じ

(3), 最終的には，RESF というネットワークが，本拠地を構える先の地域の情勢とどんな関係を維持しているのか，RESF の動員において地域という単位のどこが決定的に重要な要素となるのかについて理解を試みる(4)。

## 2. 国境なき教育ネットワークが組織され構造化されるまで

　2004年に RESF が創設された際，動員の呼びかけを通じて思想的なベースは固まったが，厳密にどういった活動方法をスタンダードとするのか，また，ローカルなネットワークの設置を統括するうえで欠かせない組織としての体系や序列をどうするのかといった点については定義がなされていなかったため，各地域のローカル RESF がそれぞれまったく自主的にオーガナイズしてよいことになっていた。とはいえ，サン・パピエの生徒たちを正規滞在者にする，ついては1970年以降フランス中に広がってきたさまざまな国外退去措置を「阻む」，という全ローカル RESF に共通の目的を介して，みな同じ RESF であるという意識のまとまりは存在していた。同時に，ネットワークとして組織されている，という意味でのまとまりもあり，このネットワークという形態が大量の情報や関係各位の媒介となって，教師，代議士，クラスメート，保護者たちを，地域を舞台として動員するとともに，互いに結びつける役割を果たしている。したがって，組織がネットワーク化されているという点が，メンバーたちにとって最大の強みとなっているといえるだろう。そもそもが公的なものではないという組織の性質上，地域に固有の有事に際しても他に気兼ねなく，比較的自由に立ち回れるのである。すなわち RESF は遊撃隊のような勢力と受け止められているわけだが，とはいえ行政当局の側からすればやはり非常に定義しづらい存在でもある。つまるところ，市民の主体的な取り組みがそのまま形になった，といっておくのがよいだろうか。市民の非公式な集まりという位置づけのおかげで RESF は序列に悩まされるようなことも一切なく活動できている。

　「うちはアソシエーションでも組合でもなくて，まさにネットワークなんですよ。役割も違うし，勢力といえばまあそうでしょうが，それも，私が思う

にはアソシエーションとか組合とは位置づけが違うからっていうのはあるんじゃないですかね。とにかくネットワークっていう（……）それに尽きますね」（常任メンバー／女性）

### (1) RESFとその常設ネットワーク

ローカルの常設RESFはその名のとおり，週に1回公営のアソシエーション活動会館に集まる常任メンバーによって構成されており，活動目的は多岐にわたる。まず通常業務としている時間内では，古株のメンバーが中心となって支援対象となる家族たちと面談し，県に陳情するための書類を整えたり，社会生活や家計の状態についてひととおり話を聴いたりする。また外国人居住者の行政手続きを補佐する活動（accompagnement）も実施している。一方で，毎週集まってはRESFの在りかたについて議論したり，今後の活動やRESF内外の企画を準備したりするのもやはり同じ常任メンバーの仕事である。そうした時間を活かしてメンバーたちは組織としての方針を検討し，活動範囲を恒常的に調整してゆく。

以下は，ある日の定例会でのひとコマである。いつも県庁前にできている行列を問題視する声が3人のメンバーから上がった。並んでいる外国人たちのなかには朝の4時から来て待っている者もいるうえ，そこまでしても確実に受け付けてもらえるとは限らず，というのも鉄格子のめぐらされた表門が開いた瞬間に「みんなしてどっとなだれ込むんですよ，ぎゅうぎゅうの大混雑で，並び順もなにもあったもんじゃない」。この批判をきっかけに，無駄に長く待たなくて済むようなにか有効な手だてはないかメンバー間で議論が紛糾，さまざまな案が取り沙汰されたあげく，しまいに1人がこう割って入った。

「われわれがこうして集まっているのは解決策を授けるためじゃなくて，なにがうまくいっていないのかを通告して明るみに出すことでしょう。解決は管轄外！」

この発言は，趣旨に関して全員の支持を得たというだけでなく，RESFとしての取り組みではどうしてもカバーしきれない懸案がいくつもあるなかで，同

メンバーたちが日ごろからとくに気にかけているのはどんなことなのかという点，そしてまた活動の範囲自体を定期的に見直していく必要性があるという点についても如実に示している（Mathieu 2010）。この独自の動員形態によりRESF は，本章でも追って示す通り，その地域の公的な場に新たな立ち位置と支持層とを獲得したが，一方でそれゆえに，取り組みかた，実際に用いる手段，そしてなによりどんなことにどこまで関わっていけるのかを，絶えず個別に調整していかざるをえないのである。

### (2) サポート委員会と常設ネットワーク：自立と依存のあいだにある関係性

ローカルの常設ネットワーク以外では，複数のサポート委員会の設置もRESF が手掛ける活動の1つである。これらの委員会は学校（保育学校，小学校，中学校，高等学校）や市町村の内部における「市民の結集」という形をとり，団結して，国外退去の危機にさらされている1名，もしくは複数名の生徒たちの支援を行う。危機的な状況におかれている特定個人に対しケースバイケースで初動支援を提供する，というのがたいていの流れである。サポート委員会の活動は委員会メンバーがお互いの能力や知識を共有し助け合うことで成り立っている。のちの RESF 創設の元となった，市民による最初期の動員と似通った形態である。常設 RESF と同じように，組織の在りかた，役割分担から活動のレパートリーまで各委員会が決定する。その際，唯一絶対の指針となるのは，然るべく定められた場所で，生徒あるいは家族を囲んでできるだけたくさんの個人が連なり合うこと。ただしサポート委員会は晴れて正規滞在資格が獲得できればその時点で解散する暫定的な組織なので，その点では常設という形態と対照的である。

RESF とサポート委員会の関係は意外に複雑だが，概してある程度の自立性を保ちつつ相互に責任を負う形で確立されているといってよい。常設ネットワークとしてのおもな役割は，RESF およびそのメンバーが有する見識に照らし委員会の活動の枠組みを調整することである。それゆえサポート委員会の方からは RESF に対し，法的枠組みに属するものから活動の組み立てに関わるものまでさまざまに異なったタイプの情報，さらにノウハウ——時宜に適った手続きやアプローチの仕方など——までも伝授してくれるよう終始，要請してい

く形となる。そのため RESF 側のメンバーは，どういう手順を踏むべきかあらかじめ心得ておき，サポート委員会のメンバーが個人的な勇み足をみせるような場合にはこれを宥めるなど，いわばどこまで個別に動いていいのかの判断も同様に請け負わなければならない。

こうしたサポート委員会と常設 RESF との関わり方は文書で規定されているわけではないので，各委員会はしっかりと自立し，地域に固有の情勢や，支援対象である生徒が抱える社会的な，または行政上の問題に鑑みてそれぞれに構成されている。常設ネットワークのメンバーは委員会の自立を1つの売りにしてこそいるものの，毎週開かれる定例会では，ネットワーク側が主導してサポート委員会の役割を広げ，学校や街区，市町村など，さらに地域に分け入って RESF の活動を代行してもらってはどうか，という案もしばしば浮上している。両者がいかに自立していようとも，同じ1つの運動に基づいている以上，その活動と関わりかたは相互依存関係という枠組みで捉えられるべきものであり，それが RESF という動員の独自性をまるごと物語っているのである。

## 3. 国境なき教育ネットワーク：社会活動の慣行と取り組みにおける新機軸

国境なき教育ネットワーク（RESF）が出現した 2004 年当時，サン・パピエ支援に特化したアソシエーションという分野はすでにしっかりと定着していた。それでも RESF は独自の立ち位置をみつけだし徐々に中心的な協議相手として頭角を現してゆく。RESF が参入した領域自体がとりたてて革新的だったとは思えない。サン・パピエとして学校に通う子どもたちに活動の軸を据えていたアソシエーションがそれまでなかったとはいえ，なかにはサン・パピエの一家や労働者たちという単位での支援を通じて，年若い世代が抱える問題を併せて指摘している人たちもいたからだ。RESF のもつ革新性の肝はやはりネットワークという形態にあり，この形態が活動に新たなレパートリーをもたらしたのである。

### (1) 活動における独自のレパートリー

各ローカル RESF が独自に活動を設定してよいとされているのはすでに述

べた通りである。ところがそのわりには，舞台となるのが地域であれ国であれ，繰り返し実施されているレパートリーがあることに気がつく（Péchu 2009）。これは RESF がそもそもどんな運動だったのかを考えれば納得がいくだろう（Lafaye et De Blic 2011）。学校教育の世界に誕生した RESF が活動を開始するにあたり最初の目的としたのは，同活動が公教育の専門家たちに支えられている事実を学校という場のなかでみせつけることだった。ついては，サポート委員会を設置して支援対象の生徒の就学を証明する署名集めを行ったり，デモを企画したり，学校内の保護者たちを動員することで支持をアピールしたりした。しかし，非正規滞在の生徒たちにとっては，学校教育よりもむしろ行政面や社会福祉面での制約の方がはるかに深刻だった。これを受けて，RESF の活動レパートリーはだんだんとローカルな市民権に関係する局面全体へと広がりつつある。こうしたことは支援対象の生徒の家族に対する継続的な調査から見て取れる場合が多い。サポート委員会のメンバーは雇用主探しや，居住証明をはじめ行政あるいは司法手続きに必要なあらゆる書類の入手を助け，RESF の方もさまざまな行政サービスにおいて家族の支援にあたる。そのレパートリーすべてを列挙するまでもなく理解しておくべきなのは，RESF はつねにいろいろな組合やよそのアソシエーションとの共同体制を核として成り立っているということ，またそれによって活動の金銭的および物質的な面をやりくりするとともに，サン・パピエ支援に付随する課題を協力し合って地域の公的な場に提示しているということだろう。同様に，サポート委員会の後ろ盾となる地元議員たちをネットワーク内部で動員することも，全ローカル RESF において組織を成り立たせるうえでの前提条件に据えられている。なお議員の動員に際しては，陳情書，もしくは「共和国による後見制度（parrainage républicain）」という形をとるのが一般的である。共和国による後見制度とは，法的な拘束力はもたないが，地方議員1名ならびにサポート委員会のメンバー1名に対し，サン・パピエの生徒1名をより親身になって支えたり護ったりするよう勧告する制度を指す。

　こうした活動のレパートリーを通して RESF は市民権の概念を，サン・パピエ状態の外国人居住者を護るのに有効な道具立てとして用いている。メンバーたちは政治ならびに行政の機関に対して，また同時に市民たちに対しても，

住民相互の関係と慣習とに基づいて成り立っている地域環境の内部にサン・パピエを組み込むことがいかに大切かを理解してもらおうと常日頃から努めている。そうやって社会集団による密な相互作用の場にサン・パピエ状態の人々を組み込むよう働きかけるなかで，RESF は外国人居住者の市民権をとくに重視し，市民権の定義が政治上であれ行政上であれ，あまりに厳格すぎる点を問題にしている（Réa 2002）。そして，サン・パピエ状態の外国人居住者のための市民権を定義するプロセスにとりかかるにはどのような方法と形式がありうるのかについて，腰を据えて考えていきたいと願ってやまないのである。

### (2) ネットワークが徐々に認められるようになるまで

以上のように，RESF は活動のレパートリーや独特の組織構成，そして地域で活動する人たち（議員，行政職員その他）との結びつきを武器に新しい風を吹かせている。ただしゼロからの出発だったわけではなく，アソシエーション活動に関する既存の道具立てを最大限活用する形で参入していったといえるだろう。RESF と他のアソシエーションとを比較した場合，取り組みの目的においては近くもあり，同時に組織の構造という点では隔たりがみられる。たとえば公の場に出て活動するというその性質上，RESF という組織が存在していること自体は確認されるものの，唐突に出現して程なく解散する委員会の数々からいっても確固たる定義を与えるのは難しい。それこそが，個々人－市民によるネットワーク（réseau d'individus-citoyens）がアソシエーション活動のみならず政治や組合活動の舞台においてもかつてない動員の形として登場した理由である。

現在ではフランスの全県に合計で 100 以上のローカルネットワークを数えるRESF だが，サン・パピエ状態で学校に通う子どもたちの滞在資格を正規化すべく行政手続き上の制約の範囲内でなんとか立ち回りおおせている。ただ，その頼もしさの多くを斬新なスタイルと戦術に負っているだけに，5 年，10 年，あるいは 15 年経って RESF のような運動の形が当たり前になったとき，どうなるのだろうという思いは禁じえない。

RESF は地道にパートナーシップを整え，地域の公的な場で知名度を上げてきた。支援活動を行うアソシエーションや外国人居住者，組合，政党および行

政サービスにとっても地元に根を下ろした，他とは一味違う協議相手となっているといってよい。この認知度の高さを指してRESFの目標の1つは達成されたとみることもできるだろう。すなわち広く認知されるようになったおかげで，「問題案件を発見」した際には迅速かつ大規模な対応を行えるわけだ。ただその反面，活動の核となる部分も自ずと変わってくる。だんだんと認知度が上がってくるにつれ非正規滞在の家族からRESFへの陳情も増え，常任メンバーはますますの献身を余儀なくされることになる。そうした流れの帰結として，ローカルRESFのなかには活動の方向性に他と違うカラーを打ち出すところもみられるようになった。たとえば，より行動派の，イデオロギーや政治的信条に即した活動に専心することを選び，結果として個別対応に基づいた支援活動を断念したところもあれば，政治的な主張よりも家族単位のケースを優先すると決めたところもある。こうした傾向は，独自のスタンスから普遍的な在りかたへと移行することの難しさ，またもともとは個々人の自発性が特徴だった動員の形を持続的に機能するよう組織することの難しさを浮き彫りにしているといえよう。これら2つの方向性を調整する試みはいまだその渦中にあるように思われる。すでに述べたように，RESFがここまで認知されるに至ったのは他に類をみない活動のレパートリーによるところが大きい。その集団支援の実践を通じてこれまで県の行政に対し一定の実効を示してきたし，現在でも示してはいるが，一方でしだいに制度化されつつあるのも事実である。RESF黎明期には非常事態を打開する際の強力な後押しとして働いていた要素が，だんだんと行政手続きにおいて求められる標準的なラインと化し，ひいては同様の後ろ盾（サポート委員会や陳情書など）をもたない案件の方が不利益を被るようになりつつある。加えて，活動のレパートリーを現状に適応させる必要もあり，外国人居住者の滞在資格正規化に関する制度上の制約への対応も徐々に変わってきている。

「最初の何年かはわれわれの役割と思えることをひたすらやっていればそれでよかったんですよ。つまり証明書類の取得ですね。それがだんだん，というかけっこう早い段階から，証明書類の話に他の重要な問題も絡んでくるようになったんです。住居とか仕事とか，ですから各地方や市町村の機関を相

手にしないといけないことも増えてきて，そうすると仕事がしづらくなってくるわけですよ。誰もなんにも持ってないんだから。それでしょっちゅうぶつかるようになる。市役所の人とか県議会の人とか，証明書類の件で一緒に仕事をしていたときはわりあい平和にやれていた相手なのにね。この人たちはちゃんと社会に溶け込んで生活できてますよ，っていう証明だけならとっても簡単なんですよ。でも今時はね，その人たちを受け容れる住所もなきゃいけなくて，そうなると一気にものすごく大変になるんです」

このように，いまや支援の手続きには職と住居の確保も併せて求められるのである。そうした流れのなかで，新たな協力体制もみられるようになってきた。RESFが住居の権利に関するアソシエーション（Association droit au logement）と密に連絡を取り合って活動しているのもその一例である。とはいえ，職と住居という，滞在正規化の申請に付いて回る2つの制約によって，地元の——そしてこの件に関してはほとんどなにもできない——議員たちと築いていた良好な関係にも歪みが生じている。

## 4. 地域の一員として運動する

独特な組織構成と他に類をみない活動のレパートリーに加えて，地域の一員として運動できている点もRESFならではといえるだろう。地域という規模は個人個人の境遇を支えるのにもっとも適しているだけでなく，議論を活発化させ，外国人居住者のみにあてがわれている待遇に疑問を抱くよう人々——一市民であれ政治に携わっている者であれ——に対し訴えかけていくうえでもたいへん効果的であるように見受けられる。地域の一員になることを重視する姿勢は，外国人居住者が味わっている現実の境遇を公表し，「国家がこんなひどいことをしていると公の場に暴露して政策に関する議論へ持ち込む[1]」というRESFの目的に照らして理解されるべきだろう。

### (1) RESFにおける市民参加の特殊性
ここ数年，地方の政治運動において，市民から公権力への異議申し立てが

徐々に重視されてきているように思われる。政治やメディアの世界では「市民参加」や「参加型民主主義」(Blatrix et al. 2007) といった概念が花盛りだ。いくつもの協議や公開討論の実施を介した市民の参加により，政策の正当性が担保されるかどうかが決まる (Palomares et Rabaud 2006)。このような，市民が政策決定の場を再び取り巻くよう促されるという特異な趨勢の内に，RESFは自分なりの立ち位置を見出していく。参加型民主主義や市民参加の試みが重視されることで出現した力の作用がひいては，主張や要求を突きつけて地域の政治システムを劣勢へと追い込むRESFにとって追い風となるような趨勢を生ぜしめたといえよう。地域の政治システムの側が劣勢に立たされる理由はRESFの取り組みの形態にある。たとえば市民の動員だ。つまり，RESFは地域の諸機関が重視する参加型民主主義という「ゲームをして」おきながら，それらの機関が設定したルールの方は守らないのである。それゆえ行政当局は，RESFを市民たちによる共同の意思表示としてそれなりに丁重に扱わざるをえないにもかかわらず，その意思表示の形態を枠にはめたり，定義したりはできない。ひるがえってRESFはといえば，情報を自前のパイプを通じて拡散し，地域の政治を動かしている人々に対し直接，単独で質疑を投げかけ，市民の動員を自在に連携させることができる。この特異な趨勢にあってRESFは，すでにおなじみとなった市民参加の形と一線を画し，少しずつ地域情勢に独自の立ち位置を得ていく。

　RESFの目的は，個人もしくは集団の利益を護るという昔ながらの市民参加の在りかた（住区評議会や各種協議会などがこれにあたる[2]）とは対照的に，仲介役となって，サン・パピエ状態のまま学校に通う子どもたちの支援を通じ，「教育を受ける権利 (droit à l'éducation)」をはじめとした根源的な価値観の実践を訴えるところにある。その意味で比較的，支持を得やすい活動を行っているといえる。かくしてRESFは，市民参加ゲームに参加しながらも，一方で議論と質疑のための固有の場をまったく独自に編み出してきたのである (Blondiaux 2001)。

　地域の一員となることで，市民と公権力との関係性に新機軸を持ち込みRESFは独自のカラーを確立した。既知の要素へ未知の要素を導入するという発想に立った新機軸。この場合，既知の要素とは政治の舵取りへの市民参加で

あり，ひるがえって未知の要素とは，RESF流の市民参加がもっている性質を指す。公権力による管理統制を特徴とし，いまやおなじみで先例も多い一連の形式を超克してみせるその性質こそが未知の要素なのである。RESFは市民参加を駆使して自らの表現形式に新たな価値を与え，地方当局に規定された組織構成のモデルと一線を画したといえよう。

### (2) 地域という身近な場

　地域とはRESFメンバーにとって，活動を定着させるのにもっとも適した規模といえる。人と人とが近く，1人ひとりを助けるのにも，また政治勢力へ訴えかけるのにも等しくたいへん都合が良いのがその理由である。RESFが地域に刻み込んできた足跡と，さらにいっそう深く刻まれたサポート委員会のそれとのおかげで，一見するとサン・パピエ関連の問題には縁遠く思えそうな人々も関心を寄せてくれているというのがメンバーたちの言であり，聞き取り調査に対してもほとんど全員が，自分たちの行っている呼びかけは地域に密着しているだけにより効果的なのだ，と証言している。それゆえ，サポート委員会を立ち上げる際には，身近なところから動員し，徐々に輪を拡げていくよう心がける。このような，関係の近さならびに空間的な近さによって，政治観やイデオロギーの如何を問わない個人の集団がつながり合えるのである。そしてそうやってつながり合った動員は当然，普遍的な価値観，この場合には教育を受ける権利を護るという活動に足場を置くことになる。

　ただし地域とはすなわち現場という意味でもある。そして現場とは，人々の実態が目に見える空間であり，同時に政治責任の反映される空間でもある。これら2つの性質は密接につながっており，RESFはこの，地域規模を人々の実態が目に見える空間であるとする解釈のもとに，地元の議員に直接，彼ら彼女らの責任を，つまり目に見えてかつ測定できる責任を質す。地域という規模は，外国人在留者が日々困っていること——行政手続き上の待遇，いろいろな局面での差別，宿をみつけるのが難しい，社会保障面や収入面で不安定である，など——を現実に即して，客観的にチェックするのにきわめて適しているといえるのではないか。したがって，この質すというプロセスを介してメンバーたちは，いわば公約を評定する市民の立場から，支援の具体性について議員たちに

問いかける。国の政策にみる抽象性に地域の行動が有する具体性を対置しているといってもいいだろう。この力学はそのまま，現場へ赴く，その土地に親しむといった，政治家にとって一種の至上命令ともいえる現場志向をアピールして好感度を高める作用を生むだけに，いっそう強まり，効果を発揮する。かくして，RESF は現場を代表して目に見える現実を地元の議員に質していく。これに見てみぬふりを決め込めば，現場で地元の人々に寄り添って活動する政治家，という好感度あふれるイメージからは遠ざかってしまわざるをえない。

## 5. 結論

RESF の組織構成と実践を研究することで，同勢力が，ローカルな市民権を重視するというすでに広く確立されていた力学のどこに参入したのかという点が明らかになった。それは，一方ではサン・パピエを護るのに役立つ道具立てとしてであり，他方では RESF ならびにサポート委員会の組織構成の中心的な要素としてでもあった。「市民の」という特性をつねに重視して動員にあたる姿勢のおかげで，RESF はサン・パピエを支援する複数のアソシエーションや行政機関，あるいは政治制度の内部に独自の立ち位置を見出し，他に類をみない活動のレパートリーを充実させていったといえる。しかしながら，RESF といろいろな行政サービス，そして政治家とのあいだに築かれた密なつながりを注視すれば，その取り組みや活動の射程をめぐって生じる軋轢や葛藤も浮かび上がってくる。現実問題として，サン・パピエと行政の仲介役を担い，政治的な支援を総動員していくことで結果的に，RESF が特定の家族をどうしても優遇してしまいがちになっているのもその一例といえる。そのうえ，地域の政治権力との良い関係を末永く続けていこうとするあまり，地元の議員に渡される「書類の確実さ」に配慮しすぎる傾向にある。それが高じて今度は事前の選別が始まり，独自に設けた基準に照らして擁護するのが相当に難しいと判断される案件はほとんどがその時点で弾かれてしまうため，行政手続きにおける取り扱いの公正さが問われることにもつながってしまう。

かくして，独自かつ画期的な動員の形を活かし RESF は，2004 年以来，何百人もの外国人居住者に正規滞在資格を獲得し，サン・パピエが客観的にみて

どういう情勢にさらされているかを衆目に提示してきた。しかしながらその組織構成および活動の特異性からして，こうした動員が果たして長続きするのか，また，市民のもつ素人ならではの強み——もともとは外国人在留者を個別対応で保護する活動に特化していた——を活かしたやりかたを普及させることでどんな影響が起きてくるのかについては新たに問われて然るべきところだろう。

**注**
1）RESF のポスターに掲載されていたスローガンより。
2）本書所収のドゥ・リル（De Lisle, M.），ルノー（Renault, M.）の論文も参照のこと。

**参考文献**
Bacqué, M.-H. (2006), « Action collective, institutionnalisation et contre-pouvoir : action associative et communautaire à Paris et à Montréal », *Espaces et sociétés*, n° 123.
Blatrix, C. et al. (2007), *Le Débat public : Une expérience française de démocratie participative*, La Découverte.
Blin, T. (2008), « L'invention des sans-papiers. Récit d'une dramaturgie politique », *Cahiers internationaux de sociologie*, n° 125.
Blondiaux, L. (2001), « Démocratie locale et participation citoyenne : la promesse et le piège », *Mouvements*, n° 18.
Daum, C. (2006), « Le citoyen et l'étranger », *L'Homme et la société*, 2006/2.
Laacher, S. (2009), *Mythologie du sans-papiers*, Le Cavalier bleu.
Lafaye, C. et De Blic, D. (2011), « Singulière mobilisation : le Réseau éducation sans frontières », *Projet*, n° 321.
Mathieu, L. (2010), « Les ressorts sociaux de l'indignation militante : l'engagement au sein d'un collectif départementale du réseau éducation sans frontière », *Sociologie*, 2010/3.
Palomares, E. et Rabaud, A. (2006), « Minoritaires et citoyens ? Faites vos preuves ! », *L'homme et la société*, 2006/2, pp.135-160.
Péchu, C. (2009), « Répertoire d'action », *in* Fillieule, O. *et al.*, *Dictionnaire des mouvements sociaux*, Presses de Sciences Po, pp.454-462.
Réa, A. (2002), « Le travail des sans-papiers et la citoyenneté domestique », *in* Peraldi, M. (dir.), *La Fin des norias*, Maisonneuve et Larose.

# 第10章

## 「公衆衛生へのアクセス」から「政治参加」へ
—パリにおける中国人セックスワーカー支援の変容—

エレン・ルバイ
平野　暁人 訳

## 1. はじめに

　2000年代初め，パリの街頭で売春を行う中国人女性の数が増え続けている状況に鑑み，NGO団体「世界の医療団 (Médecins du Monde, 略称 MdM)」は「ロータス・バス」と呼ばれる新たなプログラムを立ち上げた[1]。このプロジェクトは当事者の女性たちに対し速やかに医療が受けられる環境を整え，さまざまな性感染症予防についての知識と対策を提供することを目的としている。

　社会の隅の隅に追いやられている人々に医療を行き届かせようというロータス・バスのねらいは，世界の医療団の活動におけるプライオリティとも合致している。ただし医療へのアクセスをめぐってはその背景に2つの「セキュリティ」——「社会的安全としての福祉」と「身体的安全としての治安」——のせめぎ合いが指摘されており，これは政府が底辺層への政治的対応に乗り出すととくに高まるものとされている (Fassin *et al.* 2013, p.13)。フランスに非正規に滞在して売春を行っている女性たちの存在は，この弾圧と保護とのせめぎ合いを，制度それ自体の内部において浮き彫りにしているといえる。なにしろ非正規滞在者としての彼女たちは，厳格化する移民政策の対象となる一方，外国人1人ひとりの権利を守るために設けられたさまざまな措置の対象でもあり，また，セックスワーカーとしての彼女たちは，公共の秩序という観点からは弾圧

政策の標的になりつつも，反人身売買という観点から保護政策の的にもなっているのである。そうした弾圧的な言説と人道的なそれとのギャップをよく物語っている例として挙げられるのが 2013 年 12 月 10 日に敢行された中国人女性の一斉検挙だろう。おりしも「売春を行っている女性の多くは被害者である」という大前提のもとに「買春システム」と闘うことを謳った法案が可決されたばかりだったにもかかわらず，司法警察はパリ 13 区において大規模な「斡旋業者狩り」を実施し，およそ 30 名の中国人女性を逮捕したのである。そのやり方の乱暴さもさることながら，彼女たちは斡旋の容疑までかけられ，被害者というにはほど遠い扱いを受けた。ほとんどは証拠不十分ですぐに釈放されたものの，この一件がきっかけで住まいを失ったり，盗難にあったり，同地区では働かないよう忠告された者も多かった。

　そもそも弾圧と保護とは紙一重である。したがって「か弱い人々」に必要と思われる「特別な保護」，という大義名分のもと，「監視と統制」を唱えるような類の弾圧政策は，売春を行う人々に保障されるべき民主主義下の平等を制限することにしかならない（Pheterson 1996）。その点世界の医療団が示したアプローチは，売春を行っている人々は自ら決断を重ねてきた結果としていまに至っているのであり，自身の置かれている状況をできるかぎり良い方向へもっていくだけの能力を備えた存在である，と認めている点で，保護や弱者という観念に沿った発想とは一線を画しているといえよう。
　ロータス・バス・プログラムは売春に関する法制が生み出した疎外状況を注視し，当事者女性たちの現状を伝え擁護する活動に取り組むことで，社会の隅に追いやられている人々の声を拾う「共鳴箱」の役割を果たしている。とかく「売春婦」とは世間から公然と汚名を着せられる女性の象徴である（Guillemaut 2008; Dorlin 2003）。その汚名のせいで女性たちは，医療はおろか広く一般的な権利全般についても容易にアクセスできず，また個人によるものから政府によるものまでいろいろな形の暴力に絶えずさらされてきた。ロータス・バスの登場により外国人女性たちは自ら声をあげられるようになったわけだが，その成功を支えたのがエンパワーメント・プロセスだろう。これはハーム・リダクションの核心を担うものである。かくして，売春をめぐる一連の法案に反対して

図 10 − 1　最初のロータス・バス

画：Damien Rondeau

実施された 2013 年 3 月および 10 月のデモでは，街頭で声を上げる中国人女性たちの存在がひときわ目をひいた。

## 2.「民主主義的な公衆衛生」：売春を行う女性たちのためのハーム・リダクション

### (1) ロータス・バス・プログラム略史

　ロータス・バスは，パリに暮らす「新しいタイプの」中国人住民が確実に医療を受けられるようにしようという志のもとに生まれたプログラムである。すでに 2002 年の時点で，世界の医療団が薬物常用者を対象に行っている「注射器交換プロジェクト」のなかの巡回チームにより，ベルヴィルおよびストラスブール・サン・ドニ界隈で売春を行う中国人女性が増加の一途を辿っているとの報告がなされていた[2]。平均年齢 40 代，フランス語は話せない。にもかかわらず中国語しか話せない人々でもアクセスできるような予防活動を実施している団体が当時はまったくなく，彼女らが非常に限られた自衛の手段しかもっていなかったこと，さらにフランスの保健衛生からほとんど排除されていたことから，世界の医療団の上層部はプロジェクト案を起草して新たなプログラムのための特定資金源を確保したのだった。

　その後，ロータス・バスを利用する女性たちは 1,000 人に達した。現在では中国語を解する職員 2 名と，ペアを組む女性職員 1 名（売春を行っている，も

**図 10-2　世界の医療団のロータス・バス作成の予防を呼びかけるポスター**

注：左には「コンドームを使わない？　そんな発想自体もっちゃダメ！　あなたの身体と健康はあなた自身のものです。リスク対策ゼロの行為は断固拒否してください」、右には「エイズ対策に男も女もありません。女性用避妊具も男性用避妊具も HIV およびその他の性感染症予防に等しく有効です」と書かれてある。
イラスト：Bertrand Faupin，デザイン：Isabelle Cadet

しくは過去に行っていた中国人女性）が常勤として，約 30 名のボランティア職員に支えられながら働いている。活動の中心となるのは夜間，実際に売春が行われている地域をバスで巡回し，性感染症の予防用品を無料で配布するとともに，話を聴く場を設けること。また，個別のケースに対する継続的な支援（医師にかかる，検診を受ける，社会保険の必要書類を手配する，など），性感染症リスクや個人の権利に関する情報の翻訳などにも取り組んでいる。

### (2) リスク削減／ハーム・リダクション：社会変革という視野における公衆衛生の実践的アプローチ

　世界の医療団（MdM）はもともと，国境なき医師団（Médecins sans Frontières）がヴェトナムへ介入した際に内部で起きた対立をきっかけとして，1980 年に

同医師団と袂を分かつ形で誕生した団体である。その際に中心となったのは，自分たちは医療行為だけでなく証言活動も行うべきだ，政治色をもたない人道支援などありえない，と主張する医師たちで，フランスでは，貧困，不安定な環境，病理に関わるありとあらゆる差別に反対するという政治的スタンスをとっている。また，これを実施するうえで格別力を入れているアプローチが，1986年，ヘルスプロモーションをテーマに開かれたものとしては初となった国際会議でも謳われた（オタワ憲章）「コミュニティレベルでの健康支援環境整備（santé communautaire）」である。

「コミュニティレベルでの健康支援環境整備」（医療のプロと利用者との結びつき）という考え方は，1990年代末になるとHIVの流行とも交差してゆく。そしてそういった背景があったからこそ，さまざまな地域団体や世界の医療団によって持ち込まれたハーム・リダクションがフランス中で盛んになっていったといえるだろう。なお，真っ先にその対象となったのが薬物常用者で，世界の医療団はかねてより同分野の活動でたびたび先駆的な実績をあげてきている（Simonnot 2013）。

ロータス・バス・プログラムをハーム・リダクションの一環として導入するのは，サービス利用者とのあいだに築かれた関係に鑑みての自発的な位置づけだった。つまり自分にとって何がよくて何がよくないのかを，世界の医療団の職員よりも当の女性たち自身がよく承知したうえで付き合えるようにするのである（Ibid., p.140）。受け手が自ら進んで予防に取り組むようになれば，ケアの質もそれだけ上がる。また，社会の隅の隅に追いやられている人々と密につながれるよう，他者やその生き方に対する価値判断を持ち込まないこと，原則として敷居を低くする（一切の条件や基準に関係なく誰でもサービスにあずかれるようにする）ことをアプローチの基調とした。

一方で世界の医療団のプラグマティズムには，疎外をもたらす一連の法律に対する異議申し立てとしての，より政治的な発言がどうしても付いて回る。よって本章では，売春撲滅主義者と合法化主義者による議論についての分析には踏み込まず，特定のグループを排斥する法律がどんな影響をもたらすかについてとくに注目してゆきたい。売春を行っている女性たちを不正な取引（人身売買）から「救い出す」のではなく，周縁に追いやられているグループを隔てる

壁を取り払い，社会変革を可能にするのが目的である。世界の医療団は「民主主義的な公衆衛生」を推進しているが，これはすなわち当事者の意見がきちんと聞き入れられるという意味であり，あらゆる差別に抗して各個人の諸権利を行使するべきだということに他ならないといえよう。

## 3. グローバリゼーション，移民，売春についての法的な議論の再燃

世界の医療団の歩みはまた，フランスにおける売春論議の再燃というより広い枠組みのなかで捉え直してみなければならないだろう。1990年代には，エイズの流行を前にコミュニティレベルでの公衆衛生や感染症対策に重きを置くさまざまな活動が大きな進展をみた。ひるがえって2000年代以降はといえばヨーロッパで売春を行う移民（男女問わず）が増え続けているという理由から売春行為そのものの撲滅を訴える言説が息を吹き返してきている（Mathieu 2013）。その際，売春夫・売春婦はアウトロー，もしくは被害者のどちらかとしてみなされ，いずれの立場においても当事者の声はとるに足らないものとされてしまう。いわば移民にまつわる問題，および売春を行う人々の行き過ぎた被害者扱いがいくつもの政治的争点をないまぜにしてしまっているのが現状だが，これらは本来，大量に流入する移民をどう管理するか，基本的人権をどう守るか，組織犯罪とどう闘うか，女性を標的とした暴力にどう抗うか，さらには女性の貧困化をどう防ぐか，といった具合に区別して考えて然るべきである。したがって，それら1つひとつから導き出される政治的選択はそれぞれ違うのが当たり前で，すべての懸案を一括して解決できるものはありえない（Wijers et Van Doorninck 2002）。1990年代に出現した活動の多くがテーマとして前面に押し出していたのは，一部の国民だけを排斥してはならない，ということだったが，売春を行う女性たちの保護についても，彼女たち自身が当事者として議論の担い手になって初めて功を奏するのだといえよう。

### (1) 予防の取り組みにおいて障壁となる制度上の言説ならびに立法の選択

今日，先進国における売春問題といえばその大部分は外国人女性による売春を指す。フランスの場合，複数の異なる推計から，売春を行っている男性およ

び女性の90％が外国人であるとされている。正規の滞在資格をもたずに就労する移民労働者は他にもいるが，売春を行っている移民の場合は労働者とはみなされていない（Agustín 2007）。しかしながら，彼女らを売春という行為に至らしめた数多の社会経済的な制約，構造についてはもちろん大いに考慮しなくてはならないとしても，実際には大多数が，フランスに入国する前であれ後であれ，自らの意思で売春を行っている，という事実がさまざまな実地調査においてくっきりと示されているのである[3]。

　ところがこうした女性たち自身の意思は制度上の言説のなかではたいがい黙殺されるか，あまつさえ否定されてしまう。その意味でとりわけ重要なテクストがパレルモ議定書，そして「国際的な組織犯罪の防止に関する国際連合条約」を補足する形でまとめられた「人（とくに女性および児童）の取引を防止し，抑止しおよび処罰するための議定書」（2001年）だろう。同議定書が最大のテーマとして掲げているのが他ならぬ売春であり，「移民女性は人身売買の被害者だ，という論調にお墨付きを与えているがために，結果として女性たちは自らが重ねてきた歴史の主人公としてではなく（売買される）品物としてみなされてしまっている」（Guillemaut 2006, p.160）。しかるにこのテクストは，フランスにおける近年の法体系の拠りどころの1つとなっている。

　他方，内務大臣に任命された直後から弾圧的な手段を用いた売春対策を打ち出してきたのがサルコジである。2003年には「国内治安法（loi pour la sécurité intérieure, 略称LSI）」によって受動的客引きを犯罪に認定。この他にもいくつもの行為を犯罪認定した同法律は，貧困の犯罪扱いに一役買っている，として非難を受けた。「もっとも排斥されている人々をさらに排斥する」，つまりよりいっそう不安定な状況へと追い込む仕打ちに他ならない（Wacquant 2004）。公の秩序という角度から取り沙汰される売春。売春斡旋を撲滅しようという物言いとは裏腹に，現実には売春を行っている女性たち自身を公の場から追い出し，あわよくば国境の向こう側へ追放しようとしているのだ[4]。

　2012年の大統領選挙期間中，社会党は一貫して同法律が「被害者」のことを考えていないと指摘し，客引きの犯罪認定についても廃止にすると公約していた。にもかかわらず，晴れて与党の座についてからは売春撲滅主義的な前政

権の立場を引き継ぎ，買い手側への罰則についても迅速に整備を進めた。2013年12月4日に国民議会で可決された「買春システム防止策を強化する法律」案は[5]，増え続ける外国人女性の存在，および彼女たちと国際的な人身売買組織網とのつながりを動機として提案されたものである[6]。

### (2)「買春システム」の暴力と国家の暴力：保健予防から権利へのアクセスまで

研究者やソーシャルワーカーなど事の実態に通じている人々ほど，売春している当事者の名誉を汚さずに売春と闘う方法なんてあるわけがない，と思ってしまいがちだ。確かに，売春は道徳に反しているという立場をとり，行為自体をなくすための措置を取ってきた国がほとんどだろう。いきおい当の女性たちは決まって孤立化と辱めに苛まれ，ますます——それでなくても非合法すれすれの仕事ということもあり——高まる暴力と搾取のリスクにさらされてゆくのである（Wijers et Van Doorninck 2002）。

反売春政策が当事者への偏見を却って強めていることに加え，行為者らは司法判断の根拠となっている論理そのものを改めて問い直し，売春とその斡旋行為，人身売買，国際的組織犯罪が同一視されている点を告発している。実際のところ，ロータス・バス・プログラムが2010年から2011年にかけて実施した調査では，パリで中国人が行っている売春については斡旋がほぼ皆無だったことが明らかにされているのだ（MdM 2013b）。フランスへの渡航費として作った借金がそのまま残っているケースは多いものの，これは国際的な売春婦売買網の存在とは無関係であり，また彼女たちの大半はあくまでも，フランスに着いてからしばらくいろいろな職種を試してみた末に売春へ行き着いた人々である。事は中国人女性移民のケースに限らない。カビリア団体（Cabiria）がリヨンで行った調査でも同様の結果が示されており，それによると自らの意思で国を出た女性が81％，強要がみられる場合は近親者によるもので，犯罪組織は関与していない（調査対象500件のうち，拉致と確認されたのはわずかに1件である）（Guillemaut 2007）。つまり暴力や強制といった問題が起きてくるのはフランスへ移り住んでからの話ということになる。そしてその暴力には斡旋業者や買春客に負けず劣らず警察も大きくかかわっているのである。

この件については複数の実地調査が共通して，一連の取り締まりの影響によ

るところが大きいとの見方を示している。一例としてカビリア団体の調査をみてみると，警察からの恒常的な暴力を訴えた女性が66％にのぼっているのに対し，買春客からの被害を訴えた女性は14％にとどまっている（以下，通行人からの暴力，他の売春婦からの暴力と続く）。またロータス・バスによる調査でも警察官の職権乱用は深刻視されており，この傾向は2003年に客引きが犯罪とされて以降悪化したとみられている。

売春の政治的枠組みをめぐりさまざまな議論がみられる昨今だが，世界の医療団はかろうじて中立を保っているといえるだろう。組織の内部は完全な一枚岩とはいえないものの，対外的には基本的な権利と労働環境を守るという立場で一貫している。「セックスワーク」の支援活動に携わっている人々をつなげる試みもその1つである。そもそもロータス・バスは活動開始当初より中国人の女性たちに対し「セックスワーカー（中国語では「性工作者」）」という言葉を使うよう注意を払ってきた。こうした姿勢はコミュニティレベルでの健康支援環境整備というアプローチや，いちばんの当事者たる女性たちが議論へ参加できて初めて彼女たちを守ることも可能になるのだ，とする原則とも合致している。

## 4. 社会の隅に追いやられた女性たちの「共鳴箱」
：発言を始めた中国人セックスワーカーたち

「いちばん困るのは，ああいうのは聞くに堪えないとか，うそに違いないとか，身持ちが悪いからそう言うしかないんだろう，斡旋業者が背後にいるんだろう，でなけりゃ貧しさのせいだろうなどと決めつけられて，売春をしている当人たちの発言が封じ込められてしまっている点です」(Monnet 2006)

こと売春をめぐってはフェミニスト陣営でも意見がさまざまに対立する。売春はどこからどうみても暴力であり，男性による女性を使った搾取の象徴に他ならない，とするグループもあれば，それに対しまた別のグループからは，あの人たちはフェミニズムの名のもとに「淑女と売女」を区別して女性を分断している，彼女たちにとって何がよりよいことなのか当事者よりわかった気にで

もなったつもりか，と批判の声が上がる始末である[7]。そもそも他者を代弁するという発想からして「コミュニティレベルでの健康支援環境整備」を標榜する世界の医療団のアプローチと相容れないのは明らかだろう。このような，一方では弾圧されまた一方では過剰な被害者扱いを受けるといったどっちつかずの状況に鑑み，ロータス・バス・プログラムは売春を行う外国人女性たち自身の声を前面に押し出したいと考えたのだった。

### (1) 売春行為の外側で起きている暴力：女性たちの告訴を支援する

2007年，ロータス・バスのスタッフたちを大きくゆさぶる事件が起きた。ベルヴィルの一角で1人の中国人女性が，ドアをノックする警察官を尻目に窓から飛び降りたのである。ロータス・バスの利用者でもあったこの女性は当時51歳，逮捕され中国へ送還されることを恐れての行動だった。この事件をきっかけとして，売春を行っている外国人女性はたとえ買春客に暴力を働かれたとしても告訴するのが難しい，というかねてからの状況に加え，弾圧的な法律がもとで起きている暴力の影響もはっきりと認識された。そこでロータス・バスでは保健衛生，予防対策のほかに告訴支援まで活動の幅を広げることとなった。

翌2008年には，ボランティア職員1名が，買春客からの暴力被害にあった女性の告訴支援にあたった。この女性が1人で告訴に踏み切れなかったのは，警察署へ出向けば国外退去処分にされるリスクが大いにあったからだった。2人目の被害女性は滞在許可証を所持しており，ロータス・バス職員1名に付き添われての告訴を決めた。数か月後，ロータス・バスは10名を超える中国人女性が同一人物による暴力被害にあっていた事実を掴んだが，既出2件の告訴はといえば何の対処もされずに放置されたままであった。この事件が起きた背景には，LSIの施行や，数ある売春地区のなかの一区域（12区）を重点的に狙った客引きの検挙に次ぐ検挙——中国人女性がとくに標的にされたように見受けられる——にもつながる一連の弾圧的な流れがある。そのことから警察に対する恐怖心が生まれ，暴力沙汰に巻き込まれても，とりわけ客からの暴力である場合には被害者自身が警察機関に頼るのをあえて避けようとするというリスクをまねいた。その一方で，暴力案件についての調査が活発化したり，女性た

図 10 - 3　2013 年 3 月 16 日のデモに参加する中国人女性
注：プラカードには、「客が罰せられる→セックスワーカーの環境がおびやかされる」と書かれてある。
写真：Hélène Le Bail

ちが地方当局や警察と話し合いの場をもてるよう仲裁する試みが盛んに行われたりするきっかけになった面もあった。

### (2) 中国人女性たちと地域の関係機関との仲裁

　警察からのハラスメントにあった女性たちが自らの口で被害を訴える最初の機会は，12 区の区長ならびに警察署長との面会という形で実現した。その際，列席した議員たちは同情の意を表したものの，警察関係者は一様に客引きの根絶へ意欲を示すばかりで，警察官の職権濫用については事実無根の中傷であるとして逆に女性たちを非難した。

　その後，数々の脅しにさらされながらも，有志数名による運動グループが発足，告訴継続の手段を求めてロータス・バス・プログラムの事務所を訪れた。やがて 2011 年 9 月には，ロータス・バスがこのグループを支援して「警察の中の警察」とよばれる監察官室主導の調査を開始させるに至ったが，調査には被害者の証言が不可欠であること，しかしながら警察によるさらなるハラスメントの標的にされるのを恐れて実名での証言に応じる者が 1 人もいなかったことから，この件の継続はならなかった。

　他方，世界の医療団は 2011 年 12 月，市民・司法・警察による国立委員会

図 10 - 4　ベルヴィルで活動するロータス・バス

写真：Boris Svartzman ©MdM

(Commission nationale Citoyens-Justice-Police) に対し，「パリで売春を行う中国人女性に対する警察権力の濫用」の廉で申し立てを行った[8]。こちらは被害者本人による実名での証言がなくても調査が可能だったため，最終的には中国人女性たちに対する権利侵害および一連の検挙がもたらした弊害が委員会により認定される運びとなった[9]。

### (3) 署名運動とデモ行進：集団で抗議する女性たち

2012 年，政権与党となった社会党が買春客に罰則を科す方針を発表すると，反対の署名を集めようとする中国人女性たちの自発的な動きが盛り上がった。この情報はどんどん広がり，女性たちのあいだで活発な議論が交わされるようになった。

ちょうどそのころのロータス・バスは，利用者により主体的に活動に参加してもらえるよう力を入れている時期でもあった。そこで日ごろから同プログラムのサービスを利用している中国人女性 4 名がボランティア・スタッフとして加わる運びとなった。またそのほかにも，通訳を申し出て「売春総会[10]」への参加を促し，2011 年には 1 名，2012 年には 10 名の参加を実現させた。このことは他の地域で売春を行っている人々や，とりわけ，売春の合法化と諸権利の承認を目指して活動するセックスワーク組合の急先鋒である「STRASS」と

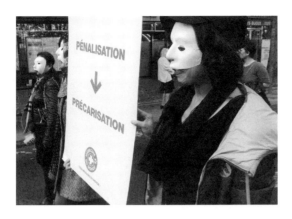

図10-5　2013年3月16日のデモで客引きの犯罪認定撤廃を求める中国人女性たち

注：プラカードには，「罰則化→不安定化」と書かれてある。
写真：Hélène Le Bail

コンタクトをとるきっかけともなった。

　このような，売春についてのより幅広い議論へ向けて世間の関心を喚起してゆこうという流れを背景として実施されたのが，LSI 制定後 10 年の全国一斉デモだった。その際，フランス語が思うように話せない中国人の女性でも参加できるよう，ロータス・バス主催で事前準備のための集会が開かれ，約 40 名が参加した。2013 年 3 月 16 日，パリで売春を行う中国人女性たちは白塗りで顔を覆い，大挙して他のグループ——トランス・セクシャルの男性や女性たちによる複数のグループ，STRASS のメンバーたち，地域で活動するさまざまな団体など——に連なると，不安定さを増す一方の労働環境や弾圧的な政策の数々により自分たちがどんなリスクを負わされているのかを声高に訴えた。

　このパフォーマンスは大きな注目を集めるところとなり，2013 年 3 月にはデモに参加した中国人女性たちのうち 3 人が女性権利大臣ヴァロ＝ベルカセム（Vallaud-Belkacem, N.）と面会し，ロータス・バス・プログラムも市民社会を代表する団体の 1 つとして，売春に関する法案の起草に先立ち提言を求められた。

(4) メディアの反応

　2013年3月のデモへ向けてロータス・バスが企画した集まりは先述のものに加えてもう1つあった。こちらはメディアへのコメント対策がテーマで，30～40名ほどの利用者が参加した。国会で売春が議論されると，ベルヴィルにおける中国人女性のケースは多くのマスコミの関心を引いた。世界の医療団のところへは，中国人女性たちと連絡を取りたいというジャーナリストたちからの問い合わせが数多く寄せられた。

　ロータス・バスの運営チームとしては，マスコミのルポに流れるようなメッセージを自分たちでコントロールするのはきわめて難しく，とくにテレビの場合はほとんど不可能に近かった。しかしその一方で，一般の人たちや議員には女性たちの声がまだ十分に届いていないという現実もある。そのため売春を行っている外国人女性3名（うち中国人1名）に対するインタビューを行って録画し，CD-ROMに複写したものを，売春法案採決の前日に世界の医療団は全国会議員へ宛てて送付した[11]。

5. 結論：立法にかかる時間と生きのびるために必要な時間

　パリで売春を行う中国人女性たちの支援に携わり始めてから10年の歳月を経て，2013年は世界の医療団のロータス・バス・プログラムにとって，非正規滞在者や底辺に近い環境で暮らす者も多い中国人女性たちに自ら発言させることのできた年となった。いちばんの当事者でありながら売春をめぐる議論から締め出されている人々になんとか声を上げさせることを目指して寄り添い，支援を続けてきて，まずはそれが達成されたわけだが，それではいったん上がったこの声をより遠くまで届けるためにはどうしたらよいのだろうか。メッセージが少しでも多くの人の目に触れるよう集団でのアクションに力を入れていくのがよいのか，それとも個人レベルの支援を優先しつつ，バスを利用する女性たちの心にだんだんと権利意識を根づかせていけるよう期待するのがよいのか。

　売春をしている人々のなかには素顔をさらして労働に関する要求を行う者もあるが，彼女たちは違う。ロータス・バスの利用者のほとんどが売春は当面の

手段と考えており，決起に際しても，自分たちの仕事が社会からきちんと認知されるよう腰を据えて闘っていきたいという気持ちはあまりみられない。直接の動機はあくまでも，さしあたって安全に売春を営める環境を確保したい，あるいは，いくらなんでもここまでの扱いは不当ではないかというやむにやまれぬ気持ちからきている。そういう意味では，本章で紹介したような形の決起行動はおいそれと持ち出せるような手段にはほど遠いだろう。成果が得られるまでにあまりにも時間がかかりすぎるからだ。すなわち女性たちは，ただでさえ不安定な状況に加えて，自らの発言が実を結ぶよりも先にマイナスとなって跳ね返ってくるのではないかと怯えながら日々を暮らしていくことになるのである。

注
1）本章はインタビュー調査，アーカイヴ資料，および2013年10月から2014年2月にかけて実施した参与観察に基づいて構成されている。
2）パリにおける中国人女性移民に関する詳しい資料としては，Lévy et Lieber（2011）を参照のこと。
3）Darley（2007），Agustín（2007），Guillemaut（2006）参照。
4）2つの団体（リヨンのカビリアならびにトゥールーズのグリゼリディス（Grisélidis））内で報告されている。Monnet（2006）も参照のこと。
5）この法律は2014年7月初め，上院における特別委員会での審議を経ていくつかの修正を施されたが，これに伴い買春客への罰則規定も削除された。2014年10月現在，国民議会にて再び審議にかけられる予定。
6）国民議会ホームページより（http://www.assemblee-nationale.fr/14/pdf/propositions/pion1437.pdf）。
7）フランスの社会学者ジル（Gil, F.）の声明（http://www.huffingtonpost.fr/francoise-gil/penalisation-client-prostitution_b_4323852.html）。
8）人権連盟（Ligue des droits de l'Homme，略称LDH），フランス弁護士組合（Syndicat des avocats de France，略称SAF），司法官職組合（Syndicat de la magistrature，略称SM）から構成された非政府独立団体。2002年設立。
9）「恒常化されたハラスメント，中国人売春婦と客引き罪についての調査」。人権連盟のサイトを参照（http://www.ldh-france.org/Rapport-Un-harcelement.html）。
10）LSIの可決翌日に設立されたグループ「権利と売春（droits et prostitu-

tions)」によって始められた集まり。地域で活動している団体が年に1回一堂に会して開催する。
11) 掲載サイト（http://www.youtube.com/watch? v=KmpZYaJfVgQ）参照。

**参考文献**
Agustín, L. M. (2007), *Sex at the Margins. Migration, Labour Markets and the Rescue Industry*, Zed Books.
Darley, M. (2007), « La Prostitution en club dans les régions frontalières de la République Tchèque », *Revue française de sociologie*, vol. 48(2), pp.273-306.
Dorlin, E. (2003), « Les Putes sont des hommes comme les autres », *Raisons politiques*, mars, n° 11, pp.117-132.
Falquet, J., Lada, E. et Rabaud, A. (dir.) (2006), « (Ré) articulation des rapports sociaux de sexe, classe et "race". Repères historiques et contemporains », Dossier des *Cahiers du CEDREF*.
Fassin, D. et al. (2013), *Juger, Réprimer, Accompagner. Essai sur la morale de l'État*, Seuil.
Guillemaut, F. (dir.) (2007), *Femmes et Migrations en Europe. Stratégies et empowerment*, éd. Cabiria le Dragon-Lune.
Guillemaut, F. (2006), « Victimes de trafic ou actrices d'un processus migratoire ? », *Terrains & travaux*, 1/2006 (n° 10), pp.157-176.
Guillemaut, F. (2008), « Mobilité internationale des femmes, échange économico-sexuel et politiques migratoires : la question du « trafic » », *Les Cahiers du CEDREF*, 16/2008 (http://cedref.revues.org/582).
Kergoat, D. (2009), « Dynamique et consubstantialité des rapports sociaux », *in* Dorlin, E. (dir.), *Sexe, classe, race. Pour une épistémologie de la domination*, PUF, p.123.
Lévy, F. et Lieber, M. (2011), "Sex and Emotion-Based Relations as a Resource in Migration: Northern Chinese Women in Paris", *Revue française de sociologie*, vol. 52, pp.3-29.
Mathieu, L. (2013), *La Fin du tapin. Sociologie de la croisade pour l'abolition de la prostitution*, Éditions François Bourin.
Médecins du Monde/MdM (2013a), *The History and Principles of Harm Reduction. Between Public Health and Social Change* (http://www.medecinsdumonde.org/Nos-Combats/Priorites-d-action/Lutte-contre-le-VIH-et-reduction-des-risques-RdR).
MdM (2013b), *Rapport d'enquête : Travailleuses du sexe chinoises à Paris face aux violences*（関係者用資料）。世界の医療団のサイトにて要約版を閲覧可能（http://www.medecinsdumonde.org/Nos-Combats/Campagnes/MdM-se-

mobilise-pour-defendre-la-sante-et-les-droits-des-personnes-se-prostituant/ Enquetes-a-l-appui).
Monnet, C. (2006), « "Trafic de femmes" : crime organisé ou organisation de la répression ? », *Argument*, vol. 2(8), (http://www.revueargument.ca/article/2006-03-01/353-trafic-de-femmes-crime-organise-ou-organisation-de-la-repression.html).
Pheterson, G. (1996), *The Prostitution Prism*, Amsterdam University Press.
Simonnot, N. (2013), « La Réduction des risques à Médecins du Monde, un engagement qui résiste à tout », Médecins du Monde, *op. cit.*, pp.36-43.
Wacquant, L. (2004), *Punir les pauvres, le nouveau gouvernement de l'insécurité sociale*, Agone.
Wijers, M. et Van Doorninck, M. (2002), "Only rights can stop wrongs: A critical assessment of anti-trafficking strategies", paper presented at EU/IOM STOP European Conference on Preventing and Combating Trafficking in Human Beings, September 18-20, 2002, European Parliament, Bruxelles.

# あとがき

　ヨーロッパの排外主義というと，読者の多くが思い浮かべるのは極右政党の躍進ではないだろうか。たしかに1980年代以降，ヨーロッパでは移民排斥を訴える極右政党が急進し，国によっては政権にかかわるほどの勢いをみせてきた。2000年にはオーストリアの自由党が連立政権を組み，2002年にはフランスの国民戦線が大統領選挙で2位になり，オランダ，デンマーク，ノルウェー，ハンガリー，ルーマニア，スロバキアでも極右政党が第2，第3党に躍進した。そして2014年5月の欧州議会選挙では極右政党がフランス（25%），イギリス（27%），デンマークでは第1党になり，その他にも，従来の保守政党の右に位置する政党が，イタリア（「五つ星運動」），オーストリア（自由党），ベルギー（新フランドル同盟／フラームズ・ベラング），ハンガリー（ヨビック），フィンランド（「真のフィンランド人」），オランダ（自由党），スウェーデン（民主党），ギリシャ（「黄金の夜明け団」），ドイツ（「ドイツのための選択肢」）で躍進し，その結果，議会定数751議席のうち2割近くの140議席を獲得し，議席数を倍増させた。これらの政党は主張も政策方針もさまざまであるが，国内の「移民」に排外的立場をとる点で共通する。

　しかしその一方で，外国人やマイノリティを排除するメカニズムは，極右政党の活動やヘイト・スピーチ，ヘイト・クライムなどの明示的な行動・言説だけに還元することはできない。極右の言説のように「わかりやすい」差別とは異なるかたちでの移民・外国人の排除・差別も存在する。この問題に光をあて，その構造の定式化を最初に試みたのが，アメリカの活動家カーマイケル（Carmichael, S.）とハミルトン（Hamilton, C.）である。彼らは，レイシズムが単に「個人による」，「あからさまな（overt）」ものだけではなく，「制度」の内部で引き起こされる「覆い隠された（covert）レイシズム」も存在することを指摘し，一見「差別・排除」とはわからない隠蔽されたプロセスを通して，人種・民族的不平等や排除を再生産する構造を明らかにした（『ブラック・パワ

一：アメリカにおける黒人解放の政治』1967年)。

　本書も同様の発想にもとづいて，排外主義を単なる「あからさまな移民・外国人排斥の主張・行動」としてのみ捉えるのではなく，一見わかりにくい構造や制度のうちで再生産される移民・外国人の排除や差別という意味で捉え直して，問題の検討を試みた。「あからさまな」排外主義の根元には，本書で扱ったような「覆い隠された」排外主義が影響を及ぼしているのではないか，という仮説に立ち，両者を別のものとして切り離すのではなく，広く「排外主義」という枠組みで捉えることによって，狭義の排外主義論では見えなかった問題を可視化させ，排除の構造を多角的に捉えることを目指した。本書に『排外主義を問いなおす』というタイトルを付けた意図はここにあった。

　第Ⅰ部では新自由主義改革をはじめとするマクロな構造変化のもとで，「移民」の排除の実態がどのようなものであるのかについて，公共政策，福祉，市民参加，住宅，教育などの諸領域で検討した。これらの事例を通して，「移民・外国人の差別・排除は人権擁護の観点から根絶されなければならない」という合意のもと，一定の反差別・排除政策がとられてきたフランスにおいても，排除が再生産されている現状が明らかになった。これらは排除を正当化する新たな論理によって支えられており，この論理とは「共和国」「人権」「機会の平等」「多様性の擁護」といった一見普遍性を擁する価値観に依拠しているため，それ自体が排除を生み出しているという問題点が発見されにくく，結果的に排除が隠蔽されてしまうという特徴をもっている。

　第Ⅱ部ではこうしたマクロ構造をふまえた上で普遍性を装った新たな排除を乗り越えるための手がかりとして，4つの具体的事例に焦点を定めた。自治体レベルでも市民団体でも移民・外国人の排除に抗するためのさまざまな措置・取り組みが行われているが，事例研究を通して明らかになったのは，新たな排除の論理と闘うには，ローカルな草の根の活動が極めて重要な役割を果たしうる，という点だった。

　このような観点から，本書はフランスの事例を中心に分析を行ってきたが，その目的は現代日本で起きている同様の課題にどのように取り組むべきかを考察することであり，そのために比較の材料を提供することでもあった。日本でも近年，「在特会」に代表されるヘイト・スピーチが蔓延し，排外主義の問題

が可視化されるようになってきた。その一方で，排外主義の動きに反対するカウンター運動も活発に展開されるようになり，また運動と並行して，ヘイト・スピーチの法規制をはじめとする解決策をめぐる多くの議論も行われてきた。こうしたなか，「排外主義」という言葉が定着するようになり，多くの書籍が刊行され，雑誌の特集も組まれてきた。

　以上の文脈においても「排外主義」という言葉は，ヘイト・スピーチなどの憎悪のあからさまな表出という意味で用いられている。その一方で外国人・マイノリティを排除するメカニズムは「在特会」のヘイト・スピーチのような明示的な行動・言説に還元されるものではない。本書で検討してきた社会の諸領域におけるさまざまな形での移民・外国人の排除は日本社会にも存在する。教育（外国人生徒との格差，朝鮮学校の無償化問題など），住宅（入居差別），政治（参政権の不在），福祉（外国人を生活保護の対象から明確に除外しようとする動き），賃金の不平等など，内容もさまざまであるが，日本人と外国人を平等に扱わず，外国人が日本人より不利な処遇を受けるのは「当たり前」とする発想に支えられた制度内の差別・排除であるという点が共通する。

　このような「制度的レイシズム」は，ヘイト・スピーチのようなあからさまな排外主義とは一見無関係にみえるが，両者は「移民・外国人を対等な存在としてみなさない」点で「根」の部分を共有している。両者に直接的なつながりがなくとも，外国人に不利な措置や移民を犯罪と結びつけるような施策，外国人への恐怖を煽るような報道などは，移民・外国人をめぐる一定の社会的イメージの形成を促し，ある「空気」をつくりだすことで，あからさまな排外主義に一定の承認や「お墨付き」を与えているのではないか。だからこそ「在特会」のような過激な運動は安心して，公然とヘイト・スピーチを叫ぶことができるのではないか。このように排外主義は国の諸制度をはじめとする「上」から作り出され，それが草の根の不満を方向付け，暗黙の承認を与えているのではないか。これらの仮説の検討は今後の編者たちの課題であるが，いずれにせよ鄭栄桓氏が強調するように「日本政府や地方自治体の政策と排外主義運動の連関性」（「『制裁』の政治と在日朝鮮人の権利」『Mネット』2013年1月号）を明らかにしていくことは喫緊の課題であると思われる。

「はしがき」で述べたとおり，本書は日仏共同研究を出発点としている。共同研究実施にあたり，現地調査を行った日本とフランスの各自治体・団体のスタッフの方々から，教示を得たり，資料の提供を受けたりした。また，共同研究のメンバー以外から本書作成にぜひとも必要であることから田中拓道氏（一橋大学）に福祉レジームの変容に関する論考を寄せていただいた。さらに，日仏共同研究開始を機に立ち上げた「移民の参加と排除に関する日仏研究会」やシンポジウム開催の際にお世話になった日仏会館フランス事務所および各大学の方々，鈴木美奈子氏（一橋大学大学院），中野佳裕氏（国際基督教大学），研究会に参加していただいたみなさん他，本書は多くの方々の支えによって完成にいたることができた。心より感謝したい。

　本書の刊行については，出版事情の厳しいなか，勁草書房がこれを引き受けてくれた。作業が遅れがちな執筆者を辛抱強く見守って，本書完成までの作業に従事された編集部の藤尾やしお氏には，執筆者一同心から謝意を表すものである。

2015 年 4 月　編者一同

**付記**　入稿後，編者らが最後の執筆作業を行っていた 1 月 7 日，フランスの風刺新聞『シャルリー・エブド』社襲撃事件が発生し，編集者や風刺画家ら 12 名が犠牲となった。亡くなられた方々に心から哀悼の意を表したい。翌 8 日は服喪の日となり，過去 40 年で最大のテロ事件に抗議する集会が全国で開かれる反面，アラブ系レストランやモスクへの襲撃事件も相次いでいる。このような暴力の連鎖から抜け出すために，何ができるのか。問いはあまりにも重く，問題解決の糸口はなかなか見出せない。しかし，現代社会に突きつけられたこの課題から逃げ出すこともできない。このような閉塞的状況のなかで私たちにできることは，シニズムにおちいらず，暴力と排除をなくすための取り組みを模索し，地域レベルから積み重ね，そしてそれを発表するという，これまで通りの努力を続けることしかないだろう。

# 巻末資料

**資料1** 出生地（大陸）別の移民数の推移

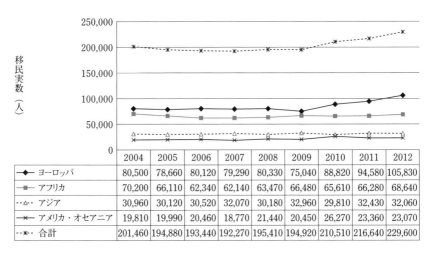

| 移民実数（人） | 2004 | 2005 | 2006 | 2007 | 2008 | 2009 | 2010 | 2011 | 2012 |
|---|---|---|---|---|---|---|---|---|---|
| ◆ ヨーロッパ | 80,500 | 78,660 | 80,120 | 79,290 | 80,330 | 75,040 | 88,820 | 94,580 | 105,830 |
| ■ アフリカ | 70,200 | 66,110 | 62,340 | 62,140 | 63,470 | 66,480 | 65,610 | 66,280 | 68,640 |
| △ アジア | 30,960 | 30,120 | 30,520 | 32,070 | 30,180 | 32,960 | 29,810 | 32,430 | 32,060 |
| ※ アメリカ・オセアニア | 19,810 | 19,990 | 20,460 | 18,770 | 21,440 | 20,450 | 26,270 | 23,360 | 23,070 |
| ＊ 合計 | 201,460 | 194,880 | 193,440 | 192,270 | 195,410 | 194,920 | 210,510 | 216,640 | 229,600 |

出典：INSEE, Enquêtes annuelles de recensement de 2005 à 2013
*Insee Première*, no.1524（Nov. 2014）より作成

**資料2** 2012年に入国した新規移民の出身地と女性比
（単位：％）

| 出生国 | 割合 | 女性比 |
|---|---|---|
| 計 | 100 | 54 |
| ヨーロッパ | 46 | 51 |
| 　ポルトガル | 8 | 45 |
| 　イギリス | 5 | 51 |
| 　スペイン | 5 | 51 |
| 　イタリア | 4 | 49 |
| 　ドイツ | 4 | 54 |
| 　ルーマニア | 3 | 49 |
| 　ベルギー | 3 | 50 |
| 　ロシア | 2 | 60 |
| 　スイス | 2 | 55 |
| 　ポーランド | 2 | 55 |
| アフリカ | 30 | 54 |
| 　モロッコ | 7 | 56 |
| 　アルジェリア | 7 | 56 |
| 　チュニジア | 3 | 44 |
| アジア | 14 | 59 |
| 　中国 | 3 | 67 |
| 　トルコ | 2 | 54 |
| アメリカ・オセアニア | 14 | 59 |
| 　米国 | 2 | 58 |
| 　ブラジル | 2 | 54 |

出典：*Insee Première*, no.1524（Nov. 2014）より作成

**資料3 新規移民の入国時の学歴**

(単位：%)

| 出生国 | 無資格 | 高2以下の資格 | バカロレアか同等資格 | 高等教育 | バカロレア以上資格取得者の割合 | | |
|---|---|---|---|---|---|---|---|
| | | | | | 2004年 | 2009年 | 2012年 |
| 計 | 27 | 10 | 24 | 39 | 56 | 61 | 63 |
| ヨーロッパ | 24 | 11 | 25 | 40 | 63 | 65 | 65 |
| ポルトガル | 56 | 17 | 13 | 14 | 16 | 22 | 27 |
| イギリス | 17 | 7 | 26 | 50 | 62 | 73 | 76 |
| スペイン | 15 | 7 | 22 | 56 | 77 | 80 | 78 |
| イタリア | 9 | 9 | 27 | 55 | 73 | 80 | 82 |
| ドイツ | 9 | 12 | 38 | 41 | 80 | 83 | 79 |
| ルーマニア | 28 | 15 | 22 | 35 | 68 | 60 | 57 |
| ベルギー | 19 | 10 | 27 | 44 | 72 | 74 | 71 |
| ロシア | 25 | 5 | 19 | 51 | 75 | 56 | 70 |
| スイス | 15 | 16 | 30 | 39 | 60 | 64 | 69 |
| ポーランド | 18 | 12 | 29 | 41 | 73 | 66 | 70 |
| アフリカ | 35 | 12 | 24 | 29 | 44 | 51 | 53 |
| モロッコ | 35 | 10 | 32 | 23 | 45 | 50 | 55 |
| アルジェリア | 37 | 13 | 17 | 33 | 38 | 47 | 50 |
| チュニジア | 26 | 13 | 25 | 36 | 49 | 57 | 61 |
| アジア | 23 | 6 | 23 | 48 | 59 | 64 | 71 |
| 中国 | 11 | 3 | 25 | 61 | 82 | 81 | 86 |
| トルコ | 57 | 11 | 18 | 14 | 23 | 28 | 32 |
| アメリカ・オセアニア | 16 | 5 | 23 | 56 | 69 | 77 | 79 |
| 米国 | 6 | 4 | 18 | 72 | 89 | 90 | 90 |
| ブラジル | 26 | 6 | 23 | 45 | 64 | 70 | 68 |

出典：*Insee Première*, no.1524 (Nov. 2014) より作成

**資料4** 2012年入国移民の2013年初めの就労状況

| 出生国 | 計 | 男 | 女 |
|---|---|---|---|
| 計 | 40 | 52 | 29 |
| ヨーロッパ | 55 | 65 | 45 |
| ポルトガル | 72 | 84 | 57 |
| イギリス | 42 | 45 | 39 |
| スペイン | 70 | 78 | 61 |
| イタリア | 63 | 71 | 52 |
| ドイツ | 70 | 75 | 65 |
| ルーマニア | 52 | 66 | 37 |
| ベルギー | 48 | 59 | 39 |
| ロシア | 19 | 20 | 18 |
| スイス | 64 | 69 | 61 |
| ポーランド | 61 | 80 | 44 |
| アフリカ | 21 | 34 | 11 |
| モロッコ | 25 | 44 | 13 |
| アルジェリア | 15 | 26 | 7 |
| チュニジア | 31 | 46 | 11 |
| アジア | 26 | 39 | 18 |
| 中国 | 25 | 27 | 24 |
| トルコ | 23 | 43 | 7 |
| アメリカ・オセアニア | 44 | 56 | 37 |
| 米国 | 52 | 64 | 45 |
| ブラジル | 38 | 51 | 28 |

出典：*Insee Première*, no.1524（Nov. 2014）より作成

**資料5** 移民と非移民の最終学歴（2013年現在）

（単位：％）

| 資格 | 移民全体 | 移民のうち EU諸国外移民 | 移民のうち EU諸国内移民 | 非移民全体 | 総人口 |
|---|---|---|---|---|---|
| 中学校修了書，それ以下 | 45.3 | 45.3 | 45.1 | 26.2 | 28.1 |
| バカロレア，高2で取得できる職業資格 | 28.9 | 28.5 | 30.2 | 44.5 | 42.9 |
| バカロレア＋2年 | 7.0 | 7.0 | 7.0 | 13.3 | 12.7 |
| バカロレア＋短期高等教育資格 | 18.6 | 19 | 17.6 | 15.9 | 16.2 |
| 不明 | 0.1 | 0.2 | 0.1 | 0.1 | 0.1 |
| 全体 | 100.0 | 100.0 | 100.0 | 100.0 | 100.0 |
| 実数（千人） | 4,030 | 2,954 | 1,076 | 35,816 | 39,846 |

出典：INSEE, Enquête emploi 2013.

**資料6 国籍別外国人(2011年)**

|  | 2011 | |
|---|---|---|
|  | % | 実数(人) |
| ヨーロッパ | 39.5 | 1,537,950 |
| EU27か国 | 35.0 | 1,362,424 |
| スペイン | 3.3 | 129,087 |
| イタリア | 4.4 | 172,582 |
| ポルトガル | 12.9 | 500,891 |
| イギリス | 4.1 | 157,806 |
| 上記以外のEU23か国 | 10..3 | 402,058 |
| それ以外のヨーロッパ | 4.5 | 175,526 |
| アフリカ | 40.2 | 1,564,397 |
| アルジェリア | 12.0 | 465,849 |
| モロッコ | 11.1 | 433,026 |
| チュニジア | 3.9 | 150,109 |
| それ以外のアフリカ | 13.3 | 515,412 |
| アジア | 13.9 | 541,600 |
| トルコ | 5.6 | 219,534 |
| カンボジア・ラオス・ベトナム | 1.0 | 39,694 |
| それ以外のアジア | 7.3 | 282,371 |
| アメリカとオセアニア | 6.3 | 245,030 |
| 合計 | 100 | 3,888,975 |

出典：INSEE, Recensement 2011, exploitation principale

**資料7　出生地別移民数（2011年）**

|  | 2011 | |
| --- | --- | --- |
|  | % | 実数(人) |
| ヨーロッパ | 37.1 | 2,078,469 |
| EU27か国 | 32.6 | 1,826,766 |
| スペイン | 4.4 | 245,013 |
| イタリア | 5.3 | 297,740 |
| ポルトガル | 10.6 | 592,281 |
| イギリス | 2.7 | 153,955 |
| 上記以外のEU23か国 | 10 | 537,777 |
| それ以外のヨーロッパ | 4.5 | 251,703 |
| アフリカ | 43 | 2,410,478 |
| アルジェリア | 13.1 | 737,077 |
| モロッコ | 12.1 | 679,983 |
| チュニジア | 4.4 | 246,274 |
| それ以外のアフリカ | 13.3 | 747,145 |
| アジア | 14.4 | 805,475 |
| トルコ | 4.4 | 246,881 |
| カンボジア・ラオス・ベトナム | 2.9 | 161,730 |
| それ以外のアジア | 7.1 | 396,864 |
| アメリカとオセアニア | 5.5 | 310,745 |
| 合計 | 100 | 5,605,167 |

出典：INSEE, Recensement 2011, exploitation principale

**資料8　移民（0〜14歳）出生地別割合**

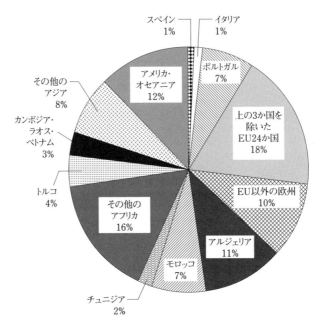

出典：Blum Le Coat, J.-Y. et Eberhard, M.（2014）, *Les immigrés en France*, p.118

**資料9　居住地・学歴別失業率**

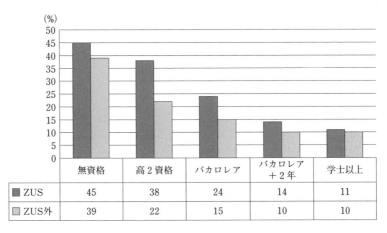

|  | 無資格 | 高2資格 | バカロレア | バカロレア＋2年 | 学士以上 |
|---|---|---|---|---|---|
| ■ ZUS | 45 | 38 | 24 | 14 | 11 |
| ■ ZUS外 | 39 | 22 | 15 | 10 | 10 |

出典：Céreq（2012）, *Quand l'école est finie*, p.53

**資料10　就労状況（15～64歳，2011年，％）**

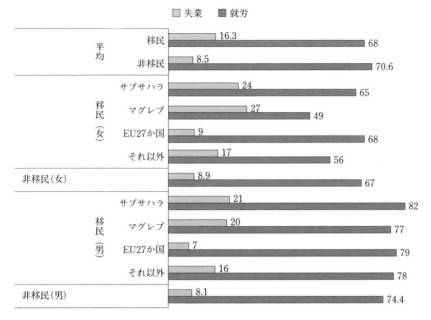

出典：Blum Le Coat, J.-Y. et Eberhard, M. (2014), *Les immigrés en France*, p.83

年表　フランスの移民・教育政策

| 年 | 月 | 事　項 |
|---|---|---|
| 1945 | 11 | 外国人の入国・滞在条件および「移民管理庁（ONI）」創設に関するオルドナンス |
| 1948 | 12 | 世界人権宣言 |
| 1951 | 7 | 難民の地位に関するジュネーブ条約 |
| 1959 | 1 | ベルトワン大臣による義務教育の2年延長（16歳まで） |
| 1963 | | 中等教育コレージュ（CES）の創設 |
| 1970 | 1 | 「外国人の受け入れ学級（CLIN）」の設置 |
| 1976 | | 「特殊教育科（SES）」の設置 |
| 1968 | | 「技術バカロレア」の設置 |
| 1973 | | 「出身言語・文化の教育（ELCO）」の開始 |
| 1974 | 5 | ヴァレリ・ジスカールデスタンが大統領に当選。シラク内閣誕生 |
| | 7 | 外国人労働者の新規受け入れの「中断」を決定 |
| 1975 | 6 | 劣悪な条件を修正するILO移民労働者（補足規定）条約 |
| | | 「移民の子どもの学校教育のための養成・情報センター（CEFISEM）」の設置 |
| 1976 | 7 | 移民労働者の家族呼び寄せを認める |
| 1977 | | 移住労働者の法的地位に関するヨーロッパ条約 |
| | | アビ大臣による「統一コレージュ」の開始 |
| | 5 | 補助金付きの外国人の帰国奨励政策を開始 |
| 1981 | 5 | フランソワ・ミッテランが大統領に当選。モーロア内閣誕生 |
| | 6～9 | リヨン市郊外で，おもにマグレブ系青少年による車の盗難，暴走，車への放火が行われ，警官と衝突 |
| | 7 | 「優先地区（ZP）」の施策の開始 |
| | 10 | 非正規滞在外国人の正規化に関する特別立法。これにより翌年にかけて約12万3,000人が滞在許可を認められる |
| | | 外国人アソシエーションの許可制を廃止 |
| 1982 | 3 | 「優先教育地区（ZEP）」と名称の変更 |
| | 12 | ルノーなどの自動車製造工場で移民労働者中心のストライキ（～1983年春） |
| 1983 | 3 | ドゥルー市の市長選で国民戦線（FN）が17％近い支持を得て，革新市政を破る |
| | 6 | リヨン市郊外で警官との衝突が起こり，12月の「平等行進」を率いるトゥミ・ジャイジャが負傷 |
| | 12 | マグレブおよびアフリカ系の移民第2世代を中心とする反人種主義・平等要求のデモ（「平等行進」） |
| 1984 | 1 | タルボ・ポワシー工場でスト中だった移民労働者をストに反対するフランス人労働者が襲撃 |
| | 6 | 欧州議会議員選挙において国民戦線（FN）が約11％の票を獲得 |
| | | 居住・労働単一許可証（10年間有効，自動更新）の創設を含む法案が成立 |

| 1985 | 5 | 「職業バカロレア」の設置 |
| 1986 | | 保革共存体制におけるシラク内閣のもとで，国籍法改正案が準備される（〜1998年） |
| | | 国籍法改革についての「賢人会議」の設置 |
| 1988 | 1 | ONIが「国際移民庁（OMI）」に改組 |
| 1989 | 6 | 「中学付設適応普通教育・職業教育科（SEGPA）」の設置 |
| | 9 | クレイユ市のコレージュで3人の女子生徒がイスラームのスカーフを着用し，授業出席を拒否される（「イスラームのスカーフ事件」） |
| | 10 | ジョスパン大臣のもと，「教育基本法」の制定 |
| | 12 | 統合高等審議会（HCI）が設置される |
| 1990 | 10 | リヨン市郊外ヴォーアンヴランで暴動 |
| | 12 | 都市省の設置 |
| 1992 | 1 | アルジェリアでイスラーム救国戦線（FIS）が勝利した選挙を軍事政権が無効化 |
| 1993 | 7〜8 | 国籍法改正（意思表明制導入）のメニュリー法成立。移民規制を強化するパスクワ法成立 |
| 1994 | 6 | 欧州議会選挙で保守連合圧勝，社会党惨敗 |
| | 8 | フランス語を共和国の言語として明確に規定するトゥーボン法成立 |
| | 9 | 国民教育相バイルーが宗教宣伝にあたる「これ見よがしの」宗教的標章の教室内での着用禁止を通達 |
| | 12 | アルジェリアのイスラーム過激派によるエール・フランス機ハイジャック |
| 1995 | 5 | ジャック・シラクが大統領に当選。ジュペ内閣誕生 |
| | 6 | トゥーロン市など南仏3市で国民戦線が市長に当選 |
| | 7 | パリでアルジェリアのイスラーム過激派によるテロ |
| | 9 | アルジェリア移民第2世代のアレド・ケルカルをテロ計画容疑で警官が射殺 |
| 1996 | 6〜8 | サン・パピエによるサンベルナール教会の占拠 |
| 1997 | 6 | 内閣解散。社会党ジョスパン政権誕生 |
| | 12 | 『ル・モンド・ディプロマティック』社説で金融為替投機に課税するトービン税を提唱→1998年6月ATTAC（市民支援を目的に金融取引に課税するための協会）結成 |
| 1998 | 5 | フランス生まれの外国人の子どものフランス国籍取得の際の「意思表明」を廃止することを含む改正案（ギグー法）成立 |
| | 7 | フランスサッカーW杯優勝。ブラック，ブラン，ブールが合言葉 |
| 1999 | 6 | 国民戦線分裂。欧州議会選挙では5％台に |
| 2001 | | 「社会行動基金（FAS）」が「統合ならびに反差別のための行動支援基金（FASILD）」に改組 |
| | | パリ政治学院，優先教育地区（ZEP）に属するリセの出身の生徒を対象に特別入試を実施。 |
| 2002 | 4 | 大統領選挙の第1回目投票で，シラクとジャン＝マリー・ルペンが1位と2位を占め，社会党のジョスパンは敗退。 |

| | | |
|---|---|---|
| 2003 | 3 | 第2回目投票でシラクが大統領に再選。ラファラン内閣成立 |
| | | 国内治安法成立 |
| | 11 | 外国人滞在規制法成立 |
| | 12 | 「フランス共和国内におけるライシテ原則の適用に関する検討委員会」(スタジ委員会)がスカーフ禁止法案を促す |
| 2004 | 3 | 宗教的標章禁止法(「スカーフ禁止法」)の成立 |
| | 11 | 1945年オルドナンスが「外国人の入国と滞在および庇護に関する法典」に |
| 2005 | 1 | 「社会統合プログラム法」。「受入統合契約」締結奨励 |
| | 3 | 「反差別と平等のための高等機関(HALDE)」の創設 |
| | 4 | OMIが「国立外国人受入・移民事務所(ANAEM)」に改組 |
| | | フィヨン大臣のもと、「学校の未来のための基本計画法」制定 |
| | 10〜11 | パリ郊外のクリシー・スー・ボア市で、警官に追われ移民出身の2少年が変電所で感電死。警察への住民の抗議から「暴動」が広がる |
| 2006 | 4 | FASILDが「社会的結合・機会均等庁(ACSE)」に発展 |
| | 7 | 「移民および統合に関する法律」(「選別移民法」)。高度人材受け入れ推進、家族移民規制強化、居住許可証の自動更新廃止・審査対象化、「受入統合契約」義務化など |
| 2007 | 5 | ニコラ・サルコジが大統領に当選 |
| | | 「移民・統合・国家アイデンティティおよび共同発展省」の設立 |
| | 7 | ブリス・オルトフー移民・統合・国家アイデンティティおよび共同発展相が提出した「移民制御・統合・庇護法」(「オルトフー法」)の成立。入国前のフランス語習得および共和国的価値の理解義務、家族呼びよせにおけるDNA鑑定の導入 |
| | 10 | 国立移民史博物館開館(一般公開) |
| 2009 | 3 | ANAEMが「フランス移民・統合庁(OFII)」に改組 |
| 2010 | 9 | ブルカ禁止法の成立 |
| | 11 | 「移民・統合・国家アイデンティティおよび共同発展省」の廃止により移民の統合問題は内務省の管轄に戻る |
| | 12 | デクレによる「早期離学者」の定義 |
| 2011 | 2 | 早期離学対策として、省庁間情報交換システム(SIEI)の設置 |
| | 4 | ブルカ禁止法の施行 |
| | 5 | HALDEが「権利擁護機関(defenseur des droits)」に吸収 |
| 2012 | 5 | フランソワ・オランドが大統領に当選 |
| | 12 | 統合高等審議会の活動停止 |
| 2013 | 7 | ペイヨン大臣のもと、「共和国の学校再生のための教育基本法」制定 |
| 2014 | 12 | 国立移民史博物館、一般公開から7年後に公式開館 |

# 人名索引

## ア行

アッシュ（Hache, É.）　*182*
アビ（Haby, R.）　*127*
イリイチ（Illich, I.）　*114, 129, 130, 146, 147*
ヴァカン（Wacquant, L.）　*ii, 87*
ヴァロ゠ベルカセム（Vallaud-Belkacem, N.）　*223*
ヴィヴィオルカ（Wieviorka, M.）　*ii*
ヴィヴレ（Viveret, P.）　*3, 10, 163*
ヴェイユ（Veil, S.）　*22, 37*
ウェーバー（Weber, M.）　*163*
エスピン゠アンデルセン（Esping-Andersen, G.）　*42*
オースティン（Austin, J.）　*175*
オランド（Hollande, F.）　*37, 145*

## カ行

カーマイケル（Carmichael, S.）　*229*
キャメロン（Cameron, D.）　*16*
クルグマン（Krugman, P.）　*164*
クレッソン（Cresson, É.）　*131, 138*
クレルヴァル（Clerval, A.）　*83–85*
ゲニフ（Guénif-Souilamas, N.）　*ii*
ゲラン（Guérin, S.）　*180*
ケルカル（Kelkal, K.）　*104*
コルティナ（Cortina, A.）　*180*

## サ行

サイード（Said, E.）　*107*
齋藤純一　*94*
サマーズ（Summers, L.）　*164*
サヤード（Sayad, A.）　*i*
サルコジ（Sarkozy, N.）　*41, 50, 65, 110, 217, 242*
ジェイコブス（Jacobs, J.）　*72*

渋沢栄一　*160*
ジャイジャ（Djaïdja, T.）　*125*
ジャニ゠カトリス（Jany-Catrice, F.）　*3, 63, 185*
シャルロ（Charlot, B.）　*144*
シャンボルドン（Chamboredon, J.-C.）　*83, 84*
シュナペール（Shnapper, D.）　*57*
シュベーヌマン（Chevènement, J.-P.）　*105*
ジョスパン（Jospin, L.）　*50, 61, 65*
ジラール（Gillard, R.）　*158*
シラク（Chirac, J.）　*28, 65, 66, 111*
スタジ（Stasi, B.）　*109*

## タ行

鄭栄桓　*231*
デューイ（Dewey, J.）　*180*
ドンズロ（Donzelot, J.）　*66*

## ナ行

ノワリエル（Noiriel, G.）　*123*

## ハ行

ハーヴェイ（Harvey, D.）　*63*
ハーバマス（Habermas, J.）　*93*
バーンステイン（Bernstein, B.）　*144*
ハジャット（Hajjat, A.）　*ii, 21*
バトラー（Butler, J.）　*175*
ハミルトン（Hamilton C.）　*229*
ブアママ（Bouamama, S.）　*i*
フェリー（Ferry, L.）　*57*
フーシェ（Fouchet, C.）　*127*
ブベケール（Boubeker, A.）　*i*
ブルデュー（Bourdieu, P.）　*63, 128*
フレイザー（Fraser, N.）　*93*
プロ（Prost, A.）　*128, 133*

ブロンディオ（Blondiaux, L.） *189*
ペイヨン（Peillon, V.） *145*
ベック（Beck, U.） *ii, 63*
ベルトワン（Berthoin, J.） *127*
ベルナール（Bernard, P.-Y.） *135*
ペレ（Perret, B.） *10*
ベンギギ（Benguigui, Y.） *123*
ポー＝ランジュヴァン（Pau-Langevin, G.） *145*
ボーチェ（Bautier, É.） *144*
ボジェ（Beaugé, J.） *21*

## マ行

ミッテラン（Mitterrand, F.） *95*
宮島喬 *21, 37*
メルケル（Merkel, A.） *37*
モース（Mauss, M.） *158, 159*
モリヨン（Morillon, A.） *182*
モントブール（Montebourg, A.） *4*

## ヤ行

ヨプケ（Joppke, C.） *20*

## ラ行

ラシュディ（Rushdie, S.） *103*
ラシュリーヌ（Rachline, D.） *60*
ラズィダ（Lasida, E.） *180*
ラトゥーシュ（Latouche, S.） *163*
ラマダン（Ramadan, T.） *101, 106, 107, 111, 113, 114*
ラロック（Laroque, P.） *46, 57*
ルフレヌ（Lefresne, F.） *132, 133*
ルペン（Le Pen, J.-M.） *26, 41, 60, 61*
ルペン（Le Pen, M.） *61*
ルメール（Lemaire, M.） *83*
ロザンヴァロン（Rosanvallon, P.） *56, 57*
ロン（Long, M.） *22, 23*

# 事項索引

## ア行

アソシエーション〔アソシアシオン〕　9, 46, 49-51, 55, 107, 120, 138, 171, 172, 181, 186, 190, 191, 197-200, 202-204, 206, 209
　──活動　197, 200, 204
アルジェリア独立戦争　60
アルブル・ア・パラーブル　177, 178, 180, 181
イスラーム　19, 22-26, 33-36, 61, 62, 91, 93-95, 97-120, 151-153, 158
　イスラーム教徒　→　ムスリム
　イスラモフォビア　21, 92, 112, 115-118
　フランスイスラーム組織連盟　99
一般意思　44, 162
異文化間共生　→　共生
移民　i-v, 15-18, 20-29, 31-38, 41-44, 52-57, 60, 64-69, 74, 77, 80, 81, 83-86, 88, 92, 93, 95-99, 107, 118, 119, 123-125, 127, 128, 134, 144, 145, 151, 152, 156, 163, 171, 173, 176, 177, 185-196, 211, 216-218, 225, 229-232
　──女性　191, 196, 217
　──政策　iv, 16, 18, 20, 21, 34, 37, 41, 192, 211
　──第2世代　92, 151, 152
　──の記憶　123-125
　──レジーム　41, 43, 44, 52, 54, 56
医療　31, 48-51, 63, 134, 211-216, 219-221, 224
ヴィシー政権　61
受入統合契約〔CAI〕　16, 26-29, 34
NGO団体　211
エリート　21, 129, 140, 143, 146
　──型　128, 133
　──教育　128
　──主義　127, 133, 143
エンパワーメント　71, 99, 212
欧州議会　41, 60, 229

## カ行

介護　iv, 6, 7, 177
カウンター　62, 231
隔離（主義）　18, 129, 130
活動連帯所得〔RSA〕　50, 183
カトリック　45, 101, 103, 158
帰一教会　160
基本的人権　158, 216
優先教育地区〔ZEP〕　52, 70, 130
教育を受ける権利　207, 208
共生　ii-iv, 3, 15, 16, 30, 31, 35, 36, 73, 186-188, 191, 194
　異文化間──　185, 189-191, 193, 194
　多文化──　i, ii, 15, 19, 21, 36, 37
業績至上主義　3, 7, 8, 63, 128
協同組合　9, 46, 77
共和国　11, 15, 16, 19, 21-23, 28-30, 33-38, 42, 44, 50, 54, 56, 57, 62, 92, 94, 145, 203, 230
　──の（基本的）諸価値　19, 22, 23, 26, 29, 31, 34, 36-38
　社会的──　46
　フランス──　iii, iv, 19, 20, 27, 37, 54, 91, 242
　──モデル　42-48, 51, 54-57, 61, 92-96, 98, 99, 101, 102, 104, 105, 107, 109, 110, 111, 113, 115, 116
　修正された──モデル　43, 46-48, 52, 54-56
共和主義　30, 46, 55, 57, 86
　──モデル　15, 16, 116
極右　41, 60, 86, 97, 229

245

──政党　　　*iii, v, 26, 41-43, 55, 96, 189,*
*229*
キリスト教徒　　　*158*
近隣民主主義　　　*195*
空間的近接性　　　*84, 85*
ケア　　　*5, 6, 63, 144, 170, 179-182, 215*
経済協力開発機構〔OECD〕　　　*51, 145*
経済成長　　　*4, 151, 159, 164*
ゲットー　　　*31, 42, 65, 72, 77, 84*
限定（制限）コード　　　*144*
権利へのアクセス　　　*174-176, 178, 190,*
*191, 218*
行為者　　　*7, 8, 218*
郊外　　　*42, 53, 64-66, 68-74, 78, 80-83, 85-*
*87, 92, 95-102, 104-110, 112, 116, 118,*
*124, 127, 130, 139, 143, 151, 198*
公共圏　　　*iv, 93, 94, 102-104, 107-119*
公共サービス　　　*10, 11, 22, 26, 28-31, 171*
公共政策　　　*iii, 10, 11, 27, 63, 123, 124, 169-*
*171, 179, 181, 189, 230*
高齢者　　　*48, 169, 171, 173, 177-179, 181,*
*191-193*
国外退去義務　　　*198*
国内治安法〔LSI〕　　　*71, 217, 220, 223, 225*
国民戦線〔FN〕　　　*26, 29, 41, 60-62, 86,*
*196, 229*
国立移民史博物館　　　*123*
国境なき教育ネットワーク〔RESF〕　　　*iv,*
*197-210*
コミュノタリスム〔コミュニタリアニズム〕
*23, 30, 55*
コンヴィヴィアリズム　　　*v, 155, 157, 159-*
*162*
コンヴィヴィアル（な）〔相互親和（的）〕
*129, 146, 147, 163, 181*
困難都市地区〔ZUS〕　　　*53, 57, 74, 75, 79,*
*84, 87, 135, 139, 146*

## サ行

サービス　　　*5-7, 10, 11, 13, 29, 31, 43, 63,*
*96, 100, 129, 143, 178-180, 203, 205, 209,*
*215, 222*
──経済　　　*5*
──産業　　　*5-7*
在特会　　　*230, 231*
差別　　　*iii, 19, 22-25, 27, 34, 42, 54, 55, 61,*
*71, 72, 80, 81, 86, 92, 95-97, 99, 103, 105,*
*111, 116, 118, 124, 125, 129, 155, 156, 163,*
*194, 208, 215, 216, 229-231*
サポート委員会　　　*198, 201-203, 205, 208,*
*209*
参加型民主主義　→　デモクラシー
参入　　　*19, 28, 32, 48-52, 54, 137, 139, 141,*
*171, 173, 198, 202, 204, 209*
参入最低所得〔RMI〕　　　*49, 50*
サン・パピエ　→　非正規滞在者
ジェンダー　　　*i, 124*
──規範　　　*151, 152*
ジェントリフィケーション　　　*73, 83*
公的空間　　　*22, 28-31, 35, 38*
公的領域　　　*19, 21, 30, 33, 36, 45, 93, 98,*
*105*
私的領域　　　*19, 30, 36, 45, 93, 98, 105, 107,*
*110, 111, 115*
資本主義　　　*3, 7, 10, 115*
シマッド〔CIMADE〕　　　*109, 191*
市民　　　*i, iv, v, 9, 11, 12, 15-20, 26, 30, 31,*
*35, 42, 44, 46, 47, 51, 52, 54, 56, 62, 86,*
*91-93, 98, 100, 101, 104-107, 109, 110,*
*112, 113, 116, 118, 124, 140, 163, 169-172,*
*174-176, 182, 185-188, 190, 191, 194-199,*
*201, 203, 204, 206-210, 221, 230*
──参加　　　*iv, 91-94, 99, 105, 108, 192,*
*207, 208, 230*
──社会　　　*9, 91, 92, 94, 106, 118, 120,*
*162, 163, 171, 223*
市民権　　　*11, 26, 37, 169, 172, 175, 186, 188,*
*189, 191, 193-195, 197, 203, 204*
居住──　　　*170, 175*
社会的──　　　*185, 189*
ローカルな──　　　*iv, 198, 203, 209*
社会住宅　　　*64, 67-69, 72-77, 80, 86, 87*

社会的共和国　→　共和国
社会的市民権　→　市民権
社会的断絶　　65
社会的紐帯　　ii, 22, 23, 65, 91-93, 102, 107
社会的排除　→　排除
社会的連帯　→　連帯
社会的連帯経済　　9
社会党　　61, 73, 77, 87, 95, 97, 116, 217, 222
社会統合　→　統合
社会保障　　3, 42, 43, 46-49, 57, 143, 208
シャルリー・エブド　　232
宗教的標章禁止法　→　スカーフ禁止法
自由区域　　70
住区評議会　　91, 189, 195, 207
住民　　i, iv, 53, 57, 64, 66, 69-71, 73, 75, 77-85, 88, 92, 93, 96, 97, 104, 106, 107, 116, 155, 171, 172, 174, 175, 177, 179, 187, 188, 190, 191, 194, 195, 204, 213
主体　　5, 8, 45, 52, 55, 104, 125, 174, 199, 222
承認　　11, 15, 18, 99, 109, 111, 117, 123-125, 194, 222, 231
植民地支配　　124
人権　　62, 96, 109, 119, 156, 230
人権連盟〔LDH〕　　115, 191, 225
新自由主義　　iii-v, 63, 64, 91, 92, 106, 230
人種的境界　　123, 124
人身売買　　212, 215, 217, 218
新秩序（Ordre Nouveau）　　60
スカーフ　　25, 26, 98, 109, 111, 115, 151
　──事件　　19, 98, 103, 104, 108
　──禁止法〔宗教的標章禁止法〕　　26, 29, 109, 111, 113, 117, 118
政教分離　→　ライシテ
生産性　　v, 5-7, 130, 147, 164
政治参加　　211
西洋（Occident）　　60, 160
世界人権宣言　　155, 158
セグリゲーション　→　分断
積極的差別是正　　55, 57, 70, 97

積極的参加要請　　187, 189, 192, 193
セックスワーカー　　iv, 211, 219, 221
早期学校離れ　　iv, 127-132, 136, 140, 142, 144, 148
早期離学者　　127, 129-134, 137, 140, 143, 144
相互親和(的)　→　コンヴィヴィアル（な）
ソーシャル・ミックス　　31, 63, 64, 69, 72-75, 77, 80, 84, 85, 87
組織犯罪　　216, 217, 218

**タ行**

代議制民主主義　　189
大規模団地　　64, 65, 69, 70, 83
滞在許可証　　16, 28, 37, 178, 191, 193, 220
脱学校　　128, 129, 142
　──論　　127
他人を気づかう＝ケア（の政治）　　170, 179-182
多文化共生　→　共生
多文化主義　　15, 16, 18, 33-35, 37, 55
　──モデル　　15
多様性　　3, 13, 19, 23, 33, 66, 68, 69, 72, 107, 109, 111, 179, 230
　文化的──　　27, 29, 32, 33, 180, 187
治安　　42, 52, 53, 60, 65, 66, 68, 70, 71, 79, 81, 82, 116, 130, 211
地域社会　　64, 74, 82, 85, 172, 186, 191
中国人　　iv, 211-214, 218-225
中産階級　　67, 73, 75-77, 81, 83-85, 87, 96
中途退学　　127-130, 148
賃労関係　　3
デモクラシー〔民主主義〕　　iii, iv, 30, 42, 91, 93, 158, 171, 182, 190, 212, 213, 216
　討議──　　93
　参加型民主主義　　iv, 170, 171, 179, 181, 185-190, 194, 207
同化　　19, 28, 54, 61, 94
　──主義　　18, 20, 33, 34
統合　　ii, 15-42, 54, 57, 65, 98, 121, 151-153, 169, 172, 186, 187, 194

事項索引　　247

──政策　　　*i, iii*, 16, 17, 20, 21, 28, 29, 34, 37, 64, 194
フランス的──　　15, 18-22, 31-35, 37, 38
──高等審議会〔HCI〕　　19-23, 25-38, 54, 57, 98, 105, 195
投票権　　169, 175, 187, 195
都市再生　　63, 64, 72-74
都市省　　71, 87
都市政策　　*iv*, 52, 53, 56, 64, 69-74, 84, 85, 87, 97, 103, 188, 191
都市の連帯と再生に関する法律〔SRU法〕　　73
トリクルダウン効果　　4
ドロップアウト　　129, 131

## ナ行

ナショナルな結合　　28, 111
ナチス　　61
ネットワーク　　91, 92, 94, 99, 100, 105-112, 114, 119, 163, 198-204
　ローカル──　　197, 198, 204

## ハ行

排外主義　　*ii-v*, 41-43, 56, 60, 62, 127, 128, 151, 155-157, 162, 163, 229-231
売春　　211-220, 222-225
排除　　*i-iv*, 8, 9, 11, 15, 21, 25, 28, 35, 36, 45, 47-51, 54, 56, 61, 63, 64, 69, 73, 80, 81, 90, 92, 94, 96, 97, 99, 103, 105, 106, 108, 111, 116, 119, 123-125, 128, 130, 152, 169, 180, 195, 213, 229-232
　社会的──　　51, 65, 70, 73, 99, 131
　内部における──　　129, 133
　反──法　　50
ハラール　　25, 62, 113, 152
反差別および平等のための高等機関〔HALDE〕　　24, 37, 111, 117
非宗教性　→　ライシテ
非正規滞在　　197, 203, 205
　──者〔サン・パピエ〕　　*iv*, 97, 109, 110, 197-199, 202-204, 207-209, 211, 224
ビドンヴィル　　66
評価　　9-11, 13, 21, 22, 28, 52, 63, 77, 82, 92, 102, 128, 129, 132, 140, 187
平等と反人種差別の行進　　124
ファシズム　　61
プール　　97-99, 104, 116
フォーディズム　　4
不可視的な教授法　　144
福祉　　49, 68, 70, 119, 183, 193, 203, 211, 230, 231
　──国家　　3, 185
　──レジーム　　*iii*, 41-44, 46-48, 51, 55, 56, 232
普遍主義　　43, 46, 56, 156, 169
フランス共和国　→　共和国
フランス的統合　→　統合
フランスムスリム宗教実践評議会　　105, 106, 108, 110, 117
ブルカ　　30, 35, 118
プロテスタント　　158
文化的多様性　→　多様性
分断〔セグリゲーション〕　　41, 72, 92, 93, 95-97, 99, 101-105, 107, 108, 116, 118, 219
ヘイト・スピーチ　　*v*, 229-231
保革共存政権　　61, 98, 105
保守主義レジーム　　43
ポストコロニアル　　*i*

## マ行

民主主義　→　デモクラシー
無資格　　128-130, 134, 136, 148
　──者　　130, 135, 142
ムスリム　　*iv*, 91-120
　──移民　　*ii*, 151, 152
　──女性のスカーフ着用　　62
　──青年連合　　91-94, 96, 99, 100, 103-106, 108, 110, 112, 113, 116, 117, 119
モスク　　92, 99, 100, 108, 110-113, 117, 118, 232

## ヤ行

ヨーロッパ連合〔EU〕　　*16, 41, 42, 90, 95,*
　*105, 128-134, 138, 147, 170, 187, 188, 195*

## ラ行

ライシテ〔非宗教性，政教分離〕　　*19, 22,*
　*23, 25, 28-31, 34-36, 62, 92, 98, 103, 107,*
　*109-111, 115*

レイシズム　　*62, 97, 115, 229*
　制度的――　　*231*
歴史（と記憶）　　*i, v, 27, 38, 44, 55, 107,*
　*123-125, 133, 157, 158, 173, 177, 198, 217*
連帯　　*iii, v, 3, 9, 49, 50, 77, 140, 152, 171,*
　*183, 186*
　――主義　　*46*
　社会的――　　*186*

執筆者・訳者紹介（執筆順．＊は編者）

フロランス・ジャニ゠カトリス（Florence Jany-Catrice）［第1章，第8章］
リール第1大学教授．リール第1大学博士課程修了．経済学博士，研究指導資格（HDR）
主著：*Économie sociale et solidaire : de nouveaux référentiels pour tempérer la crise*（共編，Comité pour l'histoire économique et financière de la France, 2014），*La performance totale : nouvel esprit du capitalisme ?*（Presses universitaires du Septentrion, 2012），*Les nouveaux indicateurs de richesse*（3ᵉ éd.）（共著，La Découverte, 2012）ほか

中野裕二（なかの　ゆうじ）＊［第2章］
駒澤大学法学部教授．九州大学大学院法学研究科博士後期課程修了．博士（法学）
主著：『フランス国家とマイノリティ』（国際書院，1996），『移民の社会的統合と排除』（共著，東京大学出版会，2009），『日仏比較　変容する社会と教育』（共著，明石書店，2009）ほか

田中拓道（たなか　たくじ）［第3章］
一橋大学大学院社会学研究科教授．北海道大学大学院法学研究科博士課程単位取得満期退学．博士（法学）
主著：『よい社会の探求――労働・自己・相互性』（風行社，2014），『福祉レジームの収斂と分岐』（共著，ミネルヴァ書房，2011），『貧困と共和国――社会的連帯の誕生』（人文書院，2006）ほか

大嶋えり子（おおしま　えりこ）［コラム1］
早稲田大学政治経済学術院助手．同大学大学院政治学研究科修士課程修了．修士（政治学）
主著：「記憶の承認を考える――フランスにおけるアルジェリア関連の記憶を中心に」（『早稲田政治公法研究，106号，2014），「フランスによるアルジェリアに関連する記憶の承認――国立移民歴史館の事例を中心に」（『年報政治学　2014-I』，2014），「欧州統合過程におけるフランス国民戦線の台頭――極右政党の欧州懐疑主義と市民」（『EUIJ Waseda Working Paper』No. 2011-4, 2012）

森　千香子（もり　ちかこ）＊［第4章］
一橋大学大学院法学研究科准教授．フランス社会科学高等研究院社会学研究科博士課程修了．博士（社会学）
主著：『レイシズムと外国人嫌悪』（共著，明石書店，2013），『都市空間に潜む排除と反抗の力』（共著，明石書店，2013），『ヘイト・スピーチの法的研究』（共著，法律文化社，2014），『国境政策のパラドクス』（共編著，勁草書房，2014）ほか

浪岡新太郎（なみおか　しんたろう）＊［第5章］
明治学院大学国際学部准教授．立教大学大学院法学研究科政治学専攻博士後期課程退学．

法学修士（中央大学）
主著：『移民の社会的統合と排除』（共著，東京大学出版会，2009），『人の移動と文化の交差』（共著，明石書店，2011），『多文化主義の政治学』（共著，法政大学出版部，近刊）ほか

**田邊佳美**（たなべ　よしみ）［コラム 2］
パリ第 13 大学・一橋大学社会学研究科大学院生．日本学術振興会特別研究員．一橋大学修士課程修了．
主著：*Invisible Cultures: Historical and Archaeological Perspectives*（共著，Cambridge Scholars Publishing, 2015）．「『移民の記憶』の排除から承認へ——フランス・国立移民史シテ設立の政治学」（『年報社会学論集』23 号，2010）

**園山大祐**（そのやま　だいすけ）＊［第 6 章］
大阪大学大学院人間科学研究科准教授．九州大学大学院教育学研究科博士後期課程退学
主著：『日仏比較　変容する社会と教育』（共編著，明石書店，2009），『学校選択のパラドックス』（編著，勁草書房，2012），『統合ヨーロッパの市民性教育』（共著，名古屋大学出版会，2013）ほか

**村上一基**（むらかみ　かずき）［コラム 3］
パリ・ソルボンヌ大学社会学専攻博士課程．同大学修士課程修了．
主著：『国際社会学』（共著，有斐閣，2015），「フランス・パリ郊外の大衆地区におけるムスリム移民の家庭教育——学教教育，地区，文化・宗教の伝達に着目して」（『年報社会学論集』第 27 号，2014），「フランス郊外における家族・学校・地区をめぐる学習支援教室——子どもと親に向けた地域での教育活動」（『Sociology Today』第 20 号，2013）ほか

**マルク・アンベール**（Marc Humbert）［補論］
レンヌ第 1 大学教授．レンヌ大学大学院博士課程修了．経済学博士
主著：『脱成長の道』（共編著，コモンズ，2011），*Vers une civilisation de convivialité* (Éditions Goater, 2013), *Social exclusion : perspectives from France and Japan*（共編, Trans Pacific Press, 2012）ほか

**ミッシェル・ルノー**（Michel Renault）［第 7 章］
レンヌ第 1 大学准教授．レンヌ第 1 大学博士課程修了．経済学博士，研究指導資格（HDR）
主著：『脱成長の道』（共著，コモンズ，2011），《 Dire ce à quoi nous tenons et en prendre soin-John Dewey, La formation des valeurs 》（*Revue française de socio-économie*, no. 9, 2012），《 Perspectivisme, moralité et communication. Une approche transactionnelle de la responsabilité sociale des entreprises 》（*Revue française de socio-économie*, no. 4, 2009）ほか

マチルド・ドゥ・リル（Mathilde de Lisle）［第 8 章］
ル・アーブル市専門調査員．リール第 1 大学修士課程修了．経済学修士

アントワーヌ・ケレック（Antoine Querrec）［第 9 章］
ルーアン大学大学院博士課程（社会学）

エレン・ルバイ（Hélène Le Bail）＊［第 10 章］
アンジェ高等商業科学大学 EU アジア研究所准教授．パリ政治学院博士課程修了．政治学博士
主著：『国境政策のパラドクス』（共編著，勁草書房，2014），*Migrants chinois hautement qualifiés : mobilité transnationale et identité citoyenne des résidents chinois au Japon* (Indes savantes, 2012), *Migration and Integration-Japan in a Comparative Perspective*（共著，Iudicium，2011）ほか

平野暁人（ひらの　あきひと）［第 1 章，補論，第 7 〜 10 章翻訳］
翻訳家．一橋大学大学院言語社会研究科博士後期課程退学．
訳書：『「ひとりではいられない」症候群』（カトリーヌ・オディベール著，講談社，2012），『濡れた砂の小さな足跡』（アンヌ＝ドフィーヌ・ジュリアン著，講談社，2013），『フクシマ・ゴジラ・ヒロシマ』（クリストフ・フィアット著，明石書店，2013），『賢者の惑星――世界の哲学者百科』（ジュル・ペパン著，明石書店，2014）ほか

排外主義を問いなおす
フランスにおける排除・差別・参加

2015年5月30日　第1版第1刷発行

| 訳　者 | 中野裕二・森　千香子 |
|---|---|
| 編著者 | エレン・ルバイ |
|  | 浪岡新太郎・園山大祐 |
| 発行者 | 井　村　寿　人 |
| 発行所 | 株式会社　勁　草　書　房 |

112-0005　東京都文京区水道2-1-1　振替 00150-2-175253
（編集）電話 03-3815-5277／FAX 03-3814-6968
（営業）電話 03-3814-6861／FAX 03-3814-6854
本文組版 プログレス・精興社・牧製本

©Yuji NAKANO, Chikako MORI, Hélène LE BAIL,
　Shintaro NAMIOKA, Daisuke SONOYAMA　2015

ISBN978-4-326-60277-3　　Printed in Japan

JCOPY　〈(社)出版者著作権管理機構　委託出版物〉
本書の無断複写は著作権法上での例外を除き禁じられています。
複写される場合は、そのつど事前に、(社)出版者著作権管理機構
（電話 03-3513-6969、FAX 03-3513-6979、e-mail: info@jcopy.or.jp）
の許諾を得てください。

＊落丁・乱丁本はお取替いたします。
　　　　　http://www.keisoshobo.co.jp

| 著者 | 書名 | 副題 | 判型 | 価格 |
|---|---|---|---|---|
| 森千香子／エレン・ルバイ編 | 国境政策のパラドクス | | A5判 | 4000円 |
| 園山大祐編著 | 学校選択のパラドックス | フランス学区制と教育の公正 | A5判 | 2900円 |
| 佐久間孝正 | 多文化教育の充実に向けて | イギリスの経験、これからの日本 | 四六判 | 3200円 |
| 佐久間孝正 | 移民大国イギリスの実験 | 学校と地域にみる多文化の現実 | 四六判 | 3000円 |
| 松尾知明編著 | 多文化教育をデザインする | 移民時代のモデル構築 | A5判 | 3400円 |
| 馬渕仁編著 | 「多文化共生」は可能か | 教育における挑戦 | A5判 | 2800円 |
| 児島明 | ニューカマーの子どもと学校文化 | 日系ブラジル人生徒の教育エスノグラフィー | A5判 | 4200円 |
| 清水睦美 | ニューカマーの子どもたち | 学校と家族の間の日常世界 | A5判 | 4500円 |
| 三浦綾希子 | ニューカマーの子どもと移民コミュニティ | 第二世代のエスニックアイデンティティ | A5判 | 4000円 |
| 高井良健一 | 教師のライフストーリー | 高校教師の中年期の危機と再生 | A5判 | 6400円 |
| 宮寺晃夫 | 教育の正義論 | 平等・公共性・統合 | A5判 | 3000円 |
| A・オスラーほか／清田夏代ほか訳 | シティズンシップと教育 | 変容する世界と市民性 | A5判 | 3600円 |

＊表示価格は2015年5月現在。消費税は含まれておりません。